阅读成就思想……

Read to Achieve

亲密关系与
家庭治疗**系列**

原生家庭

影响人一生的心理动力

第2版

沈家宏 著

中国人民大学出版社
· 北京 ·

图书在版编目（CIP）数据

原生家庭：影响人一生的心理动力 / 沈家宏著.
2 版 . -- 北京：中国人民大学出版社，2025. 8.
ISBN 978-7-300-34246-7

Ⅰ. C913.11

中国国家版本馆 CIP 数据核字第 20251TQ954 号

原生家庭：影响人一生的心理动力（第2版）

沈家宏　著

YUANSHENG JIATING : YINGXIANGREN YISHENG DE XINLI DONGLI（DI 2 BAN）

出版发行	中国人民大学出版社		
社　　址	北京中关村大街 31 号	邮政编码	100080
电　　话	010-62511242（总编室）	010-62511770（质管部）	
	010-82501766（邮购部）	010-62514148（门市部）	
	010-62511173（发行公司）	010-62515275（盗版举报）	
网　　址	http : //www.crup.com.cn		
经　　销	新华书店		
印　　刷	天津中印联印务有限公司	版　次	2018 年 7 月第 1 版
			2025 年 8 月第 2 版
开　　本	720 mm×1000 mm　1/16	印　次	2025 年 8 月第 2 次印刷
印　　张	19.25　插页 1	定　价	79.90 元
字　　数	260 000		

刘丹

亚洲家庭治疗学院院士，德国德中心理治疗研究院副主席

与自己和解的智慧

雷茵霍尔德·尼布尔（Reinhold Niebuhr，1892—1971）在 1934 年写下的一段祷告词，蕴含着穿透时空的哲思，至今仍被无数人传诵：

> 上帝，
>
> 请赐予我平静，去接受我无法改变的；
>
> 请给予我勇气，去改变我能改变的；
>
> 请赐予我智慧，去分辨这两者的区别。

在心理咨询的实践中，我常目睹人们陷入一种矛盾的困境：他们以近乎偏执的勇气试图改造伴侣或子女的特质，却对自身的痼疾甘于沉沦，甚至以绝望的心态去接纳。这种错位的执着，恰恰说明他们没有区分二者的智慧。

曾有一位妻子，反复抱怨丈夫如何逃避。在咨询过程中，当孩子沉默不语时，她期待丈夫化解僵局；遇事决策时，她渴望丈夫挺身而出。然而，丈夫始终如缩头乌龟般退避三舍，要么不讲话，要么百般推诿，抑或直接起身走人。我问她："我注意到你竭力推动丈夫去做事情，他根本不动。似乎你的做法一直没有什么效果，可你还是一直这样很辛苦地努力着。你怎么看？"妻子低下头，说："我没有别的

办法，只能这样。"

这位妻子一直在做着两件事：第一件，努力推动丈夫改变，虽然没有效果；第二件，接受自己不改变，允许自己总是做没有效果的事情，却不停下来。

我追问："如果有位预言家告知你'你丈夫永远不会改变'，你会如何做呢？"她低头良久，终是轻叹："或许我该放手了，我会让他做点别的事情。""别的什么事情呢？"我好奇地问。"他陪伴孩子还是非常有耐心的，我会让他多陪孩子学习、运动吧。"当这句话脱口而出时，她的丈夫身体微微颤动，轻轻地吁了一口气，仿佛卸下了千斤重担。

这个案例揭示了一个残酷的真相：我们往往深陷"改变他人"的执念，却对自身的局限视而不见。古谚云"江山易改，禀性难移"，我们却总期待"放下屠刀，立地成佛"的奇迹。然而，人类数千年的智慧早已揭示：真正的觉醒，始于区分"可控"与"不可控"的边界。

本书作者沈家宏医生，融汇精神病学与心理治疗学的精粹，以三十多年临床实践与理论探索，发现了影响个体成长的关键性环节和因素，这些发现被作者命名为"家庭动力学"，其中的核心思想就是"个体的早年经历会影响或决定其人生状态"。这一理论体系承袭精神分析、沟通分析、依恋理论及代际传承理论的精髓，更以独到视角聚焦于塑造人格的早期密码，包括个体的出生方式、喂养模式、抚养人特质、家庭排行、原生家庭结构、重大创伤事件、父母关系质量、家庭文化信念等。这些看似琐碎的细节，实则编织成一张无形之网，潜移默化地定义着我们的人生轨迹。

作者希望这本书可以"帮助父母认清在孩子早年的发展中，哪些阶段中的哪些因素会影响孩子的未来发展，从而把握好一些有益因素来促进孩子的健康发展，并控制一些不利因素来规避对孩子的伤害"；希望帮助"教师了解学龄前教育的重要性"；希望帮助"咨询师在咨询中去探索一个人早年的成长经历，探索一个人与家庭成员的联结，尤其是与父母的联结"。我相信，读者一旦翻开本书定会猝然惊觉：原来我的焦虑、我的讨好、我的疏离，都能在原生家庭的镜像中找到注解。

看过这本书后，我的另一个感悟是，它可以帮助读者立刻踏上"与自己和解"的旅程。当我在阅读的过程中逐渐知道，我出生的方式、我被喂养的方式、我的抚养人的特点、我的性别、我的排行、我的原生家庭成员状况、我的原生家庭成员的非正常死亡事件、我的父母的关系与婚姻状态、我的家庭文化与信念等因素，都对我有着不可磨灭的影响时，我就开始带着不一样的心情看待我的历史了。我似乎不会再像以前那么纠结于我的原生家庭的不完美，我开始怀着敬意与尊重、无奈与释然，试着去放下过往的执念，由此我感到了一丝轻松。这一刻，我比以往更确切地知道，有很多事情，无论我多么不情愿，都是我无法改变的，或者说是很难改变的，我只能接受它。当我开始接受它的时候，我开始转移我的目光，寻找我可以改变的，并迈步向前。

感谢作者的这本心血之作，让我开始学到更多"与自己和解的智慧"。

第 2 版序

自 2018 年本书初版问世，已经过去了七年。如今再次翻阅书中的内容，我仍深受触动。书中对原生家庭系统动力学的阐述，在我从事的家庭动力班培训以及家庭治疗实践中，经过了多次检验，赢得了培训学员和家庭治疗参与者的广泛认可。这让我对书中的理论更加充满信心。

随着实践的不断深入，我在原生家庭动力学领域取得了诸多新的发现。这些新发现主要集中在以下两个方面：一是深入理解原生家庭如何在潜意识中影响孩子，使他们不自觉地对父母保持忠诚，甚至重复父母的命运；二是在家庭系统动力学中，探索如何为个体提供力量并实现自我拯救。这些源源不断的收获，都源于我长期的家庭治疗培训以及丰富的家庭治疗实践。基于这些新的见解，我决定对本书进行修订再版。我希望能够将这些新的发现分享给读者，助力他们更好地理解自身与家庭的关系，从而过上更加美好而幸福的生活。

多年的思考让我认识到，个体成长主要分为四个关键步骤：与原生家庭分离、保持爱的联结、成为真正的自己并实现自我价值，以及顺利融入学校、职场和新家庭。然而，很多人在成长过程中会遇到阻碍，比如难以从原生家庭独立、无法建立爱的联结、难以展现真实自我，或在适应新环境时感到力不从心。

本书从家庭动力学角度，剖析原生家庭对个体成长的影响，并探寻解决之道。其中，与父母分离困难和对父母心怀怨恨是较为常见的情况。无法与父母心理分离，会让其成长之路布满荆棘；而对父母心怀怨恨，不仅会加深隔阂，还会自我伤害，阻碍全面发展。

在未成年阶段，如果父母不愿与孩子分离，孩子很难独立。许多孩子的问题，根源在于父母过度依赖孩子满足情感需求，阻碍了孩子的正常成长。成年后，若无法与父母分离，会在学业、职场、恋爱和婚姻等方面遭遇困境。解决这些问题的关键是实现与父母的有效心理分离，否则成长难以顺利。

对于心怀怨恨的人，内心会拒绝父母，进而拒绝自己，造成自我伤害。解决办法是与父母和解，但和解并不容易，关键在于疗愈来自父母的创伤。只有先疗愈创伤，和解才会容易些。因此，本次再版增加了"如何与父母和解"这一章节，以弥补第1版的不足。

能否与父母和解，是衡量个体成长的关键标尺。和解达成，成长便有保障；反之，成长则会艰难。与父母和解、建立有爱的联结，是我们成长道路上至关重要的环节。

在对待原生家庭的态度上，大致可分为两类观点。一种观点认为，原生家庭对个体的成长和未来具有决定性影响，会塑造个体的价值观、情感反应和人际关系，从而影响其人生轨迹。这种观点从原生家庭会伤人，逐渐演变为对原生家庭和父母的憎恨。从家庭系统动力学角度看，这类人往往无法完成与原生家庭和父母的和解，导致更深层次的自我伤害，使人生更加艰难。

还有一种观点认为，尽管原生家庭对个体心理发展有深远影响，但个体不应过分依赖原生家庭来解释自己的人生问题，而应承担个人责任，避免让原生家庭为自己的问题"背锅"。他们强调人类具有智性、悟性和创造性，拥有无限可能去应对或抵御原生家庭的影响。只要个体有意愿，原生家庭便难以对其施加实质性束缚，因为个体才是自己命运的主宰。

这两种观点都有部分合理性。我所秉持的信念是，原生家庭对个体都会带来影响，只是程度不同。如果个体在原生家庭中经历过未被疗愈的创伤，那么原生家庭的动力就会带来负面影响，使人生陷入困境。我一直认为，人类生活在过去、现在和未来三种时态之中，个体的记忆与表象能力赋予了其穿梭于这三种时态的独特能力。既然过去会影响现在，现在又会影响未来，原生家庭作为个体经历的过去，必然会对现在和未来产生影响。

"三岁看大，七岁看老"这句俗语，深刻揭示了原生家庭在个体成长道路上的深远影响。心理学研究也表明，个体的早年成长经历，尤其是童年时期的家庭环境和亲密关系，对其性格形成、情感表达、决策能力和社交能力等方面产生深远影响，从而在很大程度上决定了其一生的成长与发展。

如今，越来越多的证据和研究揭示了原生家庭对个体成长的深远影响，这一观点也得到了社会的广泛认同和重视。认识和了解原生家庭，尤其是洞悉其对个体成长的影响，有助于我们解决人生中遇到的各种困境和难题，从而获得成功与幸福。

无论我们拥有怎样的原生家庭，我们都期望它能给予我们积极的影响，避免负面影响。本书探讨的家庭动力，正是为了实现这一目标，期望能引领读者将原生家庭的力量转变为人生旅途的加速器，而非绊脚石；成为滋养心灵的甘泉，而非耗尽精力的枷锁；转化为宝贵的资源，而非难以承受的包袱。

当前，关于原生家庭的书籍众多，但本书的独特之处在于，从家庭动力的视角深入探讨原生家庭及其对个体心理成长的影响。尽管部分读者可能对家庭动力较为陌生，但它对个体的影响却远超想象。本书旨在剖析原生家庭动力的各个层面，揭示这些动力如何作用于个体的心理成长。

本书的特色是帮助读者深刻理解原生家庭的系统动力，以及这些动力如何贯穿个体一生的成长。通过洞察家庭系统的内在动力，我们能够找到破解成长难题的钥匙。本次再版，我们新增了"原生家庭的创伤与疗愈""原生家庭的资源与能量""如何与父母和解"和"原生家庭与自我成长"四章，并进一步完善了原有章节内容，使新版本更加系统和完整。

自第 1 版面世以来，本书得到了广大读者的认可，作者也收到了许多热心朋友的鼓励、指正和建议。这些反馈让我对再版内容充满信心，并促使我系统性地补充和修正了本书原有的不足。在此，我向各位读者和朋友致以深深的感谢和敬意。希望再版后的本书，能继续得到大家的支持与帮助。

2025 年 2 月 16 日于广州

目录

第 1 章

各家学说

家庭如何影响人的一生

众多心理学流派的研究均指出，个体的早年经历对其后续成长具有极为重要乃至决定性的作用：

- 经典精神分析理论认为，人格结构在 6 岁前基本完成；
- 沟通分析理论提出，6 岁前的经历会成为个体后来人生的剧本，其人生轨迹多是在重复或演绎 6 岁前的经历；
- 依恋理论强调，3 岁前与父母建立的依恋关系模式，会影响个体后来的人际关系模式；
- 客体关系理论指出，1 岁前与母亲建立的母婴关系，对个体后来的人生有重要影响。

这些流派都强调早年经历的重要性，这些经历往往会转化为推动或制约个体未来成长的心理力量。

童年经历影响一生的成长：精神分析理论

经典精神分析理论

西格蒙德·弗洛伊德（Sigmund Freud）作为精神分析的创始人，是早期探索家庭动力对个体影响的先驱之一。他强调童年经历对个体后续成长的重要性，认为潜意识对个体影响显著，尤其是"性"发展与"性"满足。弗洛伊德提出，个体心理问题多源于早年"性"发展的障碍，这些障碍潜伏于潜意识中，当个体在成长中遇到压力时，被压抑的性创伤或需求会以症状形式显现，影响健康和生活。

弗洛伊德将个体心理发展分为五个阶段：口唇期（0~1 岁）、肛门期（1~3 岁）、性器期（3~5 岁）、潜伏期和生殖期。口唇期婴儿通过口腔刺激获取性满足；肛门期儿童从排泄活动中获得性快感；性器期生殖器成为性敏感区，此阶段产生恋父或恋母情结。前三个阶段是人格发展的重要阶段，为成人后的人格模式奠定基础。弗洛伊德认为，个体人格在 6 岁前基本完成，6 岁前的发展会影响并决定后续人生的发展。若个体在前三个阶段发展受阻，后续阶段可能停滞或退行，即使进入成年后，其人格也可能停留在受阻或退行的阶段，并按该阶段的人格特点行事。

在 3~6 岁的关键成长阶段，若个体未能妥善处理对父母的依恋，可能形成恋父或恋母情结。这种情结不仅影响其亲密关系和性满足度，还可能在多方面对其未来发展产生深远影响。例如，过度依赖父母可能导致个体在建立独立人际关系时遇到挑战，或在性满足度方面出现困惑。因此，个体需要认识到自己的情感需求，并学会在依赖与独立之间找到平衡。

客体关系流派

客体关系理论是较早探索家庭动力的精神分析理论流派之一，由奥地利精神分析学家梅兰妮·克莱因（Melanie Klein）创立，她也是儿童精神分析研究的先驱。克莱因认为，个体最基本的需求是与外在世界尤其是重要他人建立关系。这种关系会被内化至个体的内心世界，成为主观世界中的关系，进而又被投射至外在的真实世界，从而影响或控制其与外在世界的关系。

婴儿与外在世界建立的最早关系是妈妈哺育婴儿、为其提供营养的乳房，随后才是完整的妈妈。婴儿通过妈妈不同的哺乳方式，会感受到不同的对待，进而将妈妈的乳房分为"好乳房"与"坏乳房"，并将这种分类内化为自我认知，即"好乳房"代表好自己，"坏乳房"则代表坏自己。因此，婴儿与妈妈乳房的关系会演变成婴儿与自己的关系，影响孩子的自我价值感。

哺乳期母亲的饮食、精神状态、生活习惯、卫生保健和乳房护理等，都是确保孩子健康成长和建立良好母婴关系的重要因素。根据客体关系理论，婴儿与妈妈乳房的关系，以及与妈妈的关系，是影响其后续发展最为重要的关系。这种关系不仅满足了婴儿的生存需求，更是其情感的寄托，对个体的心理健康和行为模式产生深远影响。因为婴儿与乳房的关系模式以及与妈妈的关系模式，会演变成后来他与外在世界的关系模式，而这两个关系是在婴儿出生 12 个月之内建立的。也就是说，孩子在出生 12 个月之内与妈妈的乳房和完整的妈妈所建立起来的关系，会影响婴儿后来的成长与发展。这一观点所强调的时间节点，甚至比我们通常认为的 3 岁之前和 7 岁之前还要早。

个体心理学学说

阿尔弗雷德·阿德勒（Alfred Adler）是较早研究家庭动力的奥地利精神病学家，也是个体心理学的创始人。阿德勒曾追随弗洛伊德并与其合作进行精神分析，但因学术分歧最终分道扬镳，创立了个体心理学学说。

阿德勒认为，童年时期的弱小无力感易使人怀疑自身能力，进而催生自卑感，而这种自卑感却能成为推动个人追求卓越的力量源泉。因此，自卑感既是追求卓越的推动力，也是人格发展和形成的关键。人们天生具有的自卑感源于婴儿期的无助和依赖，这种感觉驱使人们努力克服困难，追求成功。适度追求优越感可以增进个人发展和社会福祉，但过度追求可能导致以自我为中心和忽视社会规范。个体如何追求优越感，取决于其独特的生活环境、经历以及所形成的生活风格。生活风格是个体在其成长过程中所呈现出来的应对和适应环境的行为方式和处理问题的方法，是个体行为表现中动机、特质、兴趣、价值等的独特组合体，它在 4 岁或 5 岁之前基本形成，表现了个体人格的整体性和独特性。

阿德勒发现，个体的生活风格形成于儿童时期，有赖于其家庭环境与幼年经验，如家庭的社会地位、经济状况、家庭结构、在家庭中的处境、兄弟姐妹的数量及家庭气氛等。这些因素使每个儿童形成独特的应对方式，为应对未来的生活问题提供了固定的行为模式。

阿德勒是最早研究出生顺序对孩子心理成长和性格特点影响的学者之一。他指出，出生顺序对孩子的性格发展具有显著的影响。在同一个家庭中，每个孩子所处的情境不同，因此会形成独特的生活风格，这种独特生活方式的影响具体表现在性格、学业、工作、交友、兴趣、恋爱和婚姻等方面。家庭中的每个孩子为了确保在家庭中的地位，也会采用不同的行为模式。例如，年龄最大的孩子通常会扮演有责任感的代理父母角色；最小的孩子则倾向于成为寻求乐趣、较少承担责任的冒险者；而排行在中间的孩子往往难以确立自我认同感，需寻找独特之处，力求在家庭中脱颖而出。阿德勒认为，由于顺序所带来的排行不同，决定了孩子的性格模式或行为模式的不同，这也是孩子所形成的"生活风格"的一部分，一旦形成便很难改变。

主体间性心理学

主体间性心理学作为后现代精神分析的一个重要分支，深入探索了家庭动力以及早年经历对个体成年后世界的影响。该学说认为，个体与外在他人及世界的关系模式在早年形成，并被不断强化、完善和保持，这种关系模式被称为"经验组织原则"（principle of experience organization）。

主体间性心理治疗的主要创始人罗伯特·斯托洛罗（Robert Stolorow）和乔治·阿特伍德（George Atwood）指出，人自出生起便与外部环境建立多样联系，其能力、性格、童年与抚养者的关系及生活环境等因素相互交织，共同作用。随着时间推移，人与外界的互动逐渐固化为特定模式，这些模式成为我们感知自我与世界的方式，具有组织性、主观性和特异性。

从主体间性心理学的视角来看，个体的早年经验组织原则得以维持，与个体通过与他人的交互作用形成的自我统合感、连续感和自我完整感密切相关。个体会将早年形成的体验或信念"正常化"，并以此为基础组织当下的情境。例如，一名 6

岁的男孩到小伙伴家做客，发现小伙伴家的交流方式与自己家不同，便认为小伙伴家"不正常"，因为他已经将自己家的交流模式视为"正常"。这种现象表明，我们会将早年经历的情境"正常化"，并持续维持这一标准，以此确认和保持自我身份。

主体间性心理学的经验组织原则通常源于个体生命早期与抚养者及其重要成员的关系。这种模式塑造了我们的自我概念，并体现在阿伦·贝克（Aaron Beck）的认知行为疗法（cognitive behavioral therapy，CBT）所探讨的早年信念中。这些自我概念和信念进一步影响我们对后续情境的应对方式。

主体间性心理学认为，经验组织原则包括认知和情感两个方面。例如，个体会认为自己是不值得爱的、有缺陷的（认知层面），并在此基础上形成羞耻感或自我厌恶感（情感层面）。当新的经验不符合原有的"经验组织原则"时，例如个体认为自己可爱且出色，出于维护自我统合感、连续性和完整性的需要，他可能会否定这种"可爱"和"出色"，回归到"不值得爱"和"有缺陷"的原有模式中。从这个角度看，个体的心理发展问题以及不良的关系正是他们为了保持心理统合感所做出的努力。

三岁看大，七岁看老：沟通分析理论

美国心理学家艾瑞克·伯恩（Eric Berne）是交互分析理论（transactional analysis，TA）的创始人，他对家庭动力学做出了重要贡献。20 世纪 50 年代，伯恩独创了交互分析治疗体系。作为一种以人际互动为基础的心理学理论，交互分析旨在深入分析个人的自我心理状态，帮助个体认识并理解自己的自我状态，学习并掌握适应性的交往技巧，从而实现自我重建，迈向成熟健康的人生道路。

三个自我状态

艾瑞克·伯恩认为，个体内在存在三种自我状态，分别是父母自我状态、成人自我状态和儿童自我状态。这三种自我状态通过个体对外界事物或自身内在状态的感知、思考及行为方式得以呈现。

- 父母自我状态是个体从父母处学习并整合到自身人格中的部分。由于主要源于父母，个体常会在不自觉中模仿并表现出与父母相似的行为模式、语言习惯及态度倾向，其表现可能包括控制、专制、指责、批评、要求，也可能体现为爱、照顾、包容和关怀等。

- 成人自我状态是个体针对此时此地发生的事件所做出的反应，这些反应体现出理性、尊重、民主、平等、有原则、有弹性、现实、顾大局等特点，它是个体行为、思考、感觉的方式，能够考虑后果。

- 儿童自我状态是个体以过去（特别是年幼时）的方式思考、感觉并表现的部分，其表现可能包括直接表达需求、以自我为中心、冲动、感情用事、单纯、喜怒无常、直率、无理取闹、不负责任、任性等，也可能表现为活泼、有创造力、追求自由、自然、纯真和有生命力等。

每个人都有这三种自我状态，只是比例不同。人与人之间的区别也在于这种比例的不同。在人际交往或沟通中，我们会根据场合和人群的不同，灵活调整自我状态以应对或反应。这些比例和应对方式的不同，塑造了我们各自的风格。而这些风格的形成，往往源于我们成长过程中的经历，尤其是早年家庭环境的影响。

人生脚本理论

艾瑞克·伯恩提出的人生脚本理论是与家庭动力相关的重要学说之一。该理论认为，个体在童年早期（通常在六岁之前）根据与父母的互动形成了自己的人生脚本。这个脚本包含个体对世界的看法以及预期的行为模式，通常难以改变。六岁之后，个体通常按照这个脚本演绎自己的人生故事。

伯恩将人生脚本定义为"潜意识对一生的计划"，并进一步阐释为"个体童年时针对一生的、被父母所强化的计划，该计划从生活经验中得到证明，经过选择而达到高潮"。由此可见，每个人在孩童时代就为自己的一生制订了特别的计划。这个计划不仅是一个人对世界整体的看法，还被安排得像一出戏：有开场、剧情和结尾，人的一生都按照这个剧本的剧情不断上演。因此，6 岁之前可以被视为人生的原型阶段，而 6 岁之后，个体则按照早期形成的脚本演绎自己的人生。

伯恩认为，个体的儿时脚本往往是由父母塑造的。在童年期之前，个体由于生理和心理上的脆弱，对父母的养育和关爱有着极高的依赖性。父母的教养方式，无论是积极的还是消极的，都会深刻影响孩子的心理发展，如情绪调节能力、自我认知能力、社交能力和道德观念等。因此，父母的忽视或抛弃对儿童来说可能是一场灾难，不仅影响他们的生存，还可能对他们的长期心理健康产生负面影响。

为了获得父母的认可，孩子会努力让父母开心、满足父母的要求。他们不会忽视父母的要求，因为一旦觉得父母对自己不开心或不满意，可能就意味着被父母抛弃。因此，孩子通常会对父母言听计从。在成长过程中，孩子将父母的要求内化为内心的行为规范，这些规范会随着时间的推移逐渐固化，最终形成个体一生的"人生脚本"。

伯恩指出，父母对孩子的要求分为两类：一类是基于父母自身需求的"禁令"，传递负面信息，旨在阻止孩子的行为；另一类是旨在培养孩子良好品质或能力的"允许"，提出正面要求。其中，"禁令"往往包含禁止性内容，带有威胁、恐吓、否定和拒绝的性质。这些"禁令"大致有以下 12 条。

1. **不要存在**。此类信息通常包含父母对孩子本人的否定。例如，父母可能会说："我就不该把你生出来""我真倒霉，这一辈子怎么会有你这样一个小孩""你做了这些事情，太伤我的心了，我上辈子造了什么孽啊""你跟你爸（妈）吧，我不要你了""我不认你这个孩子，你也不要认我这个爸爸（妈妈）"。当父母说出这些话时，孩子会感受到父母在否定自己的存在，进而觉得自己"多余""不该活在这个世上""危险""恶魔""应受惩罚"。这类孩子常常缺乏自我价值感，可能频繁表现出自伤乃至自杀的倾向。在有家暴或虐待行为的家庭中长大的孩子，通常会有这样的人生脚本。

2. **不要是男孩 / 女孩**。在一些家庭中，父母因孩子未能满足其性别期待而迁怒于孩子。他们本想要男孩，却生了女孩；本想要女孩，却生了男孩。这些孩子通常会收到来自父母对自己性别的拒绝或不满的信息，如"你不是我们所期待的""我们想要的是男（女）孩而不是你"。他们可能会拒绝自己的性别，尽管无法改变生理性别，但会通过改变心理性别或社会性别来满足父母的愿望。例如，女孩可能会改变外貌、穿着、性格特征及兴趣爱好，使自己更像男孩，以弥补父母未能如愿拥有男孩的遗憾。这类孩子通常价值感较低，会用优秀来证明自己的价值，渴望他人的认可和赞美，害怕他人的否定、拒绝和轻视。

3. **不要像个孩子**。这类父母希望孩子表现得像小大人一样，用成人的标准和规范来要求孩子。他们难以容忍孩子的纯真无邪、天真烂漫、活泼好动、好奇探索、情绪多变、率性而为、感性冲动、简单直接、无忧无虑。父母常会用"有什么可笑的""有什么好玩的""不觉得有什么意思""你太简单（幼稚、单纯、天真、任性、没有脑子、轻率、轻信）了"来否定孩子的童性。这类孩子通常无法拥有快乐的童年，难以完成童年时期的心理发展，也无法顺利过渡到成年。被剥夺美好童年的孩子，往往难以拥有真正意义上的成年生活。进入成年后，他们可能会利用一切机会，弥补童年未完成的心理发展，如迈克尔·杰克逊所做的一样。

4. **不要长大**。一些父母不希望孩子长大，希望他们停留在孩子状态，因为他们在内心深处需要孩子的情感陪伴，不想让孩子离开，甚至不允许孩子与他们分离。例如，与配偶相处不和谐的父母，希望通过孩子来补偿与配偶的不良关系。为了让孩子不与自己分离，部分父母倾向于过度溺爱孩子，导致孩子缺乏生活自理能力和社交技巧，难以与父母实现心理分离。父母则在这种依赖关系中找到满足感。

5. **不要成功**。对于控制欲很强且自我价值感较低的父母来说，孩子的成功意味着孩子会变得强大，最终可能超越父母，从而威胁到父母的自我价值感。孩子越强大，父母对孩子的控制就越困难，一旦孩子不再处于父母的可控范围，父母就会感到强烈的不安全感。为了维持能力上的优越感，父母表面上鼓励孩子成功，实则通过设置严苛的要求、订立高标准以及施加巨大压力，使孩子难以达成目标，从而确保孩子无法超越自己。例如，一些孩子平时学习很好，但一到重大考试时就焦虑，导致考试成绩不理想，无法超越父母。

6. **不要做任何事情。** 避免一切行动虽能带来一时的安逸，却会让人错失成长的机会。毕竟，成长离不开探索的勇气、变化的接纳，乃至冒险的决心。拒绝任何尝试，无异于父母向孩子宣告成长的止步，让孩子长久地蜷缩在父母的羽翼之下，维系彼此分离的假象。当"不要做任何事"成为孩子的习惯时，孩子就会陷入习得性无助的状态，缺乏欲望、渴求和想法，在困难面前也不会主动寻求解决办法。

7. **不要觉得自己重要。** 当一个人把自己放在不重要的位置时，他就会把别人放在重要位置上，漠视自己的需求和权利，而顾全他人的需求和权利。这个"他人"最初是父母，后来会变成朋友、恋人、配偶和孩子。当一个人觉得自己不重要时，他就会成为满足他人需求的工具，也会觉得自己不配享受美好、快乐、幸福和有价值的东西。研究表明，父母过度控制孩子可能会导致孩子自我价值感的降低，孩子可能为了满足父母的需求而忽视自己的重要性，从而更容易受到父母的控制。

8. **不要有归属感。** 在一些家庭中，父母会在孩子面前彼此诋毁，试图将孩子拉拢至自己阵营。这种行为会给孩子带来归属感问题。无论是母亲还是父亲，一旦试图拉拢孩子，往往不允许孩子对另一方产生归属感，进而扩大到对孩子父亲（或母亲）整个家族的不满，不允许孩子对其整个家族有归属感。当孩子进入青春期，想去结交朋友（或异性朋友）时，一些父母出于学业或安全考虑，会千方百计地阻拦，不让孩子融入同龄人群体，同时警告孩子不能归属于同学或同龄伙伴。父母的这类言行不仅影响孩子的情绪和心理健康，还会阻碍孩子建立亲密关系和安全感，最终导致孩子的归属感被打乱，难以融入集体。此外，有些父母也不允许孩子成为独立的个体。因为对于那些对孩子有依赖需求的父母来说，当孩子归属于他人或成为独立个体时，父母就无法利用孩子来满足自己的情感需求。

9. **不要亲近**。"不要亲近"包括：不可与父亲（或母亲）及其家人亲近；不可与异性亲近；不可与同学或老师亲近；不可与自己的兴趣与爱好亲近等。因为一旦孩子与这些人、物或活动特别亲近，可能就会影响孩子与父母的亲近关系。父母会觉得自己失去了孩子，孩子不再独属于自己，也无法从孩子那里获得某些需求上的满足。

10. **不要健康**。如果孩子身体和心理健康，他们自然会逐渐远离父母，融入社会，重新组建自己的家庭。当孩子与父母渐行渐远后，就无法再满足父母对孩子的依赖需求。然而，当孩子身体或心理出现问题时，他们就会需要父母的帮助。孩子的健康问题越严重，就越离不开父母，从而陪伴在父母身边，满足父母的情感需求。在照顾不健康孩子的同时，父母也会感受到自己的价值。

11. **不要思考**。在一些父母看来，孩子不需要独立思考，只需听从父母的安排。因为一旦孩子有了自己的思想，父母控制孩子就会变得困难。当孩子的思想逐渐超越父母时，父母往往会觉得自我价值受到挑战。青春期是亲子关系最困难的时期，父母会察觉到孩子从顺从变得独立自主，从对父母的崇拜转变为对同龄人或明星的狂热追捧。这些变化源自孩子有了自己的思想和主张，是孩子开始从父母那里分离的表现。然而，一些父母会恐惧与孩子之间的心理分离，为了延缓这种分离感，可能会采取极端手段，试图剥夺孩子的独立思考能力，让孩子完全遵循自己的意愿行事。

12. **不要有感觉**。许多人小时候可能会有这样的经历：在父母那里受了委屈后伤心地抽泣时，可能会遭到父母的制止，不允许哭泣或伤心；生气发怒时，也会受到父母的压制；表现出害怕时，父母会告诉你要勇敢，消除胆小；遇到失败或挫折表现出沮丧时，父母会要求"要坚强"。父母常会用他们认为正向的、有力量的、积极的方式覆盖孩子那些被他们认为是负面的、消极的情感表达。久而久之，孩子会觉得自己的感觉是不对的、不应该的。于是，孩子要么变得麻木无感，要么用父母或他人的感受取代自己的真实感受。

这些禁令源于个体早年与父母的相处过程，是父母传递给他们的带有警告、拒绝和负面性质的信息。这些信息会内化为个体的原始信念，进而影响他们对世界的认知与判断，并成为其未来行为和人生脚本的基础。例如，若个体的人生脚本中包含"不要成功"的指令，一旦他无意间取得成功，便会设法将其破坏；若脚本中有"不要健康"，其身体和心理会配合这一脚本，使自己陷入疾病状态；若脚本中有"不要亲近"，在人际交往中便会保持距离，不让他人走进自己的内心世界；若脚本中有"不要有归属感"，他可能会离群索居，不加入任何团体，甚至不认同自己属于某个群体；若脚本中有"不要有感觉"，则会让自己保持超理性的状态或对外界毫无反应。

除了"禁令"，人生脚本还包含"允许"。如果说"禁令"是父母不希望孩子做的事情，那么"允许"则是父母希望或要求孩子去做的事情。艾瑞克·伯恩将"允许"归纳为以下五项内容。

1. **要完美**。完美是基于好与坏、对与错、是与非、美与丑、善与恶等矛盾统一体。在经历否定性扬弃后，系统通过确立绝对主导的正价值准则，将所有负价值要素排斥于本真存在之外，从而实现封闭性的完美闭环。在完美状态下，只允许好的、对的、美的和善的存在，拒绝坏的、错的、丑的和恶的存在。因此，完美是对不完美的否定，追求完美往往源于对自我价值的渴望。这类人倾向于通过追求完美来弥补自尊心的不足，进而提升自我价值感。自我价值较低的父母，通常会通过要求自己和孩子完美来提升自身价值。因为孩子被视为父母的一部分，孩子的完美能提升父母的价值。这类父母会通过严格要求和高惩罚来实现完美，回避不完美。被要求完美的孩子会形成过高的超我意识，承受巨大压力，这既来自自我对完美的追求，也来自父母的苛求。过高的超我可能导致心理或精神症状，如焦虑、强迫和抑郁。因为当超我过强时，本我无法在自我中找到出口，会通过症状寻求出路或满足需求。

2. **要取悦别人**。孩子相较于父母而言，如同刚发芽的幼苗，弱小而脆弱。一旦失去父母的庇护，他们难以独自生存。若父母对孩子表现出不悦，孩子会时刻担忧被"抛弃"。因此，父母的高兴与否直接影响孩子的生存安全感。这类孩子会努力取悦父母，以获得照顾和关爱。当父母的爱附加条件时，取悦父母成为孩子生活的重要部分。父母有条件的爱表现为：当孩子满足父母需求或表现优秀时，父母会高兴并满足孩子的需求；反之，父母会不高兴，甚至严厉惩罚，收回对孩子的爱。取悦他人的孩子通常牺牲自己的需求，生活在压抑中，事事顺从，如同忠实的仆从，随时准备满足他人需求。

3. **要努力**。在有优秀情结的父母眼中，孩子只有优秀、成功、有所作为才活得有价值，而这些都需要不断努力才能实现。因此，一个人必须不断努力，才能保持优秀状态，避免人生虚度。

4. **要坚强**。安全感是马斯洛需求层次中的第二层级需求。在充满风险的世界中，脆弱会威胁到生存安全，导致伤害甚至死亡。因此，坚强对个体至关重要。要变得坚强，关键在于面对危险、困难和挫折时，学会控制脆弱，不轻易流露忧伤或流泪，学会自我承担。强大的理性和控制力是必要的，以防止内在的软弱外露。

5. **要快一点**。我们生活在一个快节奏的时代，快意味着成功、高效率和超越他人。21 世纪的互联网时代，知识和技术的更新速度极快，"快"和"高效"成为时代的代名词。快能让人走在他人前面，获得更多机会，立于不败之地。因此，"快一点"成为当今父母对孩子的普遍要求。

艾瑞克·伯恩认为，上述 12 条"禁令"与 5 项"允许"构成了个体人生剧本的核心要素。每个人在这些要素上的表现各不相同，往往是不同"禁令"与"允许"的组合，这些独特的组合构成了我们各自的人生剧本。

母婴关系对个体成年后的影响：依恋理论

依恋理论（attachment theory）是一种与家庭动力密切相关的重要理论。依恋产生于婴儿与其照顾者（通常是母亲）的相互作用过程中，是一种情感上的联结和纽带。这种联结方式一旦形成，便会成为婴儿未来与他人建立关系的基础模式，从而深刻影响个体后来的人际关系。这些关系涵盖个体从幼儿园、小学、中学、大学时期与同学和老师的关系，到步入职场后与同事和上司的关系，再到恋爱时与恋人的关系，以及进入婚姻后与配偶和孩子的关系。

依恋理论最早由英国精神病学家约翰·鲍尔比（John Bowlby）提出并建立。美国心理学家玛丽·安斯沃斯（Mary Ainsworth）进一步将婴儿的依恋关系分为以下三类。

- 安全型依恋（secure attachment）。在与母亲共处时，安全型依恋的婴儿能够安心地玩耍，不过分依赖母亲。母亲离开时，他们会表现出明显的不安；而当母亲返回时，他们会迅速寻求与母亲的亲近，随后便能平静下来，继续游戏。

- 回避型依恋（avoidant attachment）。这类婴儿在母亲离去时不会表现出紧张或忧虑，母亲回来后也对母亲不予理会，或只是短暂接近后又走开，表现出忽视和躲避行为。对于这类婴儿而言，无论是陌生人的安慰还是母亲的安慰，他们都不会表现出明显的偏好。

- 矛盾型依恋（ambivalent attachment）。矛盾型依恋的婴儿对母亲的离去表现出强烈反抗。母亲回来后，他们虽然会寻求与母亲的接触，但同时又会表现出反抗甚至发怒，难以重新投入到游戏中。

后续研究表明，个体的依恋类型一旦在早年确定，便会对其后来的人际关系产生持续且深远的影响。那么，个体的依恋是如何建立的？其依恋类型又在何时初步定型呢？1969 年，约翰·鲍尔比根据婴幼儿行为的组织性、变通性与目的性发展情况，将婴幼儿依恋的产生与发展过程分为以下四个阶段。

- 前依恋期（出生至 6 周）。这一阶段的婴儿尚未具备区分能力，对各种刺激均表现出相应的信号行为，如哭叫、吮吸、依附、定向等。几周后，婴儿会开始微笑、咿呀学语；几个月后，会表现出爬行、走步等反应。尽管他们尚不能识别特定个体，但这些信号行为能够激发母亲的母性本能，促使母亲增加与婴儿的相处时间。

- 依恋关系建立期（6 周至 6~8 个月）。这一时期，婴幼儿开始对特定人物进行定位并表现出信号行为。他们对其他人保持友好态度，但对母亲或扮演母亲角色的人的反应愈发频繁，展现出由衷的喜悦。
- 依恋关系明确期（6~8 个月至 18 个月）。这一阶段的婴幼儿通过躯体移动和信号表示向识别出的人表达亲近意愿，同时对陌生人表现出警戒和惧怕情绪。在探索世界的过程中，母亲成为他们稳固的安全港湾。
- 目标调节的伙伴关系期（18 个月至 2 岁及以后）。这一阶段的幼儿逐渐对与母亲相关的行为的先后顺序和因果关系做出认知推断，能够预测母亲的行为，洞察她的情感和动机。他们也能容忍与母亲的距离逐渐增大，并逐渐善于与同伴和不熟悉的人进行交往。

个体的依恋类型大致在 3 岁以前初步建立。因此，3 岁前与父母特别是母亲建立的依恋模式，将深远影响个体的人际关系。这为"3 岁看大"的心理学理论提供了依据。关于依恋理论对个体成长的动力学影响，我们将在后续章节中进一步详细论述。

有其子必有其父：代际传递理论

家庭代际传递理论概述

莫雷·鲍文（Murray Bowen）是家庭代际传递理论（multigenerational transmission theory）的奠基人，也是系统研究家庭动力在代际层面传递的先驱之一。作为精神科医生，他长期研究了大量精神分裂症家庭的互动模式，并提出了八个与家庭动力紧密相关的概念：自我分化（differentiation of self）、三角关系（triangles）、核心家庭情感系统（nuclear family emotional system）、家庭投射机制（family projection process）、情绪隔离（emotional cutoff）、多代影响过程（multigenerational transmission process）、出生排行（sibling position）以及社会情感互动（societal emotional process）。

鲍文指出，人类往往高估了自身在家庭生活中的自主性，大多数人比想象的更依赖家庭关系的互动。他的系统理论阐释了家庭作为一个跨代关系网络，如何通过上述八个相互关联的概念联结并代代相传。下面重点介绍自我分化这一概念。

自我分化

自我分化是莫雷·鲍文家庭代际传递理论的基石。鲍文认为，个体的成熟意味着与他人，尤其是父母在情感上的分离。若未完成这种分离，则表明个体未能与父母或家庭实现分化。鲍文通过个体与父母（重要他人）的情感融合度和依赖度，以及理智的发展和完善度来衡量分化程度。个体与父母的情感融合度和依赖度越高，其自我分化度就越低。

在低分化家庭中，高强度的情感压力使孩子难以自主思考、感受与行动。孩子主要对他人做出反应，情感冲动多于理性思考。若影响孩子的重要他人之间存在不同的信念和价值观，孩子会在这些信念和价值观之间摇摆不定，表现出不一致性。由于分化程度低，个体难以发展出完整的自我，常以他人的自我来替代或武装自己的自我。其感受、情绪、想法和行为通常源自重要他人（如父母），自身与重要他人的部分往往处于融合状态。这类个体倾向于情绪化，对他人要么顺从，要么逆反，生活常受他人反应左右，难以保持自主性，尤其在面对焦虑事件时。询问其想法时，他往往述说感受；谈及信念时，则可能复述父母或他人的观点，要么完全赞同他人，要么在每件事上与他人针锋相对。他们通常通过融合或对立、亲密无间或势不两立来寻找关系中的自我存在感，难以将理智与情感分离，理智常被情感主导，缺乏客观思考能力。

相反，分化良好的个体能够在感受、情感、想法和行为上与他人保持清晰界限，明确哪些属于自己的，哪些属于他人（父母）。他们能够区分自己的事务与他人的事务，并对这些事务进行恰当区分，既不承担他人的事务，也不让他人承担自己的事务。他们对自己的部分承担全部责任，对自我有高度认同感，基于理性和结果考量而非情绪冲动，在情感与理性之间保持平衡。既能展现强烈的情感和自发性行为，又能自我克制，客观看待事物，有效抵制情感冲动的影响。

与父母的分化和分离并不意味着与父母断绝往来或关系断裂。一些人认为，真正的独立和良好的分化就是与父母完全隔绝，这种观点恰恰反映了分化差的表现。分化程度低、高度融合的个体，往往通过关系断裂来应对过度融合产生的焦虑情绪。良好的分化意味着个体与父母之间既能保持适度的亲密与联系，又能维持清晰的界限与距离，从而建立起一种既有界限又相互联结的和谐关系。

个体的分化水平在很大程度上取决于其与抚养者（父母）之间的情感分离程度。这种分化水平通常在孩子青春期时已经基本形成，并可延续一生。

认知行为疗法流派

认知行为疗法概述

阿伦·贝克被誉为"现代认知心理学之父"，是认知行为疗法的创始人之一。他的理论和技术尤其是认知疗法，被广泛应用于心理咨询和心理治疗领域，对抑郁症等心理问题的治疗产生了深远影响。

认知疗法的核心信念是：人的情绪和行为并非源于事件本身，而是源于个体对事件的看法。认知疗法的创立与两位重要人物密切相关：阿尔伯特·艾利斯（Albert Ellis）和阿伦·贝克。艾利斯创立了理性情绪疗法（rational emotive behavior therapy，REBT），强调理性信念的重要性，其咨询重点在于识别和纠正来访者的非理性信念，建立理性的信念体系。贝克则关注非理性信念的来源，重点探索这些信念如何在个体成长过程中形成。

认知结构

艾利斯的合理情绪疗法将认知视为"信念"，并区分为理性与非理性两类。贝克进一步将认知构建为一个复杂的系统，包括自动思维、中间信念和核心信念三个层次。

贝克发现，个体的非理性信念通常可以追溯到早年形成的信念，这些信念在童年阶段逐步形成，并持续影响个体的情绪和行为。核心信念是个体对自我、他人和世界的根本性、概括性看法或观念，例如"我是有价值的""他人是值得信任的""世界是美好的"等。这些核心信念是所有认知的基础，其他信念围绕其组织和构建。

核心信念可分为正面与负面两大类。正面核心信念包括自我肯定、乐观向善等；负面核心信念则包括自我否定、价值缺失、悲观向恶等。贝克特别关注负面核心信念，认为不良情绪和行为通常与之相关。他将负面核心信念进一步划分为两类：一类聚焦于无助感与无能感，如"我无能""我软弱""我易受伤害"等；另一类与不可爱感与无价值感相关联，如"我不可爱""我没有价值""我必被抛弃"等。

这些负面信念通常在童年期形成。例如，父母在孩子五六岁时给予的负面标签，如"你真笨""你没用"等，会逐渐内化为孩子的自我概念，形成早年信念，并在未来持续影响其行为。个体往往对这些信念深信不疑，并据此塑造自己的发展路径。如果个体认为"我没有资格"或"我没有价值"，即使在成功、快乐或遇到好机遇时，也会因这些信念而破坏这些积极状态，直至其行为与早年形成的负面信念相符合。

根据认知行为疗法，这些负面早年信念潜伏在潜意识中，通常不为个体所知。然而，在遭遇困境、压力或挑战时，这些信念会被激活，引发消极的情绪和行为反应。例如，童年时期因父母忽视或言语暴力而形成的负面核心信念，会在成年后面对挑战时被激活，导致消极情绪和行为。研究表明，信念矫正辅助治疗对抑郁症和焦虑症患者具有显著疗效，能够有效缓解症状。

贝克的认知疗法强调，探索个体的早年经历和早年信念对治疗过程至关重要。这些信念若不被修正，将持续影响个体的行为和情绪。只有通过干预这些早年信念，才能从根源上改变个体面对重大事件时的负面情感反应和应对行为。

家庭系统的良知：家庭系统排列学说

家庭系统排列学说概述

在回顾家庭系统动力的研究历史时，伯特·海灵格（Bert Hellinger）神父及其创立的家庭系统排列学说（family constellations）是不可忽视的重要人物和理论。尽管家庭系统排列学说自海灵格创立以来在学术界一直存在争议，且其技术尚未被主流学术界广泛接纳，但他在此领域的研究、探索及发现无疑具有深远的意义。

海灵格所创立的家庭系统排列学说，亦称家庭星座（family constellations），他本人将其命名为海灵格科学（Hellinger science），这表明海灵格深信自己所研究的领域及对家庭动力的发现具有科学性。

家庭系统排列学说始于 20 世纪 90 年代，至今不足 40 年历史。因此，对该领域的研究仍处于探索阶段。海灵格首先是神学家，后成为心理学家。尽管他后来脱离了天主教会，但其理论体系中仍充满神学思想。他将灵魂与前世今生的概念融入家庭系统排列中，这一做法在某种程度上与心理学的科学原则相悖。海灵格的家庭系统排列学说结合了神学、哲学和心理学理论，但由于其体系中包含神学和灵学元素，与心理学的科学精神不符，因此受到学术界的抵制，难以在主流学术领域得到研究、教学和传播。他将自己的家庭系统排列机构命名为"海灵格科学"，显然是希望获得学术界和科学界的认同和接纳。

海灵格的家庭系统排列学说对家庭系统动力的看法如下。

海灵格认为，家庭系统犹如一个星座，拥有其独特的运转规律，这一规律被称为"家庭系统的良知"。家庭系统的良知包含三个法则：归属法则、平衡法则和秩序法则。如果家庭系统能够依据这三个法则运作，那么家庭中的爱就能顺畅流动，家庭成员也能得到良好发展；反之，家庭系统或其成员则会出现各种问题。

归属法则

归属法则要求家庭中的所有成员都应属于家庭系统，无论其行为如何或是否仍在世，都不可被排斥或排除。若因成员做出不光彩之事而遭受家族排斥或不再被承认，家族系统将受到严重影响。

海灵格创立家族系统排列的初衷，旨在将被家族排除的成员重新归位。在排列过程中，治疗师会探寻被边缘化或遗忘的成员，审视其缺席引发的替代现象，最终促使被排斥者重新融入家族系统，并让受牵连的家庭成员各归其位。完成这一双重归位后，家族系统排列便宣告结束。

平衡法则

平衡法则强调付出与获得之间的平衡，是系统关系中极为重要的原则。它既适用于家族系统内部的各个亚系统之间，也适用于系统内任意两个成员之间的互动。

在婚姻关系中，夫妻或伴侣之间存在着一种价值交换的平衡系统，这种平衡不仅涉及物质层面，更体现在情感、支持和资源的相互依赖上。心理学家约翰·戈特曼（John Gottman）指出，当这种交换达到平衡时，夫妻或伴侣关系会更加愉快且稳定。例如，婚姻中的角色分配，一方负责经济支柱，另一方关注家庭和孩子的教育。如果双方都能在关系中感受到被珍视的价值，那么关系便更有可能走向成功；反之，如果这种交换出现不平衡，伴侣关系就会出现问题，轻则导致冲突不断，重则可能使关系解体。因此，平衡法则鼓励夫妻双方在关系中持续进行互动与回馈，避免单方面的牺牲或奉献，因为这种失衡状态会破坏关系的和谐，进而威胁到关系的稳固性。

亲子关系是一种传承性的关系。父母在自己的原生家庭中也是孩子，他们与自己父母的关系模式通常会延续到他们与自己孩子的亲子关系中。上一代亲子关系中的付出，往往会在下一代中由曾经的孩子（现已成为父母）以相似的方式传递给自己的孩子，这是亲子关系系统平衡的一种体现。然而，在同一代的亲子关系中，亲子关系是单向的、不对等的。父母只给予孩子爱，而不应向孩子索取爱。如果在亲子关系中盲目追求如同夫妻关系般的交换与平衡，让父母向孩子索取爱，这将阻碍孩子的健康成长，可能导致孩子为满足父母的需求而牺牲自我发展。因此，亲子关系的平衡是跨越代际的平衡。父母在给予孩子爱的同时，也在延续他们从自己父母那里获得的单向付出的爱的关系。

在兄弟姐妹关系中，平衡体现在他们在父母心中的地位应该是平等的，这种平等不仅体现在性别的重要性上，也体现在排行的位置上。如果父母在对待孩子时厚此薄彼，那么得到较多父母爱的孩子可能会通过其他方式来平衡这种不平等，以补偿其兄弟姐妹应得的部分。他们可能会通过问题行为、生病、限制自己的成功和幸福等方式来进行补偿。

秩序法则

秩序法则明确了家族系统中成员及其所属不同系统间的重要性差异。根据该法则，在同一系统内，先来的成员比后来的成员更为重要；而在不同系统之间，新系统比老系统更为重要。

例如，在核心家庭中，夫妻关系的重要性高于父母关系，夫妻与父母关系又高于亲子关系，哥哥姐姐的重要性高于弟弟妹妹。家庭成员需遵循这一重要性秩序，年长者优先于年幼者。家庭成员不得越位，如孩子不得取代父母或夫妻的位置，弟妹不得取代兄姐；否则，越位者与让位者都将承受相应的后果。

同一成员在不同系统中的情况则相反，新系统优先于老系统。例如，当个体成年后组建再生家庭时，原生家庭和再生家庭成为两个不同的系统。由于再生家庭比原生家庭更新，因此再生家庭对该个体而言更为优先或重要。

当个体离异后再婚时，后一婚姻中的伴侣比前一婚姻中的伴侣更为重要或优先。若个体有外遇且与外遇对象育有子女，则相当于形成了一个新的家庭系统。根据家庭系统排列原理，一旦个体在婚外关系中育有子女，他往往难以回归原有婚姻，而是倾向于结束之前的婚姻，与婚外伴侣组建新家，以维持家庭系统的秩序。

总结

家庭系统排列主要从上述三个法则（归属法则、平衡法则和秩序法则）出发，寻找家庭动力，并为解决家庭问题提供方案。

以上内容是对家庭系统动力学领域的深入回顾，涵盖了心理学在该领域取得的研究成果。家庭系统动力学作为系统科学与心理学的交叉学科，不仅研究家庭系统的结构、功能、规律及变化过程，还分析家庭成员之间的互动、影响和关系，探讨家庭内部的协调、矛盾、紧张和冲突，以及家庭系统运转的规律和因素。感兴趣的读者若想在这些领域有更深入的了解，可以进一步检索与家庭系统动力相关的学术文献。

第 2 章

我们赖以生存的家庭

　　在第 1 章中，我们回顾并梳理了心理学领域中研究家庭动力的相关理论，其中最为著名的是精神分析理论。精神分析理论专注于研究个体内在的精神世界系统（如人格结构系统、意识结构系统、性心理发展系统）的运作机制，以及这些机制如何影响个体的欲望满足和人生状态。同样，家庭动力学的研究也离不开系统学和动力学的理论支撑。

　　我们所认知的世界，无论是宏观层面还是微观层面，均由各种系统构成。从浩瀚的宇宙系统、地球系统，到复杂的社会系统，再到微小的家庭系统、个人系统乃至微粒系统，无一不体现着系统的存在。世界由系统构成，系统亦存在于世界之中。家庭本身就是一个系统，因此，研究家庭动力学必须从系统角度出发，探讨家庭成员如何在家族世代传承的系统中受到家族系统的影响。

　　动力学属于物理学中理论力学的范畴，主要研究不同存在之间以及对象之间的相互作用和影响。动力学的本质是研究关系，即研究一个对象或存在以及那些影响其存在状态的因素和力量。从生命的目的和本能来看，人类几乎所有活动和安排都围绕着生存与繁衍展开，这两项内容几乎成为人类所有活动最重要的推动力。人类构建家庭，旨在促进后代的繁衍，确保种族的存续；而社会的建立，则为家庭提供资源与庇护，助力繁衍活动的顺利进行。生存与繁衍本能是所有生命最基本的动力，其他生命动力皆建立在这两个基本动力之上。

　　人类组建家庭这一社会基本单位，目的是使其成为承载生命火种的摇篮。每个家庭既是生命诞生的始发站，又是生命延续的中转站。新生命在代际呵护中成长，终将接过繁衍的接力棒。我们既是生命的继承者，亦是生命的传播者。

为了更好地讨论家庭动力，我们先从社会学和心理学的角度对家庭进行定位。

家庭的传承与延续

家庭是由婚姻、血缘或收养关系构成的社会生活的基本单位，通常由父母及其子女组成。作为与祖辈系统相连的终端系统，家庭承载着远祖系统的血缘、历史、文化、灵魂和模式。孩子是家庭系统的终端成员，而父母在自己的父母那里也是孩子，这种关系可以一直追溯到生命的起源。因此，家庭既是生命代代相传的结果，也是延续生命的原因。每个人都是家庭系统与生命源头的联结点，处于家庭链条的一环之中。无论向上追溯还是向下延伸，家庭通常都是一个不断扩大的系统，其中每个成员相互关联，无人能独善其身或孤立存在。

在心理学中，家庭通常包括三代家庭成员，若涉及婚姻和孩子，则包括四代家庭成员，具体如下：

- 自身或配偶与孩子，以及兄弟姐妹；
- 父母及其兄弟姐妹；
- 祖父母和外祖父母。

这种划分缘于这些成员对我们人生的重要影响。因此，当我们想要考察自己的人生、寻求心理成长时，需要关注这些家庭成员，因为他们的生存状态与我们的人生状态存在因果联系。

通常，由父母和孩子组成的家庭称为核心家庭。对父母而言，这是再生家庭；对孩子而言，这是原生家庭。家庭作为传承系统，源自一代又一代核心家庭的延续。我们通常所说的"家庭"即指由父母和孩子组成的核心家庭。然而，为了全面考察家庭对个体的影响，我们通常会从核心家庭延伸到心理学上的三代家庭成员。

核心家庭包含两个基本要素：结构和关系，而系统的功能则由此衍生。在核心家庭中，父母和孩子可能存在不同情形：父母可能是第一次婚姻或多次婚姻；孩子可能与父亲或母亲性别相同；孩子可能是亲生的，也可能是收养、寄养或继子女。

在关系层面，核心家庭存在四种基本关系：夫妻关系、父母关系、同胞关系和亲子关系。这些关系中可能存在亲密、疏离、紧张、对抗、断绝、控制、虐待等情况。这些关系的性质既是家庭动力的结果，也可能成为未来家庭动力的原因。

家庭是一个生命系统，具有自己的生命周期。家庭生命周期从两个年轻人成立家庭开始，经历孩子出生、上学、离家、结婚，直至父母离世的过程。这一过程也是延续传承的过程：当父母的家庭周期结束时，孩子会开启新的家庭周期。

一个人从出生到死亡都处于家庭之中，家庭在我们的一生中时刻影响着我们。因此，对家庭的探索和探讨，无论对我们的成长，还是对人生和生命的认识，都是不可或缺的。

家庭结构与关系

家庭结构主要由家庭成员及其相互关系构成。家庭成员的数量决定了家庭规模的大小，而成员之间的关系则决定了彼此之间的相互作用和影响。家庭关系是影响家庭动力的核心因素。

根据不同的家庭结构，家庭可以划分为以下几类。

- 夫妻家庭：仅由夫妻二人组成，包括自愿不育的丁克家庭、子女离家后的空巢家庭以及尚未生育的夫妻家庭。

- 核心家庭：由父母和未婚子女组成。

- 主干家庭：由两代或两代以上夫妻构成，每代仅含一对夫妻且无断代，例如父母与已婚子女共同组成的家庭。

- 联合家庭：家庭中至少有一代包含两对或更多夫妻，如父母与两对以上已婚子女组成的家庭，或兄弟姐妹婚后仍共同居住的家庭。

- 单亲家庭：由离异、丧偶或未婚的单身父亲或母亲及其子女或领养子女组成。

- 重组家庭：夫妇双方至少有一人经历过一次婚姻，并育有一个或多个前次婚姻所生的子女及夫妇重组后所生子女组成。

此外，其他形式的家庭还包括收养家庭、隔代家庭、同居家庭、同性恋家庭等。

家庭的种类还可以按世系进行分类。世系是指家名传承、香火传递、财产继承的方式。以世系为标准，家庭可分为以下三大类。

- 父系家庭：家系、姓氏、财产等均由父方传递。
- 母系家庭：家系、姓氏及财产皆由母方传承。
- 双系家庭：父母双方同等重要，一个人可以继承双方的财产，并对双方尽相同的责任。

其他分类方法还包括以下几类。

- 按配偶对数分：多夫多妻制家庭、一夫多妻制家庭、一妻多夫制家庭和一夫一妻制家庭。
- 按决策权分：父权家庭、母权家庭、舅权家庭和夫权家庭。
- 按传袭系统分：母系家庭、父系家庭、平系家庭（男女两系平等计算或任何一系均可）和双系家庭（同时属于父族和母族）。
- 按居住地分：从妻居家庭、从夫居家庭和单居制家庭。

从纵向来看，家庭结构由不同的代际串联而成。随着社会的发展，家庭的自然单元逐渐缩小。以往多代同堂较为常见，如今核心家庭已成为主要的家庭单元。家庭的发展趋势显示出丁克家庭、单亲家庭数量的增加，同时家庭结构的多元化也越来越明显，如同性恋家庭、同居家庭、单亲家庭、丁克家庭、再婚家庭等越来越普遍。

家庭与繁衍

家庭功能深受其结构及定义的影响。根据家庭的定义，家庭是由婚姻、血缘或收养关系构成的社会生活的基本单位。家庭的核心功能在于繁衍后代，确保物种的延续。这一要素是理解家庭意义及其内部动态的关键。家庭因繁衍而建立，也可能因繁衍问题而面临危机甚至解体。

若家庭以繁衍和传宗接代为目的，其功能则衍生出两个重要的目标：夫妻的功能目标和父母的功能目标。

夫妻的功能目标

夫妻的功能目标聚焦于双方的繁衍潜能。个体的繁衍能力越强，在配偶选择中越具吸引力。通常，女性倾向于选择强壮、勇猛、高大的男性；而男性则更倾向于选择年轻、漂亮、温柔的女性。因此，男女两性的吸引力主要取决于其性吸引力和繁衍潜力。

男性能否提供高质量的精子、安全舒适的孕育环境以及养育后代的物质保障，是其能否赢得异性青睐的关键。女性更看重异性的物质保障，因为女性一生中仅有约 400 至 500 个卵子具有受孕机会。根据第 5 版《世界卫生组织人类精液检查与处理实验室手册》（*WHO Laboratory Manual for the Examination and Processing of Human Semen*）的标准，正常男性每次射精的量应在 1.5 毫升以上，1 毫升精液中含有的精子数应至少为 1500 万，一次射精的总精子数至少为 3900 万。从这一点来看，男性更倾向于追求后代的数量，而女性则更注重后代的质量。因此，男性出于繁衍后代数量的考量，往往倾向于多配偶制，这一倾向有时会使他们对一夫一妻制感到不适，甚至寻求制度上的变通与突破；相反，女性更注重后代的质量，因此通常表现出对配偶的忠诚，以及对一夫一妻制的认同与坚守。

由于夫妻的功能指向繁衍，因此在夫妻关系中，一旦出现威胁繁衍或繁衍功能消失的情境，婚姻关系就可能会出现危机。例如，配偶一方出现不孕不育、生殖器官疾病、性功能障碍，或女性进入更年期等问题时，婚姻可能陷入危机。在这种情况下，可能出现婚姻解体，一方或双方在婚姻之外发展新的感情或性关系，以补偿婚姻内繁衍功能的缺失。

婚姻的繁衍功能在人类社会中被刻上了文化的烙印。在重男轻女的文化中，只有男孩被视为家族的传人，女孩则不是。因此，当婚姻中只有女孩而没有男孩时，婚姻被视为尚未完成繁衍的功能。在这种情况下，核心家庭中的妻子或女孩可能会承受来自家族或社会的巨大压力。这种压力可能导致男性的婚外恋、婚姻破裂，或对妻子和女儿的压迫与歧视。

父母的功能目标

家庭的另一重要功能是养育后代。如果说夫妻的主要功能是繁衍后代，那么父母最重要的功能则是养育后代。来自不同家庭背景的父母通常拥有不同的文化背景和养育观念，因此他们需要在不同的养育方式之间进行充分合作，以协调一致地完成教养孩子的任务。

家庭最为重要的养育功能是对孩子进行社会化培养，即将一个自然或天然的孩子培育成为符合社会需要、能够遵守社会规则、适应社会环境且具有竞争力的人。

家庭的核心关系：夫妻、父母、同胞与亲子

家庭关系可分为垂直关系和平行关系。垂直关系包括亲子关系、婆媳关系、祖孙关系、叔侄关系等；平行关系则涵盖夫妻关系、父母关系、同胞关系等。

个体最早的人际关系是与母亲的二人关系，随后因父亲的加入而转变为三人关系，并逐步扩展至与其他原生家庭成员（如祖父母、外祖父母、兄弟姐妹等）的关系。在家庭系统中，与个体距离越近的家庭成员，其人生状态及与个体的关系对其影响越大，依次为父母、兄弟姐妹、父母的兄弟姐妹以及祖父母和外祖父母。

家庭的基本关系

家庭中的基本关系包括夫妻关系、父母关系、同胞关系、亲子关系和子亲关系

五种。其中，父母关系和子亲关系常被忽视。父母关系与夫妻关系同属二元系统，但功能不同：夫妻系统侧重于繁衍后代，父母系统则专注于养育子女。二者可合二为一（如婚后有子女的家庭），也可独立存在（如婚后无子女的家庭），甚至分离（如离异家庭，夫妻关系结束，但亲子关系依然保留）。

亲子关系体现为父母如何对待孩子，而子亲关系则体现为孩子如何对待父母。父母对待孩子的方式关乎孩子 18 岁前的成长，而孩子对待父母的方式则影响其 18 岁后的成长。个体 18 岁后，若想获得成长力，需从子亲关系入手，调整与父母的界限，既保持分离又维持爱的联结，以实现成长目标。本书所指的子亲关系，通常指个体 18 岁后如何与父母建立有界限的关系。

子亲系统与亲子系统虽属同一系统，但爱的流动方向不同：亲子系统从父母流向孩子，子亲关系则从孩子流向父母，以 18 岁为分界线。18 岁前，个体成长主要受父母影响，父母与孩子的关系性质影响孩子的成长状态；18 岁后，子亲关系成为影响个体成长的主要因素，个体与父母的关系质量影响其成长状态。因此，个体 18 岁前的成长取决于父母与他的关系品质，18 岁后则取决于他与父母的关系品质。

关系的传递与影响

家庭成员间的关系模式（如夫妻关系模式、亲子关系模式、婆媳关系模式等）会从上一代传递到下一代。例如，父母离婚会增加孩子未来离婚的可能性；父母的夫妻相处模式会影响孩子未来的夫妻关系；父母对待孩子的方式会影响孩子成为父母后对待自己子女的方式。这些关系模式是家庭动力研究的核心内容。

由此可见，家庭内部的关系相互影响。原生家庭中的关系模式会延续到再生家庭中，如父母的夫妻关系模式会影响孩子未来的夫妻关系，亲子关系会影响他们未来与孩子的相处方式，甚至影响他们对自己的认知。原生家庭中的关系模式成为个体日后构建新家庭关系的蓝本，也是塑造其后续人际关系动态的关键因素。

关系的性质

两人关系中存在多种性质，常见的有亲密、融合、敌对、疏远、控制、断绝、虐待、冲突、紧张等。同一种关系中也可能存在上述多种性质的重叠，如既亲密又紧张、既融合又控制等。决定关系性质的因素众多，包括角色、权力、义务、排行、文化等。两人之间的关系性质还受到他们与其他人的关系的影响。例如，孩子与母亲的紧密关系可能与父亲的疏离相联系；婆媳关系的紧张可能与丈夫与婆婆关系的紧密相联系；夫妻关系的紧张可能与他们在原生家庭中与自己父母的紧张关系相联系。

当两人关系紧张或面临困境时，往往会引入第三方，形成三角关系。在这个三角关系中，被拉拢的人通常会与拉拢者组成联盟，共同对抗拉拢者所反对的人。这种现象在心理学上被称为"三角化"，即两个人联合起来共同反对第三方，如母亲和孩子联合起来共同反对父亲。三角化在家庭关系中极具破坏力，家庭若想和睦、和谐、幸福美满，就必须消除三角化现象。

关系的竞争

不同关系之间或同一关系内部通常存在对资源的竞争。当父母只有一个孩子时，父母可能会争夺孩子的关注，尤其是在夫妻关系紧张或不和谐时，一方会与孩子结盟反对另一方，使孩子被迫卷入父母的冲突。此时，孩子会面临忠诚冲突，因为孩子对父母的忠诚是等同的。当一方试图拉拢孩子反对另一方时，孩子面临背叛另一方父母的困境；而当孩子拒绝与一方结盟时，又面临背叛企图结盟的一方父母的困境。因此，父母若企图与孩子结盟反对另一方，孩子将陷入忠诚与背叛的两难境地。在亲子关系中，为保护孩子对父母的忠诚，父母一方不应在孩子面前诋毁另一方，也不应与孩子结盟反对另一方。

在多子女家庭中，由于资源分配有限，孩子们往往会在父母的关注和资源上产生竞争。特别是在父母对孩子存在偏心、性别偏好或歧视时，这种竞争会更加激烈。早出生的孩子会与晚出生的孩子竞争，亲近父亲的孩子会与亲近母亲的孩子竞争。有些孩子通过优秀表现竞争，有些则通过问题行为竞争。在家庭治疗中常发现，孩子心理或行为问题的根源在于父母的区别对待，导致同胞间为争夺关爱与关注而竞争，表现出焦虑、抑郁、强迫等症状，或游戏成瘾、厌学、拒学等行为。改变此类孩子的心理或行为问题，需要父母从平等地关爱与对待孩子着手。

影响关系的因素

排行对家庭关系有显著影响。不同的排行位置会影响兄弟姐妹间的关系，表现为竞争、排斥、对抗、嫉妒或合作。父母的排行也会影响其对待不同排行孩子的态度。如果父母的原生家庭排行与孩子的排行重合，可能会偏爱此类孩子，无意中忽视其他排行的孩子。夫妻在兄弟姐妹中的排行也会影响夫妻关系。例如，夫妻排行位置相同时（如老大与老大、老幺与老幺），可能会发展成竞争关系；排行位置互补时（如老大与老幺、老幺与老大），则可能形成协助关系。

家庭或家族文化与家庭关系息息相关。如果家庭或家族文化崇尚尊重、平等与自由，家庭成员间将自然形成相应的氛围，夫妻、亲子、婆媳及兄弟姐妹间会注重界限、独立、责任感、个性展现及自我独特性。如果家庭或家族文化强调等级、忠孝、服从、稳定、安全与和谐等，家庭成员之间则会强调融合、奉献、牺牲、义务、统一、团结和依赖。

家庭生命周期：从诞生、发展到解体

"家庭生命周期"这一概念由美国人类学家保罗·C.格里克（Paul C. Glick）于1947年首次提出。它描述了一个家庭从形成、发展到解体的完整过程，揭示了家庭在不同阶段所呈现的循环变化规律。家庭生命周期涵盖了人口变动的核心内容，包括家庭形成（结婚）、扩展（生育和抚养未成年子女）、收缩（子女成年离家）、空巢（子女离家后夫妻独处）和解体（衰老和死亡）等阶段。相关研究强调家庭随时间而发生的各种变化，并解释家庭在不同时期的变迁，以说明家庭在不同发展阶段上的各种任务和需求。

格里克从人口学角度将"家庭生命周期"划分为以下六个阶段。

1. 形成期：从两个年轻人结婚开始，到第一个孩子的出生。

2. 扩展期：从第一个孩子的出生，到最后一个孩子的出生。

3. 稳定期：从最后一个孩子出生，到第一个孩子离开父母。

4. 收缩期：从第一个孩子离开父母，到最后一个孩子离开父母。

5. 空巢期：从最后一个孩子离开父母，到配偶一方死亡。

6. 解体期：从配偶一方死亡，到配偶另一方死亡。

形成期的任务与挑战

形成期的核心任务是夫妻双方能否与自己的原生家庭实现良好的分化。分化是指夫妻双方在经济和情感上与原生家庭分离，同时保持适当的联结。这一过程涉及情感、经济、认知与价值观的独立。夫妻双方若能完成分化，便能成为独立的成年人，顺利从父母的孩子转变为夫妻。夫妻关系的和谐程度与分化完成度成正比。夫妻关系首先是伙伴关系，若未能从原生家庭分化出来，夫妻关系可能退化为亲子关系，导致关系难以维系。

此阶段的核心任务包括：构建亲密关系，掌握爱与被爱的艺术，有效合作与协商，满足彼此需求，以及与对方家庭成员建立融洽关系。

扩展期与稳定期的任务与挑战

扩展期标志着家庭从二人世界转变为三人或多人世界，夫妻的角色从丈夫和妻子转变为父亲和母亲。这一阶段的主要任务是父母如何养育孩子。夫妻双方若在早年成长过程中与原生家庭的关系融洽，得到足够的爱，便更愿意承担父母的角色和责任；反之，若夫妻一方或双方在原生家庭中遭受创伤，对父母角色存在不满或怨恨，则可能不愿承担父母角色，影响家庭周期的顺利转变。

新手父母需平衡家庭与夫妻关系，共同承担养育孩子的责任。通常，养育孩子的任务主要由妻子承担，这可能导致丈夫感到被忽视，进而与孩子争夺妻子的关注。为避免这种情况，夫妻双方应共同参与孩子的养育，确保有更多的共处时光，共同确立养育目标。此外，跨文化家庭中，夫妻双方可能因文化背景差异而有不同的育儿观念。夫妻需通过沟通和协商，尊重彼此的文化差异，共同制定适合孩子的养育方案。

最不利的情况是夫妻双方都认为自己的养育方式最优，拒绝或否定对方的养育方法，并在孩子面前表现出分歧。这会使孩子无所适从，影响父母在孩子心中的权威性，导致孩子难以管教。扩展期的长短与家庭中孩子的数量有关。若家庭中仅有一个孩子，扩展期与稳定期往往会相互融合。

随着孩子的成长，夫妻将面临一系列与孩子分离的挑战，如断奶、分床或分房睡觉、上幼儿园、幼升小、住校、开始谈恋爱等。家长应通过高质量的陪伴、心理疏导和培养孩子独处能力等方式，帮助孩子适应这些分离。若父母未能从原生家庭中实现良好的分离，可能会在与孩子的分离上出现问题，如哺乳期延长、孩子无法分床或分房睡觉、过度依赖父母等。

孩子进入青春期是父母与孩子关系最为困难的时期。我国的家庭文化强调听话和服从，而青春期的孩子追求独立、自由和自我实现。若父母的养育方式过于高控和专制，往往会引发孩子的反抗。此时，父母需改变态度，给予孩子更多空间和自由，扮演平等、友好、温暖的伙伴角色，帮助孩子平稳度过青春期。

父母需学会与孩子分离，因为养育孩子的目标是让孩子能够逐渐独立。父母需具备分离能力，这源于他们能否从自己的原生家庭中分离出来。若父母无法与原生家庭分离，孩子可能会在分床或分房睡觉、独立学习、自我料理等方面出现困难，以满足父母不分离的需求。

收缩期的任务与挑战

收缩期是孩子从自然人向社会人转变的过程，涉及语言、性别角色认知、道德规范、生活自理能力和人际交往技巧的社会化过程。这一过程需要父母双方的配合。父母关系越融洽，对孩子健康成长就越有利。

空巢期与解体期的任务与挑战

随着孩子长大并进入成年期，家庭进入空巢期。此时，父母需重新定位和调整角色，正视孩子已成年，接受情感与物理上的分离，并重新审视和维系夫妻关系。父母需弱化"孩子父母"的社会角色，与孩子建立平等、尊重、互助的成人关系，促进双方的人生发展。父母应摒除养儿防老的思想，不再期望孩子为自己的后半生承担责任。双方应建立成年人之间的平等关系，父母专注于自己的生活，孩子负责经营自己的人生，明确各自的界限。

孩子的长大意味着父母在变老。父母需面对衰老，接受生命是一个单向旅程的事实。女性还需顺利度过更年期。

成功度过人生的每个关键时期

在家庭生命周期的不同阶段，个体通常会学到一些应对家庭困境的技能，如如何做夫妻、如何做父母、如何从原生家庭中分离、如何经营亲密关系、如何与孩子分离、如何弹性地建立规则等。这些技能有助于顺利度过家庭生命周期的不同阶段。家庭成长过程中的一些事件，如家庭成员患病、非正常死亡、离异、再婚、意外事故等，会增加任务完成的难度。掌握各阶段所需技能与应对策略是顺利过渡到下一阶段的关键。若个体未能掌握这些技能，虽可继续进入下一阶段，但更可能遇到困难或挫折。

家庭生命周期理论指出，顺利过渡各阶段有助于降低因情感压力导致的身心疾病风险。无论个体是父母还是孩子，是兄弟还是姐妹，都会通过血缘、爱和体验被家庭周期所联结。家庭周期中的经历与体验会影响个体的身份和未来发展。个体对家庭周期越了解、越有能力应对，其人生就越有可能取得成功。

家庭系统的核心：原生家庭与再生家庭

从系统论的视角来看，不同代际的核心家庭构成了家族。这些核心家庭通过其子女衍生出新的核心家庭，而这些新家庭的子女又会继续繁衍，形成新的核心家庭。因此，一个家族本质上是多代核心家庭的集合。

原生家庭与再生家庭

对个体而言，在其正常的发展过程中，通常会经历两个家庭阶段：原生家庭和再生家庭。原生家庭是指个体从出生到成年所处的家庭，而再生家庭是指个体成年后所建立的家庭。原生家庭对个体的成长具有决定性影响，尤其是在青春期之前。再生家庭往往是原生家庭动力学作用的结果。第 1 章介绍的精神动力心理学、沟通分析心理学、客体关系心理学、主体间性心理学和依恋心理学等流派，均关注早年经历对个体一生的重要性。

家庭系统的优先级

原生家庭和再生家庭都是一个系统。再生家庭是新系统，而原生家庭则是老系统。在不同的系统中，新系统优先于老系统；而在同一系统内，老的亚系统优先于新的亚系统。

在核心家庭中，四个主要的亚系统分别是夫妻系统、父母系统、亲子系统和同胞系统。夫妻系统是最早存在的，而父母系统、亲子系统和同胞系统则是后来形成的。根据同一系统内老系统优先于新系统的法则，夫妻系统优先于父母系统、亲子系统和同胞系统。

在不同的系统中，新系统优先于老系统。因此，当个体拥有再生家庭后，再生家庭成为他的新系统，而原生家庭则成为老系统。遵循新系统优先于老系统的原则，个体应将再生家庭置于经营的首位，而将原生家庭放在相对次要的位置。按照这种序位经营家庭，两个家庭都能得到妥善管理。

夫妻系统

在家庭系统理论中，夫妻系统被视为家庭系统中最关键的亚系统，构成了家庭结构的基础。夫妻双方通过相互学习、协调差异、适应彼此的需求，并发展互补的角色，共同促进家庭的活力。这种活力不仅为夫妻双方提供了亲密、支持和共同成长的机会，还为个体的发展创造了条件。此外，夫妻系统通过其运作方式，为孩子提供了学习如何与异性相处、经营亲密关系以及与同辈交往的间接经验。如果夫妻系统正常运化，那个家庭能保持平衡稳定，家庭其他成员（通常是孩子）不太可能出现严重问题。相反，如果夫妻系统出现问题，家庭其他成员出现问题的概率将大大增加。

夫妻系统对家庭系统的影响是广泛而深远的。夫妻关系的紧张或冲突不仅会影响夫妻双方，还会波及整个家庭系统。在这种家庭环境中，孩子被迫选择与一方父母结盟、反对另一方的可能性会大大增加，这种选择往往会导致孩子出现心理或行为上的问题。此外，当夫妻关系出现问题时，孩子还会感受到家庭环境的不稳定，这可能对他们的行为和心理健康产生负面影响。例如，孩子可能会通过问题行为或健康问题试图引起父母的注意，以此来缓解父母之间的紧张关系。

父母系统

父母系统与夫妻系统虽由同一对配偶承担，但角色分工有所不同。从结构上看，它们是同一个系统，但从功能上看，它们是不同的系统。一些家庭出现问题的原因是，当一对夫妻有了孩子后，他们只关注父母角色功能，而忽略了夫妻角色功能。在这种双重功能系统中，往往只剩下父母系统，而没有了夫妻系统。因此，强调或维持夫妻系统的存在或功能是非常重要的。

父母系统承担了对孩子的养育、教导、设立纪律界限与规则的主要责任。通过与父母的互动，孩子学会了如何应对权威，增强了决策能力和自我指导能力，同时也掌握了遵守规则、经营人际关系及适应社会环境的能力。在这个系统中，父母需要形成和维持一个具有执行功能的同盟。父母有责任照顾和保护孩子，并引导他们完成社会化的过程。他们也有权做出他们认为最有利于整个家庭生存的决定，如择校、搬家等。

随着孩子的成长，父母应让孩子更多地参与有关规则的制定。父母的角色也应随之调整，从单向管理逐渐转变为双向互动，最终过渡到孩子的自我管理和指导。

父母系统按照其管理孩子的方式可分为专制式、溺爱式、忽略式和民主权威式，每一种方式的存在都与父母双方的家庭动力有关。最常见的功能不良是父母未能从自己的原生家庭中分化出来，从而借助孩子来完成自己的成长。这样一来，孩子无法成为独立的个体，而是出于忠诚帮助父母完成其成长，因而失去了成为自己的机会。

父母系统通常隐于幕后，一旦夫妻系统失效，它便会接管家庭系统，进而引发一系列家庭问题。因此，父母系统应致力于维持和加强其夫妻系统，这是每个家庭幸福的根基所在。

家庭：社会与文化的缩影

家庭是个生命系统

家庭作为生命系统，具备开放性、有序性、动态平衡与稳定性、自组织性和进化性等特征。家庭系统的开放性越强，与外界的信息交换越频繁，其生命力就越旺盛；反之，若家庭趋于封闭，与外界交流减少，便会失去活力与能量。家庭的生命力还体现在下一代的发展品质与活力上，而下一代的品质根源在于父母关系。父母关系的优劣源自夫妻关系，夫妻关系的和谐与否又深受双方及其与各自父母关系的影响。

家庭是个社会系统

生命体无法脱离其他个体独立生存，多数生命体通过群体协作增强适应性，人类社会的组织形式尤为复杂。家庭是人类社会的基本单元，也是文明演化的基石。家庭系统内部包含多个亚系统，如夫妻系统、父母系统、同胞系统、亲子系统、姻亲系统、祖孙系统等。在这些系统之间，界限和流动至关重要；而在同一系统内，关系则是核心要素。人通过关系完成社会化，个人问题的根源往往在于关系失衡，解决之道也在于调整关系。例如，心理咨询中咨询师通过与来访者建立良好关系，修复或重建来访者生活里的人际关系。家庭关系中，夫妻关系最为重要。夫妻关系是家庭中唯一的非血缘关系，其联结强度相对较弱，因此法律对其进行保护，夫妻双方也需投入更多精力来维系。夫妻关系是家庭的根基，是其他所有关系的前提与基础。若夫妻关系良好，其他关系通常也不会差；反之，夫妻关系出现问题，其他关系也难以良好发展。

家庭是个文化系统

人的文明性和社会性与文化紧密相连，文化与人的信念、价值观和行为习惯密不可分，而家庭是文化烙印在个体生命内核的重要载体。我们最初的信念与行为模式大多源于家庭文化，如性别角色期待、对待长辈的礼仪、餐桌规矩等，这些共同塑造了家庭的亚文化。此外，还有更为广泛的大文化，即民族文化。民族文化通过家庭传承，形成各具特色的家庭文化，深深植根于每个家庭成员心中，塑造个体独特的文化身份。我们的行为除了受本能影响外，更重要的是受文化影响。我们骨子里流淌着民族文化的血液，浸润其中，行为也打上了文化的烙印。

家庭是个传承系统

家庭通过血缘和婚姻以代际方式延续，传承的不仅是血脉，还有文化、家庭故事、家庭关系模式。家庭还会将同一代际所经历的社会重大事件传递给下一代。例如，乔布斯的父母在他 23 岁时生下他，而乔布斯也在 23 岁时生下女儿。乔布斯被父母送养，他却以拒绝承认亲生女儿的方式抛弃了她，这体现了家庭传承的复杂性。再如，精神分析创始人弗洛伊德的原生家庭中，他的第四个妹妹多尔菲选择终生陪伴母亲未嫁；在他的再生家庭中，小女儿安娜亦选择终生陪伴父亲未嫁。此外，弗洛伊德和其父亲均在 40 岁时丧父，弗洛伊德与其小姨子有婚外情，其子马丁亦步其后尘。这些均为家族动力传承的结果。

家庭是个动力系统

家庭是一个既有生命又有动力的系统。我们在原生家庭成长过程中，家庭动力主要通过家庭成员间的关系对我们后来的成长产生影响。原生家庭与再生家庭之间、家庭中的亚系统之间也相互影响。对个体而言，影响最大的家庭系统动力来自父母和兄弟姐妹。

家庭是个动态平衡系统

家庭系统具有追求平衡的特性，这与中国文化中追求中庸的理念相似。家庭的平衡是在动态中实现的，通常在潜意识中或通过自组织的方式完成。家庭系统理论强调，家庭作为一个整体，其成员间的相互影响和家庭与环境的交互作用共同维持这种平衡。维持家庭平衡最为关键的系统是夫妻系统。当夫妻系统遭遇危机时，其他家庭成员会主动介入，努力恢复系统稳定。若夫妻不和、关系紧张、发生冲突、一方有外遇或闹离婚，夫妻系统的完整性就会受到威胁，进而破坏家庭系统的完整性。此时，孩子往往会牺牲自己的正常成长，如逃学、成绩下滑、辍学、沉迷网络，甚至产生焦虑、抑郁等心理问题，以试图维护父母夫妻系统的平衡与完整。从这个角度看，孩子身上出现的问题大多是为平衡家庭系统而产生的。

家庭是个周期系统

家庭具有周期性特点，即按照一定阶段顺序逐步发展，每个阶段都有其特定任务。家庭周期理论为我们观察家庭提供了极佳视角，是探索家庭、研究成长的有力工具。

家庭系统的心理特征

代际性

家庭是一个至少包含三代成员的代际系统，涵盖个体及其上两代成员。

角色的不可选择性

家庭成员的角色通常是不可选择的。结婚使个体成为丈夫或妻子，生育赋予个体父母的角色，出生则使个体成为儿子或女儿。无论个体是否愿意，这些角色都是固定的。

关系的无法解除性

家庭关系分为血缘关系和非血缘关系。非血缘关系（如夫妻关系）可以通过法律途径解除，但血缘关系（如亲子关系）无法解除。孩子无法选择父母，父母也无法选择孩子。从这一角度看，家庭成员在血缘关系上扮演着被动接受的角色，彼此并不承担选择的责任。

角色的无法替代性

在家庭中，父母、兄弟姐妹及孩子均扮演着无可替代的角色，每个人的角色对他人而言都是唯一的。尽管家庭中可能存在替代行为（如继父母替代亲生父母、婆婆替代儿媳的亲生母亲等），但这种替代行为往往会削弱家庭成员对被替代者的忠诚感。他们通常会对替代者进行攻击或伤害，以维护对被替代家庭成员的忠诚。

家庭中的缺位与补位

当家庭的结构或功能完整性因死亡、意外、离婚、分居、疾病、精神障碍、不良行为或监禁等因素受到冲击时，会导致家庭成员的缺失或功能不足。此时，系统出于平衡或稳定的需要，会有一个家庭成员来补位。例如，核心家庭中父母一方缺位时，通常由另一方补位；若父母缺位，孩子可能会承担起补位的角色。然而，这种补位行为可能引发家庭内部的乱伦问题。孩子在这种情况下可能会产生罪恶感，甚至通过自我伤害来惩罚自己，从而出现焦虑、抑郁、分裂症或强迫症等问题。

上一代对下一代的影响

上一代通常会对下一代产生塑造作用，这种影响力往往是悄无声息的。例如，家庭中发生的不光彩或耻辱性事件（如非正常死亡、离婚、吸毒、自杀、监禁、社会运动中的迫害等）会对当时的家庭产生影响。如果这些事件未得到恰当处理，其影响会通过纵向时间轴传递给后代。这些压力性事件有时可能成为家庭秘密被保护起来，而其影响力则得以维持并代代传递。

第 3 章

原生家庭对个人成长的影响

本书聚焦于探讨原生家庭系统动力对个体成长的影响。为深入理解这一主题，我们首先需明确"家庭动力"的概念，而这一概念的阐释又依赖于对"力"与"动力"的准确理解。一旦明晰了"力"与"动力"的内涵，理解家庭动力将变得更为容易。

在物理学中，力是物体间相互作用的结果，能够引发物体的两种基本变化：一是运动状态的改变，二是形态的改变。对于具体存在的个体而言，这种作用力主要体现在两个方面：一是个体与外在环境之间的相互作用，二是个体内部不同部分之间的相互作用。从物理学的概念出发，动力是指推动力和促进力，是推动事物运动和发展的力量。在家庭系统中，动力则指一个成员对另一个成员产生的作用与影响。

基于上述理解，本书将着重介绍以下三个核心概念：家庭动力、系统动力学以及家庭系统动力学。

家庭动力、系统动力学与家庭系统动力学

家庭动力是指家庭系统中存在的内在力量，它描述了系统中某一成员如何受到其他成员的影响，以及某一成员的变化或状态如何反过来影响系统中的其他成员。这与精神分析所研究的个体内部的意识结构、人格结构和性心理发展结构对个体症状的作用与影响有所不同。

系统动力学是从系统框架、系统成员的角度以及系统成员的关系和存在状态出发，探讨这些因素对系统内成员的影响的学科。

家庭系统动力学专注于探索家庭系统中成员间相互作用和影响的机制及其实现方式。这些影响包括代际的、性别的、角色的、婚姻的、排行的、死亡的、疾病的、越轨行为的、社会事件的等多方面因素。

家庭系统动力学所探讨的成员之间的关系与影响在时间上具有显著的关联性。在个体的成长过程中，家庭成员之间的关系与影响不仅在时间上有先后之分，而且在程度上有大小之别。家庭系统动力学主要关注个体在原生家庭中所受到的家庭成员的影响，尤其是个体在 18 岁之前，特别是在 6 岁之前所受到的影响。

家庭系统动力的种类

家庭系统动力是指在个体成长过程中，原生家庭系统中的各种因素如何影响个体的成长和发展。这些因素既包括时间维度上的纵向演变与横向对比，也涵盖空间维度上的家庭成员生存状态、彼此间关系以及社会事件对家庭内部的渗透与影响。

在时间维度上，个体成长过程中发生越早的动力，其影响力通常越大，且常存在关键期，如 1 岁、3 岁、6 岁、12 岁等。在空间维度上，距离个体越近的家庭成员，以及与个体关系越紧密的成员，对个体的影响越大。例如，父母与兄弟姐妹的影响通常大于远亲。

家庭系统动力的种类依据时间和空间中的影响因素，大致分为以下 12 种。

1. 基因和受精卵动力：个体的生命基因一半来自父亲，一半来自母亲。

2. 与出生相关的动力：包括出生方式、出生地点、出生时父母的状态等。

3. 性别期待动力：如父母的性别期待、重男轻女等。

4. 亲子关系动力：包括哺乳方式、母婴关系、依恋模式、养育方式、教养方式、俄狄浦斯情结等。

5. 排行动力：如性别排行组合、年龄排行组合等。

6. 标签动力：如生肖、乳名、学名、自我概念、绰号等。

7. 死亡动力：如祖父母、外祖父母、父母、兄弟姐妹的非正常死亡。

8. 疾病动力：如父母和兄弟姐妹的疾病、残疾、自杀、药物成瘾等。

9. 父母婚姻的动力：父母在婚姻中的关系性质、外遇、离异、单亲、再婚等。

10. 家庭暴力与虐待动力：父母彼此家暴、对孩子家暴或虐待。

11. 家庭文化动力：包括前语言、概念、对与错、意识与潜意识、界限、信念、信仰、伦理、生活方式等。

12. 社会政治、经济事件动力：如经济危机、物价过高、税收过重等。

这些家庭动力特指发生在原生家庭中的影响因素，主要源于个体的幼年或早年时期（尤其是 6 岁前，至多延伸至 18 岁前），并对个体产生持续影响。下面从上述家庭动力里选择一些做个大致的分析。

基因和受精卵动力

人类生命起源于受精卵，精子来自父亲，卵子来自母亲。个体的生命基因一半来自父亲，一半来自母亲。从基因学角度看，拒绝父母等同于拒绝自己生命的一部分，可能导致自我伤害。从家庭动力原理出发，接受父母是解决自我拒绝和自我伤害的关键。

个体从受精卵到出生，在母亲子宫中度过约 280 天，与母亲的联结远强于父亲。出生意味着个体必须独立呼吸和觅食，切断与母体的物理联系，象征着成长中的分离与创伤。生命成长过程中，分离与创伤是不可避免的，甚至是有必要的。

与出生相关的动力

个体出生日期若与长辈（如祖父母、外祖父母）相同，可能带来动力学影响，孩子可能成为先辈的化身。意外受孕的孩子可能面临父母的冷漠与拒绝，影响其自我认知和人生轨迹。计划生育政策下，不符合政策出生的孩子可能面临社会拒绝和歧视，被遗弃或送养的孩子无法与亲生父母生活，可能在收养家庭中成长。留守儿童因缺乏父母监护，可能面临情感饥渴和心理问题。丧亲的儿童和青少年可能遭受心理创伤，影响其人际关系和社会适应能力。

哺乳动力

新生儿的首要任务是启动自主呼吸，其次是寻找母乳。母乳喂养不仅提供营养，还给予婴儿舒适感和安全感。母乳喂养时，婴儿紧贴母亲，感受其体温和心跳，这种熟悉感赋予婴儿内心的安全感。心理学研究表明，婴儿将母亲的乳房分为"好乳房"和"坏乳房"，前者赋予婴儿信任感和安全感，后者则导致猜疑和不安。哺乳质量决定孩子对世界的信任感、安全感和自我价值感。

性别期待动力

中国传统文化倾向于重男轻女，男孩被视为家族传人和养老工具。父母对首个孩子的性别期待通常倾向于男孩，不符合期待的孩子可能面临性别拒绝。个体的性别包括生理性别、心理性别和社会性别，其中心理性别和社会性别可以改变，而生理性别通常不可改变。父母的性别期待会影响孩子的性别发展和性格特征，可能导致孩子自我伤害。性别期待在计划生育和非计划生育时代有所不同，独生子女家庭中的女孩、都是女孩家庭中的第一个和最后一个女孩、都是男孩家庭中的第二个或最后一个男孩最容易受到性别期待的影响。

排行动力

排行带来的动力影响与年龄排列顺序（如独子、老大、老二、老幺）和性别排列顺序（如男女、女男、男男女、男女男、女女男）有关。这些因素影响孩子的性格特点，如老大的责任心、老幺的任性和排行中间孩子的灵活性。

生肖动力

在中国文化中，每个人根据出生年月匹配一个生肖，生肖与个体特征相关联，影响个体的行为和自我认知。

乳名动力

乳名是孩子出生后使用的名称，与生肖不同，乳名可选择。乳名通常包含父母对孩子的期望，孩子会潜意识地承接这些期望并努力实现。乳名与孩子的自我认知紧密相连，对其成长产生深远影响。

自我概念动力

自我概念源于"我"的发展，通常在孩子 1.5 岁到 2 岁时出现。孩子最初的自我认知是在与母亲哺乳的互动中形成的，母亲的哺乳质量对其自我概念的形成至关重要。父母对孩子的性别期待也影响其自我认知，性别拒绝可能导致自我否定。孩子 3~5 岁时，从与母亲的二人关系过渡到与父母的三人关系，俄狄浦斯期的完成对自我概念影响重大。6 岁时，父母给孩子贴上的标签会内化为孩子的自我概念，影响其未来发展。

死亡动力

死亡动力是家庭系统动力中最为强大的动力之一，通常指家庭成员的非正常死亡。孩子出生前后与祖父母、外祖父母、父母的死亡相重叠，可能带来强大影响，表现为对逝者的强烈追随感。父母夭折一个孩子后，再生的孩子可能成为夭折孩子的替代品，面临性别期待和替代品的双重压力。死亡动力还包括流产与堕胎的动力，这些将在后续章节中详细探讨。

前语言动力

发展心理学中的"儿童失忆"现象表明，大多数人无法回忆 3 岁前的记忆。尽管孩子在 3 岁前已有记忆，但由于语言尚未成熟，这些记忆难以被回忆。孩子在 3 岁前通过感知和动作探索世界，而非语言符号。这些早期经历，尤其是创伤性事件，难以处理，可能持续影响孩子的发展。因此，父母应重视孩子早期的经历，因为这些经历对其未来具有深远影响。

概念的动力

孩子 3 岁时进入语言敏感期，开始掌握基础的文字与概念，世界从此被概念化和符号化。人类通过语言为世界万物命名，世界被转换成各种名称和概念。这种概念化使人类与自然融为一体的状态不复存在，我们只能通过概念和符号来感知世界。后现代建构主义基于这种认知特性，认为世界是主观建构的产物。我们对世界的认知呈现源于主观对客观的处理，这种建构的品质取决于我们主观的结构性。因此，世界在某种程度上是主观建构的产物。

对与错的动力

人类作为群居动物，规则的出现是为了维持群体秩序。语言的演变不仅反映了社会的发展，也影响了人们对规则的理解和表达。规则中的"对"与"错"最初针对行为，但随着语言的发展，其对象扩大到观念、态度和动机等主观层面。为了维护群体秩序，规则要求成员遵循"对"的准则，禁止"错"的行为。人类通过文化、道德、法律、制度和宗教来约束"错"的行为。

"错"的行为通常被视为给他人带来伤害的行为，如盗窃、网络诽谤和暴力行为。这些行为背后是个体的欲望和需求。动物满足需求的行为不存在问题，因为它们没有对错之分。然而，人类有规则和对错之分，需求的满足只能在"对"的世界里进行。如果在"错"的世界里满足需求，就会受到惩罚。有些欲望在"对"的世界里找不到出路，而在"错"的世界里又不能满足，这些欲望可能通过"病"或"症状"来寻找出路。

人类的"超我"部分负责"对"的世界，而"本我"部分则追求需求的满足。如果"超我"过于强大，个体可能会扩大"错"的范围，缩小"对"的范围，导致欲望只能通过"症状"或"病"来寻找出路。如果"本我"过于强大，个体可能会不顾"对"与"错"的界限，随心所欲地追求需求的满足，最终付出沉重代价。

人类希望活在"对"的世界里，但要实现这一点需要能力。一个人能够活在"对"的世界里的程度，取决于他如何对待"错"的世界。

第 4 章

排行与动力

同胞序位对人一生的影响

　　家庭结构通常由一对父母和数量不等的孩子组成，其中孩子因年龄和性别不同而形成的排列序位称为"排行"。当然，部分家庭可能无子女或仅有一名子女。独生子女属于排行的特例，其既是长子（女），又是幼子（女）。

　　对排行的研究方式主要有两种：一是研究排行老大、居中和老幺的孩子各自具有哪些特点；二是研究年龄和性别两种因素组合所产生的不同影响。

　　从家庭动力学角度来看，出生顺序、性别与年龄排行在家庭中是一种极为重要的动力因素，其影响力有时仅次于父母对孩子的教育影响。

排行老大、居中及老幺对性格的影响

　　个体心理学家阿尔弗雷德·阿德勒是较早对出生顺序进行研究的学者。他根据出生顺序提出了老大、老二、中间、老幺和独生子女这五种心理位置，并总结了每种心理位置的相应心理特点。此后，沃尔特·托曼（Walter Toman）的研究更为系统和专业，本章关于排行的观点和资料大多来源于他的研究。然而，遗憾的是，这些研究并未得到心理研究者们的足够重视，甚至被部分人与星座或血型分析等性格特征相提并论，仅被视为一种娱乐工具。

　　从家庭结构来看，家庭可分为独生子女家庭、有两个孩子的家庭以及有三个以上孩子的家庭。从年龄排序来看，独生子女家庭中孩子既是老大又是老幺；有两个孩子的家庭中只有老大和老幺；而有三个以上孩子的家庭则存在老大、居中和老幺之分。若将年龄与性别因素结合，家庭情形将更为复杂。例如，独生子女家庭可分为独生子家庭和独生女家庭；有两个孩子的家庭可分为男孩女孩、女孩男孩、男孩男孩、女孩女孩家庭；三个以上孩子的家庭则情形更为多样。

以下将分别探讨以年龄为单一因素的家庭中孩子排行的动力特点，以及排行老大、居中和老幺对性格的具体影响。

排行老大对性格的影响

多数父母对第一个孩子有着过高期待，这种期待会渗透到养育的各个环节。由于老大是父母的第一个孩子，通常会受到异常的疼爱，成为家庭的中心。在弟弟或妹妹出生之前，老大是父母唯一关注的对象，甚至可能是祖父母或外祖父母唯一关注的对象。这种关注不仅会给孩子带来受重视感、价值感、安全感和归属感，还会对其性格产生深远影响。

然而，随着弟弟或妹妹的出生，老大在家中的"独尊"地位被打破，不得不与弟弟妹妹分享父母的关爱。由于新生儿需要更多精力和时间照顾，老大可能会感受到巨大的反差，仿佛被父母抛弃。在这种情况下，老大可能会通过退行行为（如撒娇、做幼稚行为或制造麻烦）来吸引父母的注意。但父母的注意力已经转移，可能会对老大采取相反的态度，甚至呵斥、责备或否定他。这会让老大更加确信自己不再被关注，甚至对弟弟妹妹产生嫉恨。

不过，老大也可能通过认同父母来完成转变。他可能会逐渐接受弟弟妹妹，甚至承担起照顾他们的责任。在这个过程中，老大会磨砺出忍耐、退让、妥协的智慧，学会向弟弟妹妹倾注爱心，并将对弟弟妹妹的情感从嫉恨转变为疼爱，对父母的态度从不满转变为理解与认同。

总体而言，老大通常渴望被关注，具有独占思想和较强的嫉妒心。作为父母的第一个孩子，他是父母愿望、期待和梦想的承载者，也是弟弟妹妹的"领头羊"。老大的特质通常取决于父母的特质。如果父母对老大持严厉或苛刻态度，他可能会变得唯命是从、勤勉尽责、稳重顺从；如果他反抗父母的严厉或专横，则可能变得意志坚强、敢作敢当、独断专行。

父母通常将老大塑造成弟弟妹妹的楷模，对其要求更为严苛，期望他遵守纪律、懂得谦让、积极进取、尊老爱幼、吃苦耐劳、敢挑重担。因此，老大的责任感和使命感通常源于这种榜样的作用和对责任的过度承担。作为父母愿望的重要承担者，老大有时会继承父母的职业，甚至将其视为一种义务。

在一些文化中，男孩被视为家族的传人，女孩则被排除在外。在这种文化背景下，家庭排行主要以男孩为准，女孩的排行往往被忽略。例如，一个男孩即使有很多姐姐，也会被视为家中的老大。因此，性别排行对个体的影响不容小觑，有时甚至超过年龄排行。

长女通常与长子一样具有责任感、尽责意识和照料他人、领导他人的能力，但往往无法享有长子的特权或被寄予相同的期望和机遇。因此，她们可能一面承担长子的责任，一面却无法获得相应的特权或提升自尊。在探讨排行对个人影响时，性别排行是一个不可忽视的重要因素，需要考虑混合与同性两种排行，即男女混合排行及同性别排行。

多胞胎的排行则根据出生顺序确定，谁先出生谁就是老大。由于多胞胎出生间隔短，彼此差异小，容易引发老大位置的争夺，尤其是后出生的同性别的弟弟妹妹更容易争夺老大的位置。

死亡或夭折可能导致后面的弟弟妹妹升到老大的位置，而老大也可能因残疾或长期患病导致能力不足，其位置被后面的弟弟妹妹取代。收养通常不会改变老大的位置，但会改变原来处于中间或老幺的位置。再婚则会导致孩子在新家庭中的排行重组，这种改变通常会带来不同婚姻里孩子的竞争。

综上所述，由于老大在年幼的同胞中处于权威地位且有承担责任的经历，他具有成为出色领袖的潜质，也会成为家庭中克己尽责的孩子。通常他会得到父母的认同，成为他们的心头之爱，在引领他人探索新领域时，往往倾向于采取保守策略。

然而，尽管他们可能会严于律己，但并不一定能够很好地应对来自他人的批评。

排行居中对性格的影响

排行居中者是指排行介于老大与老幺之间的孩子。他因出生太晚而无法享受父母对老大的特殊照顾，又因出生太早而享受不到父母对老幺的宠爱与放任。这种出生次序对他的性格特点产生了直接的影响。居中者既不需要像老大那样承担过多责任，也不像老幺那样逍遥自在。

居中者往往是折中与调和的践行者，具有强烈的独立精神，擅长与老大和老幺建立友谊，在两者之间扮演桥梁与平衡者的角色。由于在中间的位置通常不会受到父母过多关注，他更倾向于精心维系人际关系，可能是个社交高手，对社会融入抱有浓厚兴趣，热衷于投身各类社团与俱乐部的活动，借此在集体中寻找自我存在的意义及价值。

少了父母的过多期望，排行居中者有更多空间追逐自己的梦想与理想，也因此更易找到心仪的伴侣与职业道路。他们特别看重公平与公正，因为他们在父母那里体验到的是极端的不公平和不公正。他们倾向于独立解决问题，遇到困难时，往往选择自我克服而非轻易求助。

由于在原生家庭里没有得到足够的重视，居中者在组建自己的家庭后会特别重视和珍惜家庭成员之间的温情。他们对伴侣忠诚、负责，善于经营关系，婚姻相对比较持久和稳固。他们既不像老大那般急功近利、思想保守，也不像老幺那样任性妄为、缺乏责任感。他们通常能够在深思熟虑后再做出决定，因此在理财和经商方面比较容易取得成功。由于无法在父母那里获得像老大和老幺那样的优势位置，他们会努力在社会地位或经济上获得优势，以此来弥补在父母那里的劣势。

无论是排行中间还是排行最末，晚出生的孩子都更可能成为反叛者。由于长兄长姐已占据了追随父母脚步的位置，他们为了找到自己的立足之地，不得不另辟蹊径。因而，他们倾向于变得不那么认同父母、不那么尽责，并且具有更强的社交能力。

排行老幺对性格的影响

老幺是父母的最后一个孩子。此时父母对养育孩子已不再感到新鲜，对孩子的成长不再那么焦虑，反而有了足够的耐心和等待，倾向于少干预，让孩子自由自在地成长。因此，老幺在相对轻松自由的环境中成长。

在父母心中，老幺永远是最弱、最需要呵护的孩子，往往得到最多的宠爱。父母不仅不会让他承担家庭重担，甚至还会要求比他大的孩子对他多加包容。长此以往，老幺可能形成自我中心、过分追求个人权益的性格倾向，这会使他在经营关系时唯我独尊，要求他人无条件满足自己的需求，从而带来人际交往上的困难。当他组建自己的家庭后，这可能导致对方对其自我中心的排斥，进而引发婚姻危机。

由于不需要承担家庭责任，老幺往往缺乏使命感和责任感，缺乏远大目标，更关注满足个人需求与追求快乐，畏惧艰难困苦，行事欠缺坚持与毅力。然而，老幺通常比同龄人更聪明，因为他们有机会与比自己大的哥哥姐姐接触，拥有大孩子的思维，智力开发较早。

由于父母对老幺没有太多承担家庭重任的期待，其成长环境相对宽松，因而大多性格开朗、乖巧，做事灵活。老幺不像老大墨守成规，会以自己独有的风格行事，可能极富创造力，带来一些发明与革新。由于较少受到父母压制，其天性中的自由、灵气、活泼与创造力得以彰显。

家庭责任多由哥哥姐姐承担，老幺则通过营造欢乐氛围，以另一种方式分担家庭责任，成为家庭里的开心果，通过给家庭带来欢乐和喜悦来体现自己的价值。小时候，老幺因个头、力气和能力不如哥哥姐姐，会经常感受到弱小和无助，尤其是被拒绝加入哥哥姐姐的活动时，可能引发自我否定感。

当哥哥姐姐陆续离开父母后，老幺独享父母的关爱，被推到独生子女的位置，但同时也会有被哥哥姐姐抛弃的感觉。老大通常通过优秀和成就找到存在感，排行居中的孩子通过经营关系找到存在感，而老幺可能要在非传统领域里找到存在感，倾向于在不同于哥哥姐姐的领域展现才华，甚至可能是一个传统的反叛者。

独生子女、兄弟俩、姐妹俩、兄妹俩与姐弟俩的排行影响

接下来，我们来看看不同的年龄和性别的排列组合都会带来哪些动力。

独生子女

独生子女的形成通常有两种情况：一种是由于计划生育政策的限制，家庭被迫选择只生育一个子女；另一种是在非强制生育控制的情况下，家庭自主选择只生育一个子女。

独生子女的心理特质

独生子女的心理特质呈现出独特的双重性特征：一方面，他们可能具备长子或长女的责任意识与行事认真的准则；另一方面，他们也可能拥有幺子或幺女的独特思维与创新意识。心理学研究表明，与非独生子女相比，独生子女在聪慧性、兴奋性、恃强性及敢为性等人格维度上表现出显著优势，这些显著优势与其自信特质及早期社会化过程中形成的领导潜能密切相关。然而，独生子女在有恒性、幻想性、世故性、独立性及自律性等维度上的测评得分普遍低于非独生子女，这种差异可能源于其发展过程中形成的个性化价值取向与自由意志的彰显。

独生子女的社会认知模式

独生子女成长环境的特殊性塑造了其独特的社会认知模式。由于缺乏同胞互动，他们在情感投射方面表现出明显的"代际偏移"，即更倾向于将情感需求对象定位于成人世界，这种心理定位使其形成对成人关注的高度期待。从发展心理学的视角来看，独生子女面临的核心发展命题在于同辈关系的建构与维系。尽管他们通常能与父母维持终生的亲密联结，但在建立同伴关系（包括同伴友谊及婚恋关系）时往往遭遇显著挑战，这种社会适应困境与其早期社会化经验中缺乏平辈互动

密切相关。

独生子女的行为表现

由于缺乏兄弟姐妹的陪伴，独生子女可能会显得特别孤单和寂寞。他们在家里唯一能够参照的是父母作为夫妻的相处模式。父母通常会将注意力和关爱全部聚焦在独生子女身上，这可能导致孩子形成自我中心的性格。部分独生子女因父母的娇生惯养，生活上缺乏独立性，自理能力差；在人际交往中缺乏责任心、同情心和爱心，没有明确的生活目标，从而找不到人生的价值和意义。

一些独生子女需要独自承担父母过高的期待和愿望，因此他们在孩童时期就被父母像大人一样对待，在学业或技能（如体操、音乐、绘画、舞蹈等）的提升上受到过度催促。父母希望自己的孩子从小就是一个完美的、全能的超人。对这些孩子来说，他们很难充分享受童年应有的快乐，可能会过早地被带入成人世界，承担属于成人的责任。他们的内心有时会对人生和世界充满消极和悲观，觉得生活太辛苦、人生太艰难，从而对自己失去信心、对未来充满迷茫。

在人际交往中，独生子女常会遇到挑战。他们习惯于家庭的全方位呵护，从未经历过真正的竞争。当步入学校或社会后，他们仍期望他人能如父母般无条件地满足自己，处处以自我为中心。面对学校与家庭环境的差异，他们容易产生世界不友善的错觉，难以适应合理竞争，更不知如何进行协商与合作。学校严格的规则与要求，与他们在家中自由散漫的习惯大相径庭，使他们感到处处受限、缺乏自由。他们在人际关系与规则遵守上难以融入学校生活，觉得学校缺乏趣味、规矩繁多、束缚个性，不如家中自在。因此，这类孩子往往对学校缺乏热情，学习动力不足，甚至可能因难以适应而选择休学或辍学。

独生子女通常对社会活动的兴趣不大，更倾向于期待他人的关爱，而较少主动给予他人帮助与关心。他们可能会一味地要求别人满足自己，强调自己的权利，而从不考虑对他人、家庭和社会的义务。他们抗拒分享与合作，排斥公平良性的竞争，总渴望成为众人瞩目的中心，一旦遭遇挫折，便容易抱怨世界的不公。

独生子女的性别差异

独生子

独生子通常具有长子的排行特征。他们常以长辈或权威的视角看待事物，渴望成为父母的骄傲，带给他们欢乐与关爱，并赢得他们的支持与援助。他们往往认为自己的事务更为关键，倾向于根据个人需求的满足和天赋的发挥来规划职业与生活。

由于独生子从父母那里获得更多的关注和参与事务的机会，他们通常比有兄弟姊妹的孩子更成熟、更懂事，也更善于表现自己的天赋。如果他们喜爱并尊重父母、监护人和老师，且意识到自己具备某些关键技能，那么他们极有可能在该领域取得卓越成就。

在选择伴侣时，独生子偏爱具有母性特质的女性，欣赏那些能够认同他并愿意以自身生活和兴趣支持他事业的女性。他们喜欢有弟弟的长女，因为这种排行中的大姐位置使她更具有母爱。如果独生子遇上一个独生女，两人可能无法满足彼此潜意识里对于被照顾和被关心的期待，从而在关系中产生较多冲突，甚至彼此竞争。

如果父母之间的关系不和，通常是母亲与孩子结盟来反对父亲。因为母亲在父亲那里得不到夫妻感情的满足，她会将这种需求转移到独生子身上，使其被推向丈夫的位置。这种位置往往会导致心理和情感上的乱伦，孩子可能会通过自我伤害来惩罚自己，从而对其心理健康造成损害。

独生女

独生女相比有兄弟姊妹的女性，更依赖年长者的照顾和关注。无论是在学校、工作还是日常生活中，她们都希望上司、同事以及朋友像父母一样对待她们。相较于同事，她们对上司展现出更高的忠诚度，不遗余力地追求上司设定的目标与规划，仿佛渴望在父母面前成为"乖乖女"那般，她们也立志成为上司眼中的杰出员工。然而，她们的同事，尤其是女同事们，时常察觉到她们身上流露出的自我中心倾向与些许任性。

部分独生女深信，父母应当无条件地倾囊相助，无论她们已成年或步入职场，这份依赖之心依旧未减，期盼父母能一如既往地支持她们。她们觉得父母应该为她们铺好人生的路，即使她们嫁人了，父母也应该继续照顾她们甚至保护她们。如果她们觉得被丈夫或丈夫的家庭冷落或虐待，她们会比其他妻子更容易回到父母那里。她们认为自己的原生家庭将是永远的避风港和保护伞。

独生女总希望在人生道路上有一个靠山可以依赖，认为只有这样才能获得更多成功的机会。在与男性交往时，她们起初很难掩饰自己娇生惯养的性格，通常不会为了另一半而放弃自己的需求。由于在父母那里被宠爱或娇惯，她们可能会非常贪图享受，并且挥霍无度。她们喜欢找一个像父亲一样的丈夫。与其他女生的母亲相比，独生女的母亲会为女儿做得更多。倘若她们的婚姻之路布满荆棘，她们或许会寻觅至父母的温馨港湾，而非急于另寻一段情缘。

她们理想的伴侣应是拥有妹妹的兄长，因为这类兄长对妹妹展现出更多的宽容与理解，在妹妹身旁，他宛如一位慈父，乐于为妹妹无私奉献。

兄弟俩

在重男轻女的传统文化背景下，家庭对第一胎的性别往往有明确的期待，男孩通常更受青睐。因此，当男孩男孩组合家庭中的老大出生时，他符合了父母的期待，不会面临性别歧视或被拒绝的问题。父母会将他们的关爱、呵护、热情和温暖倾注于这个孩子身上，但同时，这个孩子也背负着来自父母甚至整个家族的期待。他仿佛是家族荣耀的使者，肩负着家族传承的重任降临于世，既是家族血脉的延续，也是父母及家族期望的践行者。在弟弟尚未出生之前，他的地位与独生子女无异。

弟弟的出生对哥哥而言是一种矛盾的存在。一方面，弟弟的出生会分担哥哥因家族使命或期待所带来的压力；另一方面，弟弟的到来使哥哥原本独享的父母关爱和注意有所减少，弟弟成了这份爱的分享者，甚至在某些时候成了竞争者，这令哥哥心生忧虑。哥哥对弟弟的到来内心有所顾虑和焦虑，然而，弟弟也可能成为陪伴哥哥的亲密伙伴，毕竟有伙伴的日子总比独自一人要好得多。因此，从这个角度来看，哥哥对弟弟的到来又是期待和欢迎的。

兄弟二人是合作玩伴还是竞争对手，通常取决于父母是否区别对待两个孩子。如果父母平等对待两个孩子，那么两个孩子就是合作的玩伴；如果父母区别对待两个孩子，那么兄弟两人就会成为竞争对手。弟弟通常在哥哥 2 岁后出生，哥哥至少能享受两年的独生子待遇。弟弟的出生对哥哥来说是头等重要的事情。若父母给予的爱足够多，哥哥便会满怀期待地迎接新生命的到来，内心对爱的安全感会让他坚信，认为新来的弟弟将成为他最好的玩伴。但是，如果哥哥在父母那里得到的爱不够，那么他对于这个新到来的弟弟就会心怀恐惧，担心父母把本来就不多的爱分给了新来的弟弟。

对于第二胎的孩子，父母同样有性别期待。例如，当老大是男孩时，父母可能会期待第二胎是女孩。若第二胎为女孩，则往往符合父母的性别期待，这样的孩子更易成为家中长子在情感上的竞争对手；反之，若第二胎为男孩，其对长子的潜在情感威胁相对较小。然而，情况并非绝对，若弟弟足够强大到超越哥哥，那么哥哥的权力地位便可能受到威胁，甚至被取代。因此，当老大是哥哥，后面又有一个弟弟时，通常哥哥本能地会把弟弟视为对自己地位的竞争者，从而对弟弟怀有戒备、嫉妒或敌意。当然，哥哥对弟弟的这份态度或情感同样取决于父母给老大的爱是否足够。如果父母能继续给予大儿子足够的关注与疼爱，并确保他感受到父母的爱是无偏无倚的，那么，哥哥就会视弟弟为伙伴而非威胁。

然而，实际情形却复杂得多。父母往往难以平均分配关爱给两个孩子，通常会更偏爱其中一个。那么，另一个就可能会觉得缺少来自父母的关爱，同胞竞争就会变成自然而然的事。通常，两个孩子之间的年龄间隔在 2 岁左右。孩子间的年龄差距越小，他们之间的竞争通常越为激烈。

当弟弟出生之后，父母很自然地将大部分时间和精力都用于对弟弟的照顾上。而对于一个 2 岁左右的哥哥来说，他本能地感到自己被父母忽视或抛弃了。若父母未能顾及他的这种感受，他便会认为自己的爱被弟弟夺走了。因此，他可能对弟弟产生嫉妒和憎恨，对父母则心生不满。弟弟就成了一个竞争者，父母就成了抛弃者，而老大就会认为自己是父母和弟弟的受害者。

当弟弟出生之后，父母希望老大对这个新来的弟弟是喜欢的、有爱心的、谦让的，愿意和父母一起去照顾他。当然，处于老大位置的哥哥，也希望弟弟对他是服从的、承认他老大地位。他对弟弟能否尽到一个哥哥的责任，一方面取决于父母对待两个孩子是否公平公正，另一方面取决于弟弟能否承认和尊重哥哥的领导地位。如果上述两条都能实现，那么哥哥就有可能成为一个爱护弟弟且对弟弟负起责任的兄长。

即使如此，兄弟之间的竞争仍然难以避免。这种竞争主要体现在对父母关爱与注意力的分配上，特别是对母亲关爱的争夺尤为明显。因为在有两个男孩的家庭里，男女性别比例是 3∶1，母亲是这个核心家庭里唯一的女性，所以她有可能成为三个男人所争夺的对象。如果两兄弟相差四五岁，他们之间的竞争会相对温和一些，他们的个性会发展得更独立。如果兄弟俩只相差一两岁，他们的冲突就尤为激烈。

哥哥与弟弟的竞争主要体现在展现男性特质与魅力上，如身材高大、体格强壮、性格豪爽、意志坚强、勇敢无畏、智慧超群、有主见及具有开拓精神等。这些特质会给弟弟带来不小的压力，因为他常感自己无论多么努力，都难以企及哥哥所展现的男性风采。父母通常会让哥哥成为弟弟的榜样和楷模，所以父母对弟弟不会有太高的要求。在利益面前，父母有时会要求哥哥表现出像长兄的样子，对弟弟谦让，不和弟弟争夺。因此哥哥会觉得，只要有父母在场，在弟弟面前，他经常没有办法维护属于自己的权利。时间一长，哥哥就会对弟弟心生不满。弟弟有时会被视为哥哥权力的潜在挑战者。在父母缺席的情况下，哥哥可能会试图通过压制弟弟来弥补自己曾失去的权威感。因此，父母在教育子女时，应避免一味倡导哥哥让着弟弟，而应秉持公平公正的原则。父母要站在中立的位置，站在公理的一边。哥哥可以爱弟弟、保护弟弟，但是弟弟也要尊重哥哥。父母不仅要保护弟弟的权利，也要保护哥哥的权利。如果在兄弟姐妹中经常要求哥哥姐姐让弟弟妹妹，那么，哥哥姐姐长大之后，通常就不能恰当地维护自己的权利，不知道行使自己的权力，会过度地牺牲自我；而弟弟妹妹会经常要求他人以自己的需要为中心，会发展为过度的自我中心，会挑战规则，不愿意尊重规则，很难融入团队，很难与他人合作。

兄弟中的长子由于其老大的位置决定了他常常表现为爱带领他人、为他人承担责任、尽自己最大的努力去照顾他人，有时甚至会对他们发号施令。他渴望将来能够成为领导者、自己所在团体中的精英，他相信自己是一个不可取代的、一有需要会马上挺身而出的拯救者。他容易与有权势的人产生共鸣，能够设身处地地理解他们的处境，并给予支持。他在乎自己是不是一个可信赖的男人，所以有时他会表现得像君子一样。他时常怀有推翻那些令他不满的、有权有势之人的冲动，而在面对他人的利益时，他对于独裁权力的渴望远超常人。所以他通常是严厉的，有时甚至是残酷无情的。他能以身作则，时刻进行自我反省，然而，对于他人的批评，他却极为反感。

为了更加凸显其男性特质，他对财富抱有强烈的占有欲，热衷于创造物质与精神财富。他极度崇尚秩序与可控性。他不会安于过去的成功，并且会提前计划好自己下一步该做什么，他往往比弟弟更有前瞻性。挫折不但不会打倒他，反而会使他进步或调整自己努力的方式。

因为没有同胞姐妹，因此在家里他缺少和同辈异性打交道的经验，只有和母亲这个长辈异性有相处的经验。而母亲是长辈、是权威，所以他和异性通常会保持一定的距离，在和同辈异性打交道的时候可能会显得比较被动，在和异性接触时可能是敏感害羞的，对与异性建立过度亲密的关系可能会有紧张感。他或许难以坦诚自己对某位女性的好感，反而更期待女性对他的喜爱能超越他对对方的感觉。他希望他所爱的女性能像母亲那样无条件地、默默地宠他。他的配偶最好是有哥哥的老幺，这样才能更好地补偿他在排行中没有妹妹的不足。

因为在所有的孩子中，长子的想法是最接近父亲的，所以作为老大的哥哥也会比作为老二的弟弟更能成为父亲的替代者。成为父亲后，他往往极为负责，关心一切，但也可能变得过于严苛和控制欲强，乃至成为专制独裁者。哥哥能否成为父亲的替代者通常也取决于他能否顺利度过俄狄浦斯期。如果他能够度过俄狄浦斯期，他就能够完成对父亲的认同；否则，他就无法成为父亲的替代者。如果老大陷在俄狄浦斯情结里，那么老二就可能会接替老大的位置，从而变成父亲的替代者。

在朋友中，他与在兄弟中排行老幺或中间位置的男性相处时会感觉最自在。他很容易与同是长子或独子的人产生共鸣，但他们在日常生活中没法与他好好相处。一旦群体里有两个都是老大，往往就会变成"一山不容二虎"的状态。他最难承受的就是失去母亲或是像母亲一样对待他的朋友，他最强烈的愧疚感会来源于弟弟或好朋友的死亡。

男孩男孩排行中的弟弟是个比较不利的角色。因为上面有了一个哥哥，他会觉得自己是多余的、不受父母期待的。但是在一些特别重男轻女的家庭里可能会是例外，因为在这样的家庭里，他们对生男孩的态度是多多益善的。这种现象反映了传宗接代思想的根深蒂固，以及在某些文化中男孩被视为家族血脉的延续和家庭责任的承担者。因此老二作为男孩和老大作为男孩一样，会受到同样的喜爱与对待。而那些有了一个男孩就足够的家庭，尤其是有了男孩就想要一个女孩的家庭来说，第二个若再是男孩，那么对于这个男孩来说，就是一个非常不利的位置，因为在父母那里，很多的第一次都被大儿子抢先占有了。对于二儿子而言，父母可能已失去了初次养育孩子时的新鲜感，因为二儿子的成长过程在很大程度上重复了大儿子的经历。一种更有可能的情形是有了儿子之后，父母很想再要一个女儿。如果是这样，作为老二的弟弟可能一生下来就会面临性别被拒绝的风险。而当一个孩子的性别被父母拒绝时，他也可能会面临整个人被拒绝。他可能难以在男性世界中建立与哥哥相同的存在感，因此会寻求发展独有的特征，以满足父母对男孩的期望。比如在性格上，他可能会表现得内向、文静、敏感、细腻、体贴，在体质上会表现比较柔弱。

但是，并不是说作为老二的弟弟在哥哥这里就完全没有了机会。尤其是当哥哥的表现不能让父母满意，或者哥哥让父母很失望的时候，弟弟就有了表现自己的机会。他或将成为哥哥的替代者，变身为其强有力的竞争对手。他或许会挑战哥哥的权威，拒绝服从其命令，不配合其安排。他可能在过去哥哥的优势领域里发起挑战，可能比哥哥表现得更服从父母、尊重父母，成绩更加优异，意志更加坚强，胸怀更加大志。这个时候，兄弟的角色可能出现反转，哥哥愈发显得如同老么，而弟弟则愈发彰显出老大的气质。

两兄弟的家庭里只有和同性伙伴交往的经验，却没有跟同辈异性交往的经验。哥哥学会了领导同性伙伴并担负责任；弟弟则学会了效仿哥哥及一般男孩，同时也学会了与他们竞争对抗。而他们在未来和异性同伴打交道上，兄弟俩同样会遇到一些困难。如他们可能会害羞、被动、紧张、敏感等。

姐妹俩

在家庭排行中，姐妹俩的组合与兄弟俩的组合存在相似之处，均为同性别的组合，其家庭男女性别比例通常也是 3∶1。然而，姐妹俩在排行中的竞争和嫉妒程度往往高于兄弟俩的排行组合。此外，兄弟俩组合中的老大通常符合父母的性别期待，而姐妹俩组合中的老大和老二可能都不符合父母的性别期待。即在兄弟俩排行中可能出现一个不符合父母性别期待的人，姐妹俩排行中两个人的性别都可能面临不被父母接受的情况。

作为老大的姐姐，要处理好与妹妹的关系，需克服对妹妹的嫉妒，并承担起照顾和保护妹妹的责任。在妹妹面前，她常须扮演父母尤其是母亲的角色，像母亲当年照顾她和妹妹那样，细心呵护着妹妹。在这个过程中，她可能会成为妹妹的偶像，也可能对妹妹发号施令，希望妹妹对她言听计从，这正是父母所期望的。由于姐姐也会认同父亲，她可能有时会对妹妹严厉，会用观察到的父亲对待母亲或自己的方式来对待妹妹。但她有时也会带着吃惊、嫉妒、悲伤的感情注意到，父亲对妹妹会比对母亲和她更温和、包容和宠爱。她开始怀疑父亲是否偏心，内心深处坚信父亲对妹妹的爱超过了对她和母亲的爱。尽管姐姐是老大，但她的感觉常常并不那么好，她会觉得，在与父亲的关系上，她竞争不过妹妹；在与母亲的关系上，她竞争不过父亲。因此，她经常会觉得有些孤单。

为了弥补这种不良的情感体验，姐姐通常会寻找其他途径，其中之一便是通过对待妹妹的方式。作为老大，她要对妹妹行使老大的职权，可能会从父亲那里获得授权，对妹妹行使照顾和发号施令的权力，希望妹妹能够臣服于她，服从她的指令、听她的指挥并且忠诚于她。为了获得这份掌控感，她需要不断提升和打造自己，行事果断，目标清晰，无论面对何种困难，都能以坚定的意志、不懈的努力和严谨的态度去克服，不断寻求突破与创新。她不仅这样要求自己，也会用同样的标准去要求他人。因此，与她相处之人，往往对她心存敬畏，那份因敬畏而生的惧怕，有时甚至超越了对她的好感。基于这个特点，一些男性都不敢接近她，更不敢与她开玩笑。

在婚姻家庭中，姐姐通常会将孩子置于比丈夫更重要的位置，有时似乎仅仅是为了给予孩子父爱而利用自己的丈夫。在她这里，孩子通常是夫妻关系紧张的缓冲剂。自从她有了孩子之后，她便开始把对丈夫的控制转向她的孩子。一方面，她在生活上对孩子极尽溺爱，无微不至地保护与照顾；另一方面，在学业与才能的培养上，她又对孩子提出了极高的要求。她喜欢孩子对她的依赖并对她言听计从。当她的孩子出现独立倾向或向她表达分离的渴望时，她通常会千方百计地进行打击、阻挠或压制。当孩子最终决定和她分离时，她可能表现得比其他母亲更加难过和伤心。对于她来说，和孩子的分离是最让她痛苦的事情。

与姐姐相比，两姐妹中的妹妹成长氛围要自由很多，但也会依赖姐姐。她默认了姐姐的领导地位，内心怀揣着赶超姐姐的梦想，对于姐姐伸出的援手，她从不感到丝毫的忐忑。然而，随着时间推移，她会试着去维护自己，把事情做得跟姐姐一样好甚至更好。有时她也会反抗姐姐，她从和姐姐的关系里学会了跟他人抗衡。但在多数情况下，她仍旧会倾向于依赖他人的见解与提议，她自己的主张和想法往往是对姐姐和其他家庭成员的主张和想法的回应。在她说出自己的需要之前，她通常要先弄清姐姐想要什么。

妹妹比姐姐更有可能成为父母尤其是爸爸的掌上明珠。父母往往期望姐姐乖巧顺从，认同他们的意愿，甚至不惜牺牲自己的心愿来成全妹妹，而对于年幼的妹妹，他们则展现出了前所未有的宽容与宠爱。他们似乎无意识地认为较小的孩子能被允许做她想做的事，因此，他们可能甚至鼓励小女儿做事要更任性一些，企图心也更强一些。

妹妹可能喜欢变化和刺激，性格活泼好动，行事冲动而不羁，仿佛一阵难以捉摸的风，同时，她的心中充满了对未知挑战的渴望。她比姐姐更需要在与女性甚至男性的竞争和挑战中找到自己的存在感。她的想法多变，容易改变计划。她最敏感的地方就是，当有人试图控制她时，她可能会做出非常强烈的反应和强有力的对抗。为了这种反控制或对抗，有时她可能会利用一切可能性来捍卫自己的想法、主张或计划，即使耗尽自己的毕生精力也在所不惜。

在工作或职场中，妹妹需要来自上司或同事的认可、肯定和赞美，她也爱突出和表现自己。当她感受到自己的工作和努力得到领导的关注、赞赏及认可时，她会倾尽全力展现才华，力求将工作做到极致，追求卓越。她渴望得到他人的认可，证明自己的优秀，而成功无疑会为她注入更多的活力与动力。她最怕挫败或成为别人眼里的失败者，同样惧怕他人对自己能力的质疑与否定，这会让她感到不安。有时为了向他人证明自己是有能力的和出色的，或为了赢得自己亲近的人的赞赏，她可以不惜一切代价，有时甚至可以拿自己的生命去冒险。

　　她和男性的关系是矛盾的，她既想引起男人的注意和喜欢，有时又喜欢和男性竞争。一些优秀的男人或她喜欢的男性，通常会因为她的这种竞争而远离她。在两姐妹的排行里，她们通常只有通过间接的方式学习男女关系（即通过观察父母）来学习如何处理与异性的关系。在与异性的交往上，作为老大的姐姐因为过于控制的缘故，常常使男人难以与她接近，或很难发展出亲密关系。而作为家中的小妹在与男性交往时，她或许能凭借某些特质占据优势。然而，她的野心勃勃与争强好胜，却也可能削弱这些优势。她想要的似乎太多了，她想让很多男孩喜欢她，同时又忍不住与他们竞争，结果会使得她和男人的关系经常充满着不和谐。

　　在上述讨论中，我们完全撇开了重男轻女的因素。如果把这个因素考虑进去，那么姐妹俩的关系又会充满新的变数。如果姐妹俩的排行发生在一个重男轻女的家庭里，那么作为姐姐的老大一生下来就会面临性别被拒绝的境地。一旦父母发现老大是女孩，失望之情油然而生，随即把全部希望寄托在第二胎能是个男孩上。可以想到，父母的注意力可能一直都不在大女儿那里。然而，当第二胎同样是个女孩时，父母的失望之情再次涌上心头。尤其是在我国的计划生育时代，因为限制生育，小女儿就可能是父母生育的终结者。当父母生男孩的希望再度落空，作为家族传人男性身份的父亲，可能会对两个孩子都很失望，便不会在两个女儿身上投入过多的时间和精力。父亲或许会将精力与追求转向家庭之外，或是沉迷于工作，或是于外界寻求情感上的慰藉。

　　在传统观念里，生男生女的原因在母亲。所以，当一个家庭没有男孩时，家族或丈夫就会归因到妻子身上，认为她没有本事生男孩、是个没有用的女人。于是，母亲会因为自己生了女孩而被她的丈夫或丈夫的家族所歧视或排斥，也可能会因此和她的丈夫及公公婆婆关系紧张。然而，生男生女这一自然现象，既非母亲之过，亦非孩子之罪。但在传统观念里，女儿不是家族的传人，男孩才是。因此，那些没有男孩的家庭会遭受来自外族人的歧视，这种歧视尤其沉重地压在那些没有男孩的父亲肩上。他们不仅要承受无子嗣传承的沉重压力，还要背负对家族的深深愧疚。

前一种压力会带来无能感，后一种压力会带来耻辱感，这样的双重压力会导致父亲对妻子、孩子、自己以及这个世界的失望。两个孩子和母亲都会感受到这个男人的失望。作为丈夫的妻子、同时又是孩子的母亲，此时可能就会用大女儿来补偿没有儿子的遗憾以及自己丈夫因此所导致的失望。而身为老大的大女儿会感受到父母对生男孩的期待，会感受到整个家族因没有男孩而承受的压力，也会感受到父亲因此而产生的失望，以及母亲因此所承受的委屈和不公。

于是，母亲会把注意力放在要求两个女儿尤其是大女儿的优秀上，既然他们没有机会要男孩，但他们仍然有机会让女孩优秀，以补偿他们没有男孩的缺憾和不足。母亲可能会以近乎苛刻的高标准来要求女儿，在学龄前便期望她在绘画、舞蹈、音乐、书法等领域展现出非凡才华。到了学龄期，父母可能要求孩子学业优秀，这体现在让孩子上最好的学校、要拿到最高的成绩排名。母亲对两个女儿的要求通常都会非常严格和高标准，母亲寄望于两个女儿的出类拔萃，以此弥补或缓解因未诞下男丁而遭受的来自夫家乃至外界的压力。

作为姐妹排行中的老大，她会认为没有能够满足父亲生男孩的愿望就是自己的过错，从而可能对自己产生自责、对自己身为女孩的身份产生不满和拒绝。但她已经无力改变自己作为女性的生物学和身体结构部分的特征。她只能尽力在可控范围内做出改变，以期弥补父母因无男丁而留下的遗憾。她几乎会使尽浑身解数来实现这个目标，把自己能够改变的部分朝着男孩的特点去改变，如留男孩的发型、着男孩的服装、具有男孩子的气质和性格、像男孩一样聪明和优秀、在属于男孩的领域里和男孩竞争。

她对男孩是矛盾的。在重男轻女观念的影响下，她的家族成员，包括父亲、母亲、自己和妹妹，都遭受了不公的待遇，这导致她对男孩抱有强烈的敌意和仇恨。而男孩又是整个家族、父亲可能还有母亲所渴望的，因此，她又不得不假装自己给他们一个男孩的形象，这可能会影响到她与男人的关系。因为她觉得，自己、妹妹和妈妈都会因为爸爸这个男人和可能还有他的家族而备受压力，而这些压力都源自那个重男轻女观念中的"男孩"。所以，她对男孩是爱恨交加的。当她进入恋爱或进入婚姻时，她或许会对那位成为她伴侣或丈夫的"男孩"展现出攻击性的一面，尤其是当他试图凌驾于她之上，企图控制或战胜她时，这种攻击性更是会如烈火烹油般，愈发猛烈。如果这个男孩对她尊重、认可和欣赏，那么，她和男人的关系就能变得和谐且亲密，并且还可以维持得长久。

身为家中排行第二的妹妹，她或许不必像身为长姐的姐姐那样，背负着沉重的压力前行。由于姐姐承担了没有男孩的大部分压力，那么作为妹妹的她就不需要再去承担这种压力。所以，她可以放心地去做女孩，但她仍然不能逃离或需要背负她的家庭里没有男孩的压力。她或许也会与姐姐一同分担这份压力，效仿姐姐，将自己塑造成一个"男孩"般的形象，努力变得出类拔萃，以此来填补父亲心中那份没有男孩的遗憾。

兄妹俩

兄妹排行在所有排行组合中被认为较为理想，这种顺序契合了父母（尤其是父大母小的家庭）的关系模式。夫妻关系在某种程度上与兄妹关系相似，都是一种伙伴关系。此外，这种排行顺序也符合父母的性别期待。在一些重男轻女的文化中，父母通常期望首胎为男孩，二胎为女孩，这种兄妹组合恰好满足了他们的期待。

哥哥在成长过程中目睹父母的关系，往往渴望有个妹妹做伴，这种情感纽带与父母间的关系（尤其是传统男大女小的家庭）颇为相似。当妹妹出生时，哥哥通常会显得特别高兴，他会觉得自己爱妹妹就像父亲爱母亲一样，是非常自然的事情。哥哥需要时刻准备照顾妹妹，引领并保护她。

如果哥哥比妹妹大四五岁，他通常更容易接受妹妹。这种排行顺序也有利于性别认同。老大通常会向父亲认同，而后面的孩子通常容易向母亲认同。哥哥作为老大向父亲认同，妹妹作为老么向母亲认同，这与他们的性别相一致。因此，兄妹俩的哥哥往往更具有男人气质，妹妹则更具有女人气质。拥有妹妹的哥哥常展现出勇敢、仗义、宽容等特质，乐于照顾妹妹；而有哥哥的妹妹则更显温柔、细腻，敬仰哥哥，接受其保护与领导。

父母通常对兄妹俩中妹妹所担任的角色感到满意，她是家中的小宝贝。父亲和蔼、乐于助人、宽容，母亲也不反对女儿受到的特殊待遇。所有的家庭成员似乎都认识到可以通过多种方式与异性建立关系：哥哥和妹妹能分别扮演父亲和母亲的角色；哥哥在面对母亲时也能扮演父亲，妹妹在面对父亲时也能扮演母亲。

兄妹俩既能认同同性父母一方，也能从异性父母那里获得认可和补充。这些与异性伙伴的交往经验会让他们在未来成功地与异性交往。可以说，无论是哥哥还是妹妹，他们都习惯了与异性伙伴一起生活。哥哥会对其他女孩展现领导才能并承担责任，而妹妹则可能让其他男孩引领并宠爱她。在家庭之外，兄妹中的每个人都对异性同伴保持着比同性同伴更大的兴趣。

兄妹排行复制了父母关系，因此被视为理想排行。在此排行中，顺利完成性别认同至关重要，有助于他们性别角色的良好发展。他们在早年就获得了与异性伙伴打交道的经验，因此在家庭之外与异性伙伴的关系往往比较和谐，他们的恋爱和婚姻通常也会比较顺利和成功。

兄妹排行中的哥哥往往比较有女人缘，他欣赏和青睐异性，异性也很喜欢他。他最看重的事情就是与异性的关系，这可能会成为他生命中的核心。无论是学业、工作、事业，还是婚姻、家庭、财富、地位、名望等，对他来说通常只是手段与方法，与异性的关系才是这一切背后的目的。

他通常行事稳健，如同一位精准的时钟匠人，将生活的每一刻都调控得恰到好处。他既不强势，也不弱势；既不控制独裁，也不顺从懦弱；既不做先锋，也不甘人后。他很善于平衡人生里的诸多事务，似乎每件事情都能做得恰到好处，将男人的魅力演绎得既彻底又极致。

兄妹排行中的妹妹同样魅力十足。她既能享受到来自父母的疼爱，又能享受到来自哥哥的宠护，把女性的特质和本色发挥到了极致。她友好、温柔、有同情心、细腻、敏锐、举止得体、沉静、聪明、有灵性、善良、迷人。她深谙退让的艺术，懂得在和谐中寻找平衡，以尊重为基，以妥协为桥，搭建起人际间的温馨桥梁。她能理解他人，并能够去恰当满足他人的需求。

在她的心中，关系与爱情如同双生的花朵，同等重要，共同滋养着她的心灵。她愿意为她所爱的且值得去爱的男人做任何事情。在她的眼里，她所爱的人才是她真正的财富。因此，家庭、爱人和亲情可能是她最看重的事情，为了这些事情，她可以放弃所有。她也是可以为爱牺牲一切的人，因为在早年她就受益于父母的给予、受益于哥哥的奉献，所以当她遇到所爱的人时，她也乐于奉献自己的一切。基于上述这些特质，她常常会成为男性所普遍钟爱的女性。

拥有妹妹的长子往往被视为她的理想伴侣，而在众多女性中，她独具慧眼，最能为自己挑选到合适的另一半。她身为女性，既明确自己的所求，又能灵活应对各种情境。

在上述描述中，我们似乎看到了一幅关于排行最美丽的画面和家庭关系最理想的模型。然而，重要的是要铭记，家庭孩子的数量、年龄及性别排行并非关键。只要父母相爱，给予孩子的爱充足且平等，孩子便能健康成长。如果父母的关系不好，或关系紧张、经常发生冲突，或对孩子的爱有偏向，或重男轻女，那么即使是兄妹这样的排行中的哥哥或妹妹也难以有好的发展。因此，父母的夫妻感情质量以及对待孩子的爱是否均等，是孩子能否得到健康发展和成长的关键与前提。

姐弟俩

与兄妹排行顺序相反，姐弟排行在某种程度上是对父母关系的一种"反向映射"。这种排行将姐姐置于保护者、照顾者和带领者的角色，而弟弟则处于被保护、被照顾和被带领的位置。然而，这两个角色对姐姐和弟弟的性别角色认同都可能带来一定的挑战。

　　姐姐被推到照顾者的位置，这一角色隐含着母亲的功能，类似于母亲对家庭成员的照顾。作为家中的老大，姐姐往往承载着父母的厚望，被要求承担起照顾和守护弟弟的重任，确保他的日常生活和安全。姐姐会意识到，弟弟作为家中唯一的男孩，可能在父母心目中占据更重要的位置。她可能会觉得，只有通过尽心尽力地照顾弟弟，才能赢得父母更多的关爱与认可。

　　在与男性的交往中，姐姐往往会不自觉地将自己定位为帮助者、照顾者、关心者、服务者和拯救者，总是优先考虑男性的需求，而忽视自己的内心渴望。她通常会通过奉献甚至牺牲来成全男性，以帮助他们实现目标，仿佛只有这样，她才能体验到自己的存在感和价值感。因此，她与男性的关系通常会经营得很好，而男性也乐于接受她的照顾和奉献。

　　在重男轻女的文化背景下，姐姐这一角色往往承受着额外的压力，尤其是在那些持有这种思想的家庭中，她们可能在教育、家庭责任分配以及社会机会等方面面临不平等。正如前面提到的，重男轻女的家庭通常期望首胎是男孩。因此，姐弟排行中的姐姐可能从出生起就面临性别被否定的风险。在弟弟未出生之前，她一直承受着父母对性别的偏见和重男轻女的压力。

　　弟弟的出生可能会缓解姐姐因性别被拒绝的压力，但父母的重男轻女观念仍然存在。因此，弟弟出生后，父母可能会将大部分注意力转移到他身上，姐姐原本就不多的关爱变得更加稀薄。姐姐对弟弟的到来是矛盾的：一方面，弟弟的到来使她失去了更多的父母之爱，这并非她所愿，因此她对弟弟心怀抵触和忧虑；另一方面，弟弟的出生满足了父母要男孩的心愿，使家庭更加"完美"，姐姐的地位可能会因此有所提高。她可能会对弟弟产生一种解脱或释然的感觉，甚至感激弟弟的到来。然而，看到父母对弟弟的偏爱，姐姐可能会心生嫉妒、憎恨甚至排斥，这会使她在家庭中陷入孤立无援的境地，失去安全感和归属感。因此，姐姐对弟弟的情感是复杂且矛盾的。

　　最终，姐姐可能会通过升华的方式来解决与弟弟关系的冲突和矛盾。她会选择通过服务和细心照料弟弟来赢得父母的认可与喜爱，因为她知道，只有与父母的喜好一致，她才能在这个家庭中获得承认和显得更重要。这种在原生家庭中练就的照顾男性的能力，为她日后与异性相处打下了良好的基础。她擅长处理与男性的关系，了解他们的需求，并能给予他们渴望的关怀与体贴。她善解人意，能主动向男性提供无需回报的帮助，尊重男性的权威和地位，为他们提供发挥作用的空间，以男性为中心提供全力的支持，因此受到男性的青睐。

　　然而，如果这种奉献和牺牲过度，也可能成为姐姐的劣势。在婚姻中，她可能会对丈夫过度控制，使丈夫感到自己的人生领域逐渐失去自由，个人事务被包办代替，失去了自主决策的空间。这会影响丈夫作为男人的重要感、价值感和存在感，让他失去乐趣与参与感。在家庭角色上，丈夫可能会感到自己日益被边缘化，与原生家庭及孩子的关系受到限制和干扰。这可能导致丈夫变得叛逆、与她对抗，最终疏远甚至断绝关系。

　　作为家中排行较小的弟弟，他一出生便沐浴在宠爱之中。由于前面有一个姐姐，作为符合父母性别期待的孩子，他被视为珍宝，从小就享受着无尽的呵护。他往往会成为整个家庭乃至家族的中心，所有成员都围绕着他的需求转动。他能明显感受到自己的重要性和家庭或家族对他的喜爱，起初可能会很享受这种待遇和重视。

　　他在家庭中享受很多特权，得到姐姐享受不到的待遇，几乎没有竞争者。姐姐被期待甚至被要求保护他并为他服务，在父母眼中，他往往被赋予比姐姐更高的重要性。这种差异在一定程度上滋养了他潜意识中利用这一优势谋取私利的倾向。当他看到整个家庭或家族成员都在围绕他的需求转动时，他可能会产生一种感觉：他人的存在是为了满足他的需要，而自己的存在则是为他人提供服务的机会。他不仅享受来自姐姐、父母或家族其他成员的照顾、服务和帮助，而且会把这些视为理所当然。当他无法从他们那里获得这些时，他会觉得这些人不够好，这个世界不够好，从而埋怨、憎恨他人和这个世界。

由于在原生家庭中没有竞争者，经常处于众星捧月的位置，他通常会无忧无虑地追求自己的志趣。他常常得到比姐姐更宽容和慷慨的对待，潜意识里利用这种优势为自己获得好处。如果得不到想要的，他就会想方设法诱导姐姐或其他女孩像母亲一样对待他。这一特质恰好迎合了某些女性内心深处的需求——她们渴望通过扶助男性确认自我价值，通过掌控男性获得安全感，甚至希望在男性身上扮演母亲的角色。因此，他总能轻易赢得那些有特定需求的女性的芳心，这是他的得天独厚的优势。无论在职场竞争、团体活动还是其他社交场合，他都能轻松赢得女性的青睐与帮助。

他与女性相处总是游刃有余，举止得体，时而还能巧妙讨得她们的欢心，为她们带来惊喜。他渴望的伴侣是那种善良温柔、如母亲般慈爱的女性，能包容他的不足，随时为他提供无微不至的帮助与支持，且从不因付出而过分苛求回报。

相比兄妹关系，姐弟关系在经营上会遇到更多困难，尤其在重男轻女的家庭中更是如此。在这种关系中，如果姐姐不过度与弟弟竞争父母的爱，而弟弟能够给予姐姐更多的尊重和理解，那么姐弟关系就会更加和谐美满。

多兄弟姐妹的排行

在上述内容中，我们仅探讨了有两个孩子的家庭情况。然而，有些家庭会有多个孩子，这便形成了多子女的排行，其情形远比单个孩子或两个孩子的排行复杂得多。

在多子女家庭的排行中，可能的情况包括全部是男孩、全部是女孩、多个男孩中只有一个女孩、多个女孩中只有一个男孩，以及男孩和女孩数量均多等。当长子既有妹妹又有弟弟时，建议参考有妹妹的长子及有弟弟的长子的角色特征。若一个处于排行中间的女孩有一个哥哥和一个弟弟，可参考有哥哥的老幺及有弟弟的老大的角色特征；若她还有一个妹妹，则需参考有妹妹的老大的排行特征。对于排行在中间的个体，即既有姐姐和妹妹，又有哥哥和弟弟的情况，其角色特征将与前面提及的兄弟、兄妹、姐弟和姐妹这四种排行类型均有所关联。

与排行相关的其他动力

年龄排行动力

在同胞关系中，年龄是一个重要的影响因素。一方面，年龄相差越少，他们共享的人生经历就越多；另一方面，由于彼此势均力敌，竞争也会更加激烈，尤其是在他们认为父母的爱分配不均时。同胞之间不仅争夺父母的爱，还争夺父母的注意力。同胞竞争的强度与年龄密切相关，年龄越接近，竞争越激烈。

性别排行动力

在同胞关系中，性别的影响较为复杂。姐妹关系通常比其他同胞关系更为亲密。女孩在家庭中通常扮演照料者的角色，无论是男孩还是女孩，他们对姐姐或妹妹通常会有更积极的感觉，认为姐姐或妹妹是他们同胞中最为亲近的人。研究表明，一个男性的姐妹越多，他可能越快乐，对家庭、工作或金钱方面的担忧也会越少；一个女性的姐妹越多，她越重视社会关系并愿意帮助他人。姐妹关系似乎提供了一种情感上的安全感。

然而，在多数文化中，家庭对女孩在智力和成就上的期望普遍低于男孩，给予的支持和发展机会也相对较少。研究表明，商业领域成功的女性往往没有兄弟。长女在兄弟姐妹中通常承受更多压力和责任，她们常感到努力不足，无论付出多少，都需承担更多照料弟妹及家庭事务的责任，但她们与父母及其他兄弟姐妹分享的亲密关系也更多。

相比之下，兄弟之间的关系似乎不那么温和与亲密，更多以敌对、竞争、矛盾和嫉妒为特征。

排行互补动力

在恋爱和婚姻中，排行的影响依然显著。当我们离开家庭，步入学校或社会时，会遇到来自不同家庭的同龄人，他们可能是我们的同学、同事、朋友、恋人或未来的配偶。我们与朋友的关系是否融洽，通常取决于我们与朋辈的关系组合。我们往往会将原生家庭的排行身份带入外部关系中。如果一个人的排行身份与另一个人的排行身份形成互补，例如老大与老幺、老幺与老大，这样的组合往往能够契合双方在原生家庭中的心理需求，从而更容易建立起和谐融洽的关系；相反，如果彼此的排行身份相同，如老大遇老大、老幺遇老幺，他们的排行身份就与原生家庭的排行身份重合，这样的关系组合容易出现紧张、冲突和竞争。

因此，排行互补的关系相对排行重叠的关系更加融洽与和谐。在婚姻中，排行的互补不仅要考虑年龄排行，更要考虑性别排行。为了实现婚姻的和谐，除了年龄上的排行互补（例如老大与老幺的结合）外，还应考虑性别排行上的互补性（例如，丈夫在原生家庭中有妹妹，妻子在原生家庭中有哥哥）。如果作为丈夫，其排行中没有姐姐或妹妹；作为妻子，其排行中没有哥哥或弟弟，那么他们在进入婚姻后，就没有在原生家庭中与异性同辈相处的经验可借鉴，这会增加他们在婚姻中与配偶相处的难度。因此，拥有异性兄弟姐妹的个体，在进入婚姻后，其夫妻关系往往更加和谐。那些只有同性别排行的哥哥或弟弟、姐姐或妹妹的人，在婚姻关系中可能会遇到更多磨合的麻烦，尤其是夫妻两人在年龄排行的位置上重叠时，更是如此，例如老大（哥哥）找老大（姐姐）、老幺（弟弟）找老幺（妹妹）。

同胞残疾动力

同胞残疾会成为家庭中一个非常重要的动力因素。尤其在重男轻女的文化中，男孩残疾带来的家庭动力更为复杂。残疾男孩可能会被视为家庭乃至家族的耻辱。如果家庭中有女孩，照料残疾男孩的责任往往落在女孩身上。

同胞残疾会使残疾者丧失相应功能，父母可能会对残疾孩子投入过多精力和关注，而健康的孩子可能会卷入照料残疾同胞的事务中。因此，残疾同胞对其他兄弟姐妹的影响不仅来自残疾同胞的残疾本身，还包括父母对残疾同胞的过度照顾。

当一个同胞残疾后，其个体功能受损，父母可能会将对残疾同胞的期望转嫁给其他子女，导致该残疾同胞在家族排行中的位置被其他正常子女取代，尤其是残疾者之后的子女更常被选中。若残疾同胞之后有多个同性别子女，父母通常会选择最接近残疾同胞排行的子女替代；若存在混合性别，则选择最接近且同性别的子女替代。如果残疾同胞是两个孩子中的老幺，那么老大就当仁不让地被选为替代者。

在家族排行中，残疾同胞对后续子女的影响通常大于对前面排行子女的影响，且对邻近排行的影响更为显著。排行靠后的人通常要成为前面排行残疾同胞的替代者，而排行靠前的人通常会成为一个照料者。在有残疾同胞的家庭中，女孩相较于男孩往往承担更多照顾责任，尤其如果是长女，这种责任更为突出。子女数量越少，照料残疾子女的负担就越重。

同胞夭折的动力

如果兄弟姐妹中出现夭折，同样会带来强大的心理动力。当兄弟姐妹中有人夭折时，受影响最深的是与其关系最亲近的兄弟姐妹。如果夭折的是哥哥或姐姐，后面的弟弟或妹妹可能会承担夭折的哥哥或姐姐未完成的人生义务和责任，潜意识中觉得自己有责任延续哥哥或姐姐未竟的人生道路。如果夭折的是弟弟或妹妹，活下来的哥哥或姐姐可能会觉得自己没有照顾好他们，从而心生内疚或自责，甚至产生罪恶感。他们可能会用自我伤害来惩罚自己，或者通过限制自己的成功、幸福和快乐来弥补这种过失。

同胞的缺失与补位的心理影响力

兄弟姐妹的排行可能会因成员死亡、失踪、疾病或残疾、家庭变故（如离婚、重组家庭）等原因而改变。排行一旦变动，兄弟姐妹们便不得不重新调整他们在排行中的角色定位与相互关系。排行位置的变动可能是由于成员缺失，如死亡、失踪等；也可能是由于其在排行位置上的功能缺失，如患有严重疾病、身体残疾等。功能上的缺失通常是指在那个位置上的成员已经失去了相应作用。如果某个成员在其排行位置上失去功能，那么这个位置就等于缺位了。有了缺位，就会有补位。如果是老大缺位，那么其位置将由后面的老二来补位；如果是老幺缺位，那么其位置将由前面的倒数老二来补位；如果是中间缺位，那么他的位置将由最靠近他后面的排行成员来补位。

当排行发生变化时，个体年龄越大，新角色对其造成的影响就越小。面对新角色，个体或许会去迎合外在要求，尽管会尽力而为，但其态度和行为仍可能带有旧角色的痕迹。从动力的角度看，在兄弟姐妹的排行中，如果其中一个成员（不是老幺）离开或失去相应功能，那么后面的成员就要补位前面的成员，他有可能承担变成前面成员替代品的风险，而这对前面的成员影响相对较小。如果是老幺缺位，那么离他最近的排行成员或离他最近的同性别的排行成员会来填补他的位置。例如，根据家庭排序效应，老大通常承担更多责任和期望，中间的孩子可能会感到被忽视，需要自己找到存在感和归属感，而老幺则常常被当作家庭的宠儿，享受哥哥姐姐的照顾和父母的溺爱，但长大后可能缺乏独立性。

父母与同胞排行的动力

父母的排行也会对他们孩子的排行产生影响。父母更倾向于偏爱与自己排行相同的子女。如果父母与子女的排行不同且家庭中有多个子女，他们可能会与自己排行相同的孩子结盟。父母往往对与自己排行相同的孩子有强烈的认同感，并试图将自己早年原生家庭排行中的经历投射到孩子的排行关系中。

同样，父母可能会把早年对哥哥姐姐、弟弟妹妹的情感与关系转移到自己孩子对哥哥姐姐和弟弟妹妹的情感与关系中。因此，父母作为孩子的养育者，想一视同仁地对待所有孩子是很困难的，除非他们成长得足够好，已经完全处理好了早年自己在同胞排行中所经历的一切。

同胞动力对人生的影响

兄弟姐妹关系是我们人生中陪伴时间最长的关系之一。在我们的生命周期里，手足之情的重要性仅次于亲子关系，有时甚至超越亲子关系。在生命的后半段，当父母离世时，兄弟姐妹间的情感联系可能成为我们最为重要的情感依恋。

兄弟姐妹关系是我们最早的朋辈关系，这种关系成为我们日后与同学、同事、朋友、恋人、配偶等建立关系的模板或原型。兄弟姐妹在家庭排行中所受到的影响，会持续地影响我们一生。

在我们的人生中，配偶可能会更换，父母会早于我们离世，孩子长大后也会离开家庭，但兄弟姐妹却可以始终成为我们人生的陪伴者。父母的辞世通常比我们早一代人的时间，孩子比我们多活一代人的时间，而配偶是我们在成年后才遇到的伙伴。兄弟姐妹与我们共享早年的经历，这些共同的生命经历成为我们一生的情感财富。

从亲情的角度来看，兄弟姐妹是我们生命中不可或缺的重要人物，也是我们人生中最宝贵的资源之一。我们经常把兄弟姐妹比喻成手足，象征着他们与我们生命的关系。兄弟姐妹如同我们的手足，是我们生命体不可分割的一部分。善用这份资源，我们的生命将充满力量与丰富；反之，若运用不当，如兄弟姐妹间反目，则将成为我们生命中的负担与痛苦。

首先，兄弟姐妹需要处理好的关系是与父母的关系。在法律上，兄弟姐妹作为遗产的法定第二顺序继承人，享有平等的继承权，这体现了他们在父母面前的平等地位。不论年龄和性别，他们都应获得父母同等的爱、关心和帮助。这种在父母面前的平等关系，是经营好兄弟姐妹关系的关键。

其次，兄弟姐妹需妥善处理彼此间的相处之道。兄弟姐妹之间并无法定的义务与责任。18 岁之前，父母对兄弟姐妹有义务和责任；18 岁之后，兄弟姐妹对自己有义务和责任。因此，他们彼此间并无义务和责任。当兄弟姐妹摆脱责任与义务的束缚时，便能找到更为和谐的相处之道。将兄弟姐妹视为伙伴、朋友，建立平等的关系，兄弟姐妹间的关系便更易和谐美满。他们可以相互关心、帮助，但不应将彼此视为义务和责任的对象，也不应用亲情彼此绑架。这样，兄弟姐妹在关系上就会更加自由与开放，既能享受到亲情，又能享受到关系上的和谐与成功。

第 5 章

在丧失中成长

在我们生命的整个过程中，除了死亡这一终极丧失之外，成长的每一步几乎都伴随着某种丧失。可以说，丧失在某种程度上已成为生命的常态。然而，每一次失去的同时，我们也在收获新的东西。正是在得与失的交替中，我们不断更新自我，实现成长与自我迭代。

诞生：与母体分离

胎儿在母体子宫中依赖母体的供养，过着一种相对"寄生"的生活。而新生儿的诞生，意味着其对母体子宫的丧失，脐带被剪断，婴儿与母体分离。但这也是婴儿初次踏入全新世界、通过一系列生理反射来适应新环境的开始。例如，新生儿的吸吮反射帮助他们找到食物来源，而拥抱反射则有助于保持身体的平衡和稳定。

婴儿第一次接触这个世界，包括他第一眼看到的、第一次听到的、第一次呼吸到的、第一次感受到的、第一次接收到的、第一次体验到的一切，都会在其机体内形成反应痕迹。这些反应痕迹会形成一个反应环路，而当这个环路被反复激活或刺激时，就会形成一种反应模式。正如奥地利动物学家康拉德·洛伦兹（Konrad Lorenz）的小鹅印刻实验所揭示的那样，小鹅的跟随行为往往取决于它们从蛋壳中孵化出来后第一眼看到的移动对象是什么。如果它看到的是鹅妈妈，它就会跟随鹅妈妈；如果它看到的是洛伦兹，它就会跟随洛伦兹；如果它看到的是移动的木棍，它就会跟随木棍。

洛伦兹的印刻效应理论表明，某些动物在出生后的特定时间内，会将首次见到的移动物体作为跟随对象，而这种跟随行为在其出生 72 小时之后就再也无法改变。

从这个实验中，我们可以看到第一次体验和经历的重要性。由此可以推断，我们人生中的初次体验或许正如小鹅实验所展示的那样，这些无法再更改的反应会变成一种模式，从而影响我们的一生。

从这个角度来讲，孩子的出生方式、出生环境、出生后与谁接触、出生后被安置在什么地方、出生时被如何对待等，都需要父母用心安排和设计。

心理学研究表明，自然分娩对孩子未来的性格、脾气和气质可能产生重要影响。例如，研究发现，自然分娩的婴儿通常比剖宫产的婴儿肺容量更大，且较少患呼吸系统疾病。此外，产妇积极的分娩体验和心态，如将分娩视为自然过程，可能会减少干预需求，降低产后抑郁的概率，并对母子的福祉产生积极影响。因此，为了优化分娩方式和提高新生儿的健康水平，孕妇在围产期内应做好自我保健，临产时尽可能选择自然分娩，并在孩子出生后进行母乳喂养。

断奶：分离与亲密关系

根据专家建议，宝宝一般在 10 至 18 个月之间断奶较为适宜，最佳时间则在 14 至 18 个月之间。随着宝宝的成长，其对营养的需求不断增加，母乳所提供的营养可能逐渐无法满足其身体发展的需求。因此，适时断奶并采用配方奶粉和辅食来保证营养均衡，是促进宝宝健康成长的关键。过早或过晚断奶都可能对宝宝的生长发育产生不利影响。

断奶对孩子而言也是一种情感上的丧失，因此需要谨慎对待。孩子的辅食添加应循序渐进，相应地，断奶也应逐步进行。建议从逐渐减少哺乳的次数和量开始，直至完全停止哺乳。然而，一些母亲为了让孩子快速断奶，会在乳头上涂抹苦味的中药，试图让孩子对哺乳产生厌恶感。这种做法虽然可能让孩子对哺乳失去兴趣，但也可能导致孩子对乳房甚至对母亲产生厌恶情绪。这种负面情绪可能会转化为心理创伤，进而影响孩子未来与他人建立良好的亲密关系。

因此，建议父母在断奶过程中保持耐心和温柔，通过合理的方式引导孩子适应这一过渡阶段，以保障孩子的身心健康。

拒绝幼儿园：孩子的分离焦虑

孩子离开家庭进入幼儿园接受学前教育，这是他们经历的第三种重要丧失。这一转变意味着孩子从熟悉的家庭环境迈向一个全新的集体环境，这种变化往往伴随着诸多挑战。许多孩子在入园初期可能会表现出抗拒上幼儿园的情绪，入园后不愿留在园内，也不愿与小朋友互动或参与课堂活动。他们可能会持续哭泣、喊叫，强烈要求见妈妈或回家。此时，家长需要谨慎处理孩子与原生家庭，尤其是与父母的分离焦虑问题。

孩子的分离焦虑可能源于对陌生环境的恐惧，这种恐惧让他们感到不安全。另一方面，孩子的分离焦虑也可能与母亲的分离焦虑密切相关。母亲的焦虑状态可能会传递给孩子，影响他们的情绪和行为。有时，表面上看是孩子不愿意与母亲分离，实际上可能是母亲自身对分离的恐惧在起作用。母亲可能潜意识里需要孩子在身边，依赖孩子的陪伴和情感支持。当母亲有这种对孩子的依恋需求时，她可能会表现出分离焦虑。孩子感知到母亲的这种需求或焦虑后，往往会通过害怕学校、不愿参与学校活动等分离焦虑行为来回应母亲的依恋需求，从而用自己的分离焦虑来处理母亲的焦虑情绪。

由此可见，孩子的分离焦虑在很大程度上是对母亲分离焦虑的一种呼应。因此，要有效处理孩子入园或上学的分离焦虑问题，父母首先需要审视并处理好自己与孩子的分离焦虑情绪。

心理断奶：分床或分房睡觉

分床或分房睡觉意味着孩子失去了与父母同睡的机会，这标志着孩子独立成长的开端。孩子需要从父母的私人空间中脱离出来，建立属于自己的独立空间，并逐渐适应独处生活。这一过程是孩子个体分化初步阶段的重要体现，但离不开父母的引导与帮助。

在一些家庭中，孩子甚至到青春期仍未完成分床或分房睡觉的过渡。这种情况多见于父母中一方与孩子同睡，而另一方则独自睡在其他房间。这种安排可能会影响孩子独立性的培养，因此，处理孩子的分床或分房睡觉问题应尽早开始。理想的情况是，孩子出生后不久便开始分床睡，三岁后逐步过渡到分房睡。

寄养、送养和收养：与父母断裂的动力影响

孩子的第五种丧失可能是更换抚养人，或者一生下来就被交给父母之外的抚养人去抚养，其中可能包含寄养和送养。频繁更换抚养人会让孩子不断失去稳定感，每次更换都会削弱他们的忠诚感和归属感，使他们陷入归属迷茫。这种分离的不确定性还会导致孩子不敢在任何一段关系中发展深入和亲密的感情。

寄养

寄养是指父母因特殊原因无法与子女共同生活时，将子女委托给他人养育。尽管孩子在法律上仍属于父母，但这种安排可能对孩子的心理和情感发展产生负面影响，如情感问题、自尊心缺失、身份认同困扰等。

被寄养的孩子可能会暗自揣测，自己是否不够讨喜、不够优秀，以至于父母忍心将自己托付于他人。他们可能会期盼父母早日接他们回家，一生的夙愿不过是求得父母或周围人的认可与接纳。因此，他们可能会通过讨好、迎合或主动帮助他人来赢得认可和好感，以避免被抛弃。他们往往因惧怕被抛弃的痛苦，而不敢轻易建立过于紧密的关系，甚至可能会主动抛弃他人。

被寄养的孩子需要处理以下三个主要困扰。

- 心理上的父母与生物学上的父母难以统一。如果孩子未能很好地处理这一困扰，回到父母身边时，可能会不愿意待在父母身边，甚至通过不服从或对抗父母来表达对寄养人的忠诚。此时，父母需要理解孩子对寄养人的忠诚和依赖，允许孩子表达对寄养人的亲密和思念，给孩子一个情感和心理上的过渡时间。如果父母难以接受孩子对寄养人的深厚情感，可能会不自觉地与孩子心中的寄养人竞争孩子的爱与关注，甚至在孩子面前贬低寄养人，这不仅会让孩子感到困惑，还可能促使孩子与父母产生对立。

- 被父母抛弃感。如果孩子未能妥善处理这一困扰，可能会害怕与他人建立亲密关系，或害怕维持长久的关系。父母需要向孩子诚恳道歉，解释寄养的原因，并明确表达对他们的爱与关心，强调孩子在父母心中的不可替代性，以此减轻孩子的被抛弃感。

- 自我价值感缺失。如果孩子未能妥善处理这一困扰，可能会过分在意他人需求，忽视自我，通过过度助人寻求认可，以避免被抛弃。父母需要认识到寄养的不良影响，在亲子关系中展现更多接纳与包容，让孩子感受到自我价值，从而在关系中建立安全感。

送养和收养

送养和收养是一种通过法律程序将他人子女变为"法律上的子女"的行为。这一过程涉及送养者、收养者和孩子三方。收养的初衷是为了给予失去父母关爱或无法得到适当照顾的孩子一个温暖的家庭环境，但收养过程及其后续影响却极为复杂，需要科学、理性地对待。

收养者所收养的孩子可能来自诸如慈善机构等的合法渠道，也可能来自不合法的途径。被收养的孩子多因父母抛弃、遗弃，或因父母亡故、重病等原因失去抚养。这些孩子可能是私生子、有身体缺陷、不被期待的第一胎女孩，或是家中孩子过多尤其是女孩中的一员，甚至因家庭意外成为孤儿。

对于养子女而言，无论收养过程如何，都意味着被亲生父母的严重抛弃。这种经历往往让他们心生憎恨，失去对世界的信任与爱，安全感荡然无存，进而影响其自我价值感和归属感。他们不敢与他人建立长久而亲密的关系，因为分离会带来剧痛。他们也无法信任他人，因为最应信任的父母将他们抛弃。这种不信任感会延伸到对爱的怀疑，因为他们从未从亲生父母那里得到过爱，只感受到冷酷与无情。因此，养子女通常会与他人保持距离，避免被抛弃，或在关系中过度满足对方需求以换取好感，其最终目标是避免被抛弃。

养子女还可能经常感受到深深的无助感和恐惧感，这种感觉源于失去父母的爱和依靠，以及被抛弃后可能面临的死亡威胁。这些负面情绪不仅影响养子女的心理健康，还会对养子女与养父母之间的关系产生深远影响。如果这些源自亲生父母的负面情感未能得到妥善处理，养子女将难以与养父母建立起和谐的关系，甚至可能出现逃学、抽烟、酗酒、吸毒等不良行为，通过自我伤害来宣泄被遗弃的愤怒与痛苦。

一些养父母出于对养子女心理健康的担忧，选择隐瞒收养的事实，以免他们憎恨亲生父母，从而对子女成长产生不利影响。因此，收养在一些家庭中被当作一个秘密，养父母将自己视为养子女的亲生父母，而养子女也将养父母视作至亲。然而，这种隐瞒并非长久之计。养父母还担心，如果告知真相，养子女可能会寻找亲生父母，甚至选择离开养父母回到亲生父母身边，这正是养父母所害怕的。

事实上，养父母选择隐瞒真相的原因多种多样，部分养子女可能终其一生都不了解自己的收养身份。因此，部分养父母倾向于隐瞒真相，以免引发不必要的纷扰。

关于是否告知养子女收养真相的问题，颇为复杂，需全面考量告知与否可能带来的后果，通常由养父母根据自身情况做出决定。有的养父母会选择告知，有的则选择隐瞒。

在心理咨询中，许多养父母会问，如果决定告知养子女收养的真相，何时告知较为合适。不同的养父母有不同的做法。大多数养父母会选择等到孩子成年后才告知，也有的养父母会选择等到养子女结婚后才透露。他们担心过早揭露真相，因孩子认知有限，可能难以承受被收养的事实，进而对亲生父母及养父母产生怨恨，对其成长造成负面影响，甚至引发一系列心理问题。

然而，延迟告知并非良策。养子女可能会感觉被长期欺骗，认为养父母自私、不信任且不尊重他们，进而产生仇视或敌对情绪，甚至与养父母决裂，而这正是养父母所担忧的恶果。

我个人认为，既然养父母选择告知真相，时间上越早越好。一旦孩子具备了与父母进行语言沟通的能力，便应及时向其揭示真相。越早告知，孩子越能坦然接受，从而减轻养父母与养子女间的心理负担，使双方关系更加易于维系。

尽早告知真相，养子女会感受到养父母对他们的尊重与信任，进而也会对养父母更加尊重与信任，并因此更加感恩养父母给予的尊重、信任与养育之恩。这种基于信任与尊重的关系，将为养子女的心理健康和家庭和谐奠定坚实的基础。

成长中的其他丧失

转学与搬家：对孩子人际关系投入的影响

父母可能因寻求更好的工作和生活环境、生活所迫，或希望为孩子争取更理想的学习环境，而选择迁居或更换孩子的学校。对于成年人而言，这种更换只是从一个地方到另一个地方、从一个场所到另一个场所的简单迁移。然而，对孩子来说，换一个地方、换一座城市、换一所学校，意味着他们心中熟悉的世界正在消失或消逝。随之而去的，还有他们的好伙伴、好老师，以及熟悉的商店、街道、小路、河流和山峦，甚至可能包括那里的特色小吃和亲人，如祖父母等。

变更之后，孩子可能会难以适应新的居住地和学校，因为一切对他来说都是全新的。他们不由自主地将眼前的新环境与过去的经历进行对比，更多时候则沉浸在对往昔之地与人的深切怀念之中。因为那里藏着他迄今为止最珍贵的记忆，那些快乐时光如同磁石，将他从现实的泥沼中拽回，令他难以融入新的环境。

从另一个角度看，如果孩子能够轻易接受新的学校、同学与老师，可能意味着他们对过去的学校、同学与老师的一种"背叛"。这同样可能引发他们对新环境的拒绝或排斥，导致他们心情沮丧，甚至拒绝去学校或虽到校却不参与公共活动。

对于那些频繁更换居住地和学校的孩子而言，他们的内心会留下深深的不安全感。长大后，他们可能会不断更换朋友或恋人，甚至在工作中频繁跳槽，因为过去的经历让他们觉得，不断更换才是"正常"的。他们可能时刻准备着分离或离开，有时甚至会主动结束关系或职业，以减少自己离开的风险。同样，在一段关系中，他们也不敢投入太多的情感、精力和心血，因为如果关系不够深入、不够紧密，分离时的痛苦就会减轻。

因此，从儿童成长的角度来看，父母应尽量避免在孩子幼年时期频繁更换居住地或学校，除非现有环境已明显不利于孩子的健康成长。

青春期与逆反心理

人的一生是不可逆的单向旅程，从生到死被划分为多个阶段。每进入一个新阶段，前面的阶段便无法再经历，这些已过去的阶段相对于当前阶段而言，都是一种"丧失"。如果我们在过去的阶段未能妥善完成相应任务，可能会停留在那些阶段，无法适应当下阶段的要求，进而无法完成当前阶段的任务。如此一来，当前阶段也可能成为未完成的存在。面对这种未完成的状态，当我们步入新阶段时，往往会回溯并哀悼那些未竟之事，而真正的释怀，便是弥补曾经的遗憾。

另一种情况是，我们或许已圆满完成了过往的阶段，但父母的过度保护却阻碍了我们进入新阶段。他们试图让我们停留在过去，不愿接受已然逝去的时光。父母难以释怀孩子成长的每一个阶段，竭力想要挽留过往，这与孩子追求当下发展的步伐形成鲜明对比，导致亲子关系趋于紧张与对立。例如，面对孩子即将步入青春期的转变，父母往往难以接受这一成长阶段的逝去，试图紧抓不放，似乎他们对这些阶段的依恋更甚于孩子本身。

从生物学角度看，动物的青春期即发情期，意味着它们已具备繁殖能力，可能会寻找交配伙伴、受孕繁殖后代，其身份也因此变得与双亲相同。当它们有了自己的后代，便彻底离开父母，开始独立生活。而人类的养育期特别漫长，通常到 18 岁才算是进入成年，才像动物到了青春期那样去寻求独立生活。因此，人类的成长脚步以及与双亲分离的脚步总是滞后于其他动物。这种长期的养育过程无疑加剧了人类个体与父母间相处的复杂性。在个体与双亲之间，控制与自由、依赖与独立常常成为双方关系紧张的主题。

人类的青春期通常在女孩 11 岁左右、男孩 12 岁左右开始。尽管人类的养育周期相对较长，但当人类步入青春期后，依然能察觉到动物性中那种与父母分离、追求独立的本能痕迹。他们内心涌动着强烈的愿望，渴望摆脱父母的束缚，拥有独立思考的能力，表达个人的见解，并按照自己的意愿行事。

当孩子渴望迈入青春期的门槛，而父母却试图阻挡这一进程时，不难发现，父母难以正视孩子青春期前阶段的消逝，无法妥善处理自身的情感纠葛。对于孩子而言，他们便陷入了进退维谷的境地，处境异常艰难。他们一方面渴望保持对父母的忠诚，无条件地满足父母的期望；另一方面又希望维护自己的正常成长与发展，不愿被束缚。于是，他们的策略就是用过去孩子式的方法和父母进行无条件的对抗，以最大化地争取或实现自己的独立、自主和自由。他们可能会用放弃正常成长和自我牺牲的方式来满足自己和父母的需求。

如果父母未能陪伴孩子顺利度过青春期前的每个阶段，剥夺了他们享受纯真无邪童年的权利，反而以成人的标准苛求他们，强调"不能输在起跑线上"，不遗余力地挖掘孩子的智力潜能，力求将其能力发挥至极致，让孩子多才多艺，仿佛要将其塑造成无所不能的全能型人才，孩子的童年便在苦练各种本领中度过。孩子们失去了玩耍和游戏的时间，无法亲近自然与动物，更无暇享受与父母共度的天伦之乐。

当孩子带着这种辛劳和疲惫进入青春期时，会猛然发现自己的孩童时代所剩无几，再不抓紧时间把过往失去的童年补回来，未来就更加没有机会了。因此，他们通常会退回到青春期以前的各个阶段，并且在那些阶段中不愿意出来，通常会表现出对父母过度依赖、社交恐惧、任性、撒娇、逃课、撒泼等比较幼稚的行为。

家庭的重大变故：父母离异或再婚

当夫妻双方的婚姻出现危机，感情确已破裂，且关系发展到不可调和的地步时，结束婚姻对夫妻双方或许是一种较为合理的选择。然而，对于孩子而言，父母离婚无疑是一场灾难，因为他们所依赖的家庭结构已然解体。孩子可能会永远失去父母的共同陪伴，无法再在完整的家庭环境中感受那份无微不至的关爱与温暖。因此，父母婚姻的解体对孩子来说是一种极为重大的丧失，可能会使孩子的心灵变得脆弱，安全感、幸福感乃至快乐感逐渐消逝，从而引发一系列令人担忧的状态。

具体表现如下：

- 孩子可能会产生自卑感，认为自己的家庭不如其他家庭完整，害怕因家庭状况而被他人耻笑；
- 他们可能会自觉低人一等，不敢在同学面前展现自己，甚至远离人群，不参与集体活动；
- 在学习上，孩子可能无法集中注意力，学习成绩可能会因父母离异的阴影而急转直下；
- 孩子可能变得沉默寡言、郁郁寡欢，甚至出现焦虑、抑郁等情绪问题，学业也可能会因此受到影响；
- 在生活中，孩子可能会变得体弱多病，睡眠和饮食不规律，甚至不再注重个人卫生；

- 他们可能对上学或学习失去兴趣，对未来没有明确的目标，生活热情也难以被重新点燃；

- 孩子可能会觉得自己的人生不再具有意义和价值，甚至出现自我否定的倾向。

然而，上述孩子的表现并非在所有离婚家庭中都会出现。为了保护孩子的心理健康，父母在处理离婚问题时，应确保孩子不被卷入夫妻间的纷争，避免让孩子承担婚姻责任或做出是否离婚的决定。离婚后，父母双方若能保持友好合作的关系，持续共同参与子女的抚养和教育，维持孩子与父母双方的联系，延续父母在孩子生活中的角色和影响，从而为孩子提供一个相对稳定的家庭环境，那么孩子就能够更有效地应对和处理父母离婚带来的丧失感。

失亲之痛：追随与陪伴

死亡是所有生命个体的共同归宿，但对人类而言，它却是一个令人畏惧且回避的话题。自人类拥有意识以来，对死亡的恐惧与焦虑便成为永恒的议题。尽管无人能够逃脱死亡，但人类却始终在与之抗争。死亡不仅成为人类精神世界的核心焦虑，也成为个体成长过程中的重大障碍，更是家庭中最重要的动力之一。

死亡分为自然死亡和非自然死亡。自然死亡是指个体在未发生意外的情况下自然老去，通常能活到平均寿命。而非自然死亡则是指在平均寿命之前因各种原因离世。现代人的平均寿命约为 80 岁，若以 75 岁计算，每 25 年算一代人，通常人们在 25 岁左右首次在家庭中遭遇亲人的离世。尽管此时个体已步入成年，但亲人的逝去无论何时发生，都可能对其心灵成长和人生轨迹产生深远影响。

一个家庭在其生命周期中，通常伴随着新成员的加入和老成员的离去。家庭成员的离世会打破原有的和谐与平衡，迫使家庭系统寻求新的稳定。这种新平衡的建立需要重新调整家庭关系、重新分配家庭角色、重新建立家庭的凝聚力。家庭成员的离去可能会影响到系统中的每个成员，这种影响被称为"死亡带来的动力"。

家庭中死亡的动力强弱通常取决于以下因素：

- 死亡发生的时间（越早影响越大）；

- 是否有多重死亡（同一时间段内多个亲人去世）；

- 死亡是否被充分哀悼；

- 死亡的性质（因意外、自杀、犯罪等非自然死亡的动力更强）；

- 死者在家庭中的地位和功能（地位和功能越重要，影响越大）。

家庭成员的年龄和与死者的关系远近也会影响其受死亡影响的程度。年幼时遭遇亲密家庭成员离世，心理影响尤为深远。特别是非自然死亡或不合时宜的离世，如父母早逝、兄弟姐妹夭折等，对家庭动力学的冲击尤为强烈。

处理死亡动力最重要的方式是幸存者能够对死者进行充分的哀悼。家庭成员能够面对死亡事实并共同哀悼，有助于家庭系统重新整合，使成员们迅速适应新的家庭结构。如果家庭对死亡采取否认、拒绝或隐瞒的态度，将死亡事实变成家庭或家族的秘密，那么家庭对死亡的适应将变得越发困难。

未充分哀悼的死亡会导致知情家庭成员带着冲突、内疚、自责或罪恶感，同时也会继续承受对未知情家庭成员保密的压力。这些压力会在家庭或家族中传递，成为家庭动力的一部分。家族秘密背后往往隐藏着被拒绝或排除的家庭成员。秘密一旦被隐瞒，该成员便遭排斥，家族中可能出现替代者，他们认同被排斥者的命运，借此获得家族归属感，进而成为问题成员。

家族成员去世后，哀悼过程可能漫长，有时甚至需要数年之久。尤其对于不合时宜的死亡，哀悼更为艰难。对死者的内疚感往往会限制活着的家庭成员的人生发展，阻碍他们实现目标。一名亲人的非自然死亡会增加活着的家庭成员患病或死亡的概率。如果家庭成员的死亡接二连三或同时发生，累加效应会增加动力的强度和对家庭的影响，问题处理起来尤为困难。无论何种情形，充分哀悼所有家庭成员的死亡，对家庭系统的继续前行和发展都是重要且必要的。

父母早逝的动力

父母的早逝对孩子而言无疑是巨大的灾难。尽管年幼的孩子无法用语言或成熟的理智来处理父母的离去，但他们仍会感受到被抛弃的痛苦。一个人在生命早期接触到的死亡越多，死亡对其产生的动力就越强。

父母的早亡可能会对孩子产生深远的心理影响。瑞典卡罗林斯卡医学院的研究表明，父母自杀会显著提高子女成年后的自杀倾向，并且这些孩子更容易罹患心理疾病。此外，留守儿童的研究也表明，父母去世会增加青少年罹患抑郁症或其他心理疾病的风险。有时，孩子会把父母的早逝归咎于自己，认为自己不够好、不够可爱、不乖或不听话，从而将责任揽到自己身上。孩子内在可能会有一个指令："我追随你，我和你在一起。"这是一种想和早逝父母在一起的冲动，这类孩子可能会出现抑郁或自杀倾向。

孩子也可能通过自我伤害来实现另一条内在指令："我追随你的命运，我陪伴你的不幸。"他们可能通过生病或自我贬低来模仿父母的不幸，以此作为对去世父母的忠诚表达。父母早逝还可能让孩子产生被抛弃感，无论父母因何种原因过早离开，对孩子来说都意味着被抛弃。这种被抛弃感会激发孩子的愤怒，进而可能导致自我伤害或对在世父母的疏远。

父母的早逝还可能让孩子产生深深的不安全感，他们会过度担心另一个在世的父母也会突然离开。这种焦虑会影响他们与在世父母发展亲密关系。父母的早逝也会让孩子担心自身的健康或安全，他们可能会忧虑自己是否会以同样的方式离世。因此，他们在人生旅途中会变得格外谨慎，对健康与安全倍加关注，从而在许多方面不自觉地限制自己的生活。

孩子可能会对健在的父母心生埋怨，认为逝去的亲人是因为没有得到足够的关怀与照顾，从而将责任归咎于仍在世的父母。在父母早逝的情形中，母亲因难产而逝尤为令人痛心。孩子虽得以幸存，但母亲却付出了生命的代价。孩子的出生与母亲的死亡联结在一起，这可能导致孩子对母亲死亡的追随，或者通过破坏自己生命的方式来补偿母亲给予的生命机会。

因难产早逝的母亲会引发另一种家庭动力。妻子因丈夫而怀孕，妻子的家族系统可能会将死因归咎于丈夫，从而对丈夫产生敌意，而丈夫也会因此远离妻子的家族系统。对于活下来的孩子，父亲可能会将妻子的死亡责任归咎于孩子，将孩子的出生视为导致母亲死亡的原因，从而产生排斥或不接纳孩子的情绪，导致孩子与父亲之间的关系变得紧张。

经历过父母早逝的孩子成家后，当他们的孩子达到当年父母去世的年龄时，他们与这个孩子的关系可能会变得疏远或紧张，他们自己也会有情绪上的恐惧或紧张，甚至可能出现身体或精神上的问题。因为孩子的年龄会唤醒他们对父母死亡的记忆，他们的潜意识可能会追随父母的死亡，而意识里则会恐惧并反对这种追随。

兄弟姐妹早逝的动力

兄弟姐妹的死亡对父母而言是巨大的打击，因为它颠倒了生命的自然顺序，这种顺序的颠倒会引起父母、家庭乃至整个家族的强烈反应，且这种反应会持续多年。孩子的夭折会对父母产生多方面的影响，可能影响他们的身体或精神健康，导致极度悲伤、内疚、自责、抑郁、失眠、不思饮食，甚至引发躯体疾病或精神、心理问题。这种打击还可能影响夫妻关系，严重时甚至导致离婚。

母亲作为孩子的照顾者和生命安全的承担者，往往会承受巨大的心理压力和痛苦。社会和家庭的理解与支持对于帮助母亲走出阴影至关重要。外在的责备与母亲内心的愧疚感交织，会加剧婚姻关系的紧张氛围，同时也可能提升母亲罹患身心疾病的风险。

如果死亡的是独生子女、第一个孩子、家中唯一的男孩或女孩、具有天赋的孩子、叛逆并难以管教的孩子、源于意外事故的孩子，那么其带来的家庭动力会格外强烈。当一个孩子离去时，父母可能会长时间沉浸在对逝去孩子的悲伤之中，心思与关注全然聚焦于逝去的孩子，以至于日常生活与工作被忽视，有时甚至无暇顾及家中其他孩子。

家中的其他孩子会感受到来自父母的忽视与遗弃感。他们可能会觉得，自己不仅失去了一个兄弟姐妹，同时也失去了父母的关注。当他们看到父母对失去的兄弟姐妹如此悲痛时，内心会产生深深的内疚感，这份内疚感如同枷锁，束缚了他们生命潜能的释放与自我实现的进程。

当父母从失去孩子的哀伤中走出来时，他们可能会将对丧子之痛的恐惧转移到活着的孩子身上。他们可能会对剩下的孩子加倍小心，给予过度的关照、警觉和保护，这可能会严重影响孩子的独立和分化。出于对子女骤然离世的恐惧，父母在亲子关系的建立与发展上显得小心翼翼，仿佛时刻都在为不可避免的分离做着心理准备。

失去孩子对父母来说是一场心灵上的巨大打击，它不仅夺走了他们的希望和梦想，还可能在他们心中留下难以愈合的创伤。随着时间的推移，当悲伤逐渐平复后，父母可能会渴望再次拥有孩子，以填补失去孩子的空缺。他们可能会希望这个新生命能够继承失去孩子的某些特质，如性别、外貌、性格或才能，从而在某种程度上延续失去孩子的记忆，并在新孩子身上实现未完成的愿望，以此来弥补对已故孩子的遗憾。

如果这个孩子真的出生，他极有可能成为故去的哥哥或姐姐的替代品。因为他知道，出于对父母的内疚、自责、缺憾和忠诚，他会按照父母的心愿来发展自己，用放弃自己的方式来成全父母的愿望，然后把自己的一切都弄得类似故去的哥哥或姐姐的样子。

兄弟姐妹夭折带来的家庭动力对相邻排行的兄弟姐妹影响最大，对其余兄弟姐妹的影响会按排行距离的远近有所不同，通常随着距离的增大而减弱。对于活着的兄弟姐妹而言，如果逝去的是哥哥或姐姐，他们可能会延续哥哥姐姐未完成的人生，从而替他们继续完成。如此一来，他们仿佛被宿命地绑定在哥哥或姐姐的影子下，失去了探索自我世界的钥匙，也错失了书写个人篇章的机会。他们的存在，似乎仅仅是为了填补那份未竟的遗憾，延续着前人的轨迹与梦想。

对于哥哥姐姐夭折后出生的孩子，他们有时会带着一份感恩来到世间，因为哥哥或姐姐的夭折，他（她）才有出生的机会，尤其在独生子女家庭中更是如此。出于一种深沉的报恩之心，他们或许会主动束缚自己的羽翼，甘愿放弃那些可能带来欢笑与顺遂的机会，以一种近乎苦行的方式，默默陪伴着那个未曾有机会长大的灵魂。

当一个人背负着多位夭折兄弟姐妹的沉重记忆前行时，他或许会不自觉地承担起那份空缺，而这份影响，如同涟漪般随着排行距离的拉近而愈发深刻。若逝去的是年幼的弟弟妹妹，他们心中或许会涌起一股难以言喻的内疚与自责，认为自己作为兄长或姐姐，未能尽到应有的守护之责，弟弟妹妹的早逝，似乎成了他们肩上无法卸下的重担。这份沉重的情感，如同无形的枷锁，悄然间限制了他们追求成功、幸福与快乐的脚步。

第 6 章

我们为什么要结婚

婚姻作为人类社会的普遍现象，深深烙印着文化的印记。尽管文化背景各异，但婚姻中却普遍存在着一个共同的憧憬：丈夫最好像白马王子，英俊、高贵、富有、聪明、成熟、负责任、体贴、温暖；妻子最好像白雪公主，美丽、贤惠、温柔、勤劳、持家、善解人意；并且两人彼此相爱、忠贞不渝、白头偕老。这一理想本身是婚姻的动力之一，但也可能是许多婚姻走向解体或不幸的原因之一。

婚姻满意度的研究揭示，夫妻双方在婚姻中的主观满意度和客观认同程度，是衡量婚姻成功与否的关键指标。当婚姻关系中的沟通、经济状况、家庭责任和性生活质量等关键因素得到改善时，婚姻满意度随之提高，从而带来更高的生活幸福感；反之，如果婚姻中的这些方面与理想状态存在较大反差，夫妻双方可能会感到不幸和痛苦。

婚姻关系中的两个人均来自各自的原生家庭。对他们而言，从原生家庭中分化并独立出来，是迈向成熟婚姻生活的关键一步。如果未能完成这种分化，他们可能会带着孩子般的心态进入婚姻，难以以成人的角色对待对方。他们往往会期望对方能像父母一样无微不至地照顾、迁就和呵护自己，从而使夫妻关系难以发展为伙伴关系，而可能演变为类似亲子关系的模式，如丈夫变得像儿子或父亲、妻子变得像女儿或母亲。

与原生家庭告别：成为一个社会人

分化能力衡量一个人能否摆脱对父母的依赖，成长为一个独立自主的个体。孩子分化的关键在于完成社会化过程，从依赖父母的自然人转变为自给自足的社会人。孩子需掌握生活技能、社交礼仪、自律自控及学习能力等社会化内容，这些通常须在父母指导下完成。

父母的夫妻关系质量关系到一个孩子能否从父母那里得到很好的分化。如果父母的夫妻关系不好，那么其中一方就会希望自己没能在配偶那里得到的情感可以从孩子那里得到。那么此时，孩子出于忠诚，就会放弃自己的发展来全力满足父母的情感需求。父母可能会过度控制孩子，将其视为实现自身愿望和理想的工具。那么孩子就不得不介入父母的夫妻感情生活，因为他们特别在意父母的夫妻关系，也非常在意父母谁对谁错。父母也可能经常到孩子那里诉苦，或控诉对方，或要求孩子像法官一样评判谁是谁非，孩子会觉得要对父母的夫妻关系的好坏承担责任。孩子经常会有意无意地卷入其中，经常有想改变父母或想主宰他们关系的冲动。当孩子这样卷入父母婚姻的时候，就没有办法独立。

父母常试图通过孩子来缓解婚姻压力，因此会不自觉地控制孩子生活，企图主宰孩子的一切，或是无条件满足孩子需求，代替其完成本应独立的事务，甚至替孩子做所有决定。如此，孩子便失去了独立能力，心安理得地依赖父母，而父母也得以继续利用孩子填补在配偶处缺失的情感。从这一角度看，孩子能否顺利独立，往往取决于其父母的夫妻关系是否和谐，以及是否将孩子卷入其中。

所以，一个孩子的分化首先要区分哪些是父母的事务，哪些是自己的事务。父母的事务由父母负责，孩子的事务由孩子负责。这样，孩子成年之后，才能够从父母那里独立出来。"问题孩子"最常见的做法就是介入父母的夫妻关系，把父母的夫妻关系当成自己的责任。而"问题父母"最常见的做法则是介入孩子的学习和日常生活，希望这些事务都能在其控制之下。结果，本属于父母的事务要孩子来承担，本属于孩子的事务却要父母来承担。更有甚者，有的父母把自己离不离婚的权力都交给孩子，而孩子则把决定自己报考哪所大学、选择什么专业或找什么样工作的权力交给父母。

一个人的分化需要很多步骤，是一个从身体分离到感情分离的过程。我们最开始的分离是与母亲的分离，从我们和母亲的子宫分离，到和母亲的乳房的分离，再到和父母分离，最后和原生家庭分离。在分化的时间维度里，有几个标志性的事件是值得我们注意的。

- 出生：出生使得我们与母亲在身体上第一次分离。

- 断奶：离开母亲的乳房，是我们与母亲在身体上的第二次分离。

- 走路：学会走路，标志着我们能够挣脱母亲的怀抱，自由探索心中的世界，这是第三次身体上的分离。

- 学会用语言表达：3 岁左右我们已经掌握母语，可以用符号将自己与周围的世界、母亲和他人区别开来，我们将自己从父母、从世界、从你和他中分化出来。我们此时意识到自己是个独立的个体。我们有了自我意识。我们知道自己是与父母和他人不一样的个体。

- 上学：我们大约 4 岁就可能被送到幼儿园去学习文化知识，这是我们第一次和家庭分离。我们有了和非血缘关系的同伴在一起学习和玩耍的机会。我们把自己的世界从家庭扩大到家庭之外的学校，在这里，有类似父母的老师和类似兄弟姐妹的同学。

- 青春期：这个时期意味着我们已经具有生育能力，有了繁衍后代的能力。青春期孩子初识自我思想、见解与友伴的重要性，并萌生对异性伴侣的渴望，以满足情感与性的需求。他们渴望挣脱父母怀抱，投身同伴之中，汲取成长的养分。

- 成年期：世界大部分国家都把 18 岁作为一个孩子成年的标志。一个人迈进成年，意味着他要对自己的所有事务承担全部责任。他不仅要和父母在物质上进行分离，在情感和思想上也要分离。这个分离也要求他不再承担属于父母的责任，也就是说，对于父母的事务，作为已经成年的孩子，不要替父母承担，而是要让他们自己承担。

一个人要想完成从父母那里的分化，还需要完成一项任务，那就是自我同一性，即他要知道自己是谁、要成为谁、想做什么样的人、想从事什么样的职业、想在哪个领域里发展他的专业、他一生的追求是什么、需要一个什么样的配偶、需要建立一个什么样的家庭，这些都是需要他自己去完成的。一个人在这些方面完成得越好，他的自我同一性就越好，那么，他的分化就完成得越顺利。

自我同一性之构建，基于个体对自我的接纳程度。接纳愈深，自我同一性愈易达成。我们往往之所以难以达成满意的自我同一性，是因为对自我的排斥，而这种排斥又常源自对父母的不接纳。

在分化方面，个体在独立性、自我同一性等方面有共同的要求，但是对男性和女性的要求却有所不同。男性被期望更多地与父母分离和分化，在经济和思想层面拥有更大的自主权。而社会文化对女性的要求则有所不同，不仅要求女性的分化，还强调与他人的联结，即女性还要学会更多地关爱他人、照顾他人、经营好与他人的关系。

一个人的分化和独立，并不是说与原生家庭或父母不再联系，而是既要有自己的独立性，又能在情感和爱的关系上有联结，也就是说需要个体在联结与分离、归属与个性化、融合与自主性之间寻求一个最佳的平衡点。若我们能与原生家庭或父母维持这种恰当的关系，便能将这种关系模式延伸到婚姻生活中。所以，这种分化与联结的平衡掌握得越好，对未来的夫妻关系的经营就越有利。

人是群居的动物，是否能经营好关系是一个人能否在群体中获得成功的最为重要的因素。一个人能否实现自我认同、达成自我同一性并获得独立性，关键在于他如何对待和处理人际关系。一个人若渴望独立，追求良好的分化，便需与他人，特别是父母，维系和谐的关系。

一个人分化的前提是要有自我，而一个人想要有自我，首先要完成两个承认：一个是承认我们的父母是我们的父母；另一个是承认我们是父母的孩子。有了这两个成分，我们才能找到作为归属的自我。

唯有分化得足够成熟之人，方能对自己及他人负责，既能维系亲密与信任的关系，又能保持适当的界限与距离。而这一切均为他步入婚姻的殿堂奠定了坚实的基础。

繁衍：婚姻的第一要务

生命有两大本能：一是自我保存，二是繁衍后代。繁衍后代是人类婚姻最为重要的动力之一。从这一视角来看，若繁衍不再，人类结婚的动力亦将荡然无存。换句话说，如果一段婚姻中的某一方失去了生育功能，那么维持婚姻的动力可能就会减弱。某些婚姻出现问题，可能就是因为在这些婚姻里，繁衍的动力受到了威胁或影响。

人类的养育期相对于其他动物要长久得多，人类父母与孩子的关系也远比其他动物复杂。人类的发展因人类特有的文化而变得更加复杂和困难。

生命的繁殖从无性繁殖，到有性的雌雄同体繁殖，再到有性的雌雄异体繁殖；从个体的直接分裂，到卵生和胎生；从非伦理性的，到伦理性的。人类的繁衍是雌雄异体繁殖，属于胎生繁殖。根据遗传学研究和法律规定，三代以内的近亲结婚是被禁止的，以避免增加隐性遗传病的发病率。

繁衍动力涉及的内容

婚姻的繁衍动力通常涉及寻找伴侣、是否要孩子、性能力等内容。

从青春期开始，我们就踏上了寻找伴侣的征程。有些人很早就会坠入爱河，有些人却迟迟不愿意踏进与异性的关系中。从离开父母到遇到伴侣并步入婚姻，恋爱成为一个重要的过渡阶段。当我们无法完成和父母分离的时候，这个过渡就会变得非常困难，特别是当孩子察觉到父母关系不和，觉得自己需要介入解决时，他们可能会避免寻找恋爱关系。

在这个过程中，有一种心理障碍会阻碍一个人进入恋爱关系，这种心理障碍叫社交恐惧。社交恐惧的主要表现是怕见人，尤其是怕见异性，其主要原因在于这个人形成了俄狄浦斯情结。俄狄浦斯情结会导致一个人对同性父母产生恐惧，主要原因在于他害怕和异性父母建立亲密关系，因为当他和异性父母过于亲密时，会害怕来自同性父母的惩罚。

青春期时，人的本能驱使人对异性产生好感，并渴望与异性亲近、发展亲密关系。当这种情感或冲动涌现时，俄狄浦斯情结便会再度显现，为避免同性父母的责罚，他可能会选择避开与异性的社交场合。然而，他内心深处仍对异性怀有渴望与爱慕，期盼能与异性有所接触。此时，同性父母的惩罚阴影再次笼罩他，内心的恐惧再次遏制了他的冲动。

当这种发展持续存在时，他恐惧的对象会从现实中真实的人物，扩大到内在意象和冲动上。于是，他不仅畏惧现实中的异性，更害怕自己内心的异性形象与冲动。于是，他不仅无法接触现实中的异性，连头脑中的异性表象也无法接触。带着这份恐惧，他注定无法走进恋爱关系。

还有一种情形是，在青春期时，父母有时会阻止孩子和异性接触，把异性描写成洪水猛兽，将异性污名化，并把性视为邪恶和肮脏的。如果父母在孩子的青春期对孩子的性或对异性的亲近进行压制、恐吓或污名化，那么，当孩子到了谈婚论嫁的年龄时，就可能没有能力走近异性或进行恋爱。这类父母或许无法面对自己对性的恐惧或对繁衍的担忧，于是将这些恐惧转移到孩子身上，以此缓解自身的焦虑。

有一类大龄青年，他们很渴望走进婚姻，却屡屡抱怨自己找不到合适的对象，因此常常错过结婚的适当时机。这类年轻人常常在心里有一种想法，即自己要留下来陪伴父母。他们的父母可能在情感上需要他们的陪伴，于是，他们决定留下来陪伴父母。然而，他们又有"男大当婚，女大当嫁"的观念，有强烈的结婚需求，这与他们潜意识里陪伴父母的想法相冲突。我们知道，人类的意识通常会照顾或满足潜意识的需求，于是，他们就会把寻找伴侣的标准定得很高，让谁都无法符合这个标准，或者找一个无法导向婚姻的伴侣，这样他们就可以心安理得地留下来，从而在潜意识里既满足了陪伴父母的需求，又符合了传统观念里的寻找伴侣的要求。

当一对情侣走进婚姻之后，可能会面临要不要生育孩子的选择。大部分的婚姻都会带来新生命的孕育。但仍有一部分伴侣会选择不要孩子，或是因为身体的原因而无法要到孩子。我们前面说过，婚姻的最大功能是传宗接代。然而，有一些因素会影响婚姻中的伴侣拥有孩子。当我们对父母有拒绝、自己的童年不快乐时，或我们看到父母的婚姻不幸福时，我们的潜意识里通常会不想要孩子。我们可能会通过选择丁克、单身、离婚、不孕等来达到不要孩子的目的。当一个人的内在对父母有怨恨时，他经常会通过不给父母传宗接代来表达对父母的拒绝。

在重男轻女的文化里，当一对夫妻没有男孩时，通常会认为是妻子的过错。此时，丈夫的家族成员会责怪丈夫没有用，而丈夫会责怪妻子没有用。在这种责怪之下，丈夫可能会去找婚姻之外的女人给自己生男孩的机会，也有的丈夫会直接解除婚姻，然后通过再婚来给自己要男孩的机会。

繁衍动力所带来的现象

当一个人的繁衍动力过强时，可能会通过不断离婚、不断再婚来完成。当一个人的原生家庭里出现很多夭折或非正常死亡时，其家庭动力可能会带来这种结果。因为不断地离婚和再婚会带来更多的后代，以补偿上一代或几代由于夭折或非正常死亡而失去的家庭成员。

因为婚姻的功能指向繁衍，所以，当婚姻中的双方或其中一方不再具有繁衍能力时，婚姻就可能出现危机。因为没有繁衍能力，会直接威胁到婚姻存在的理由。所以，婚姻中的双方如果有一方或双方出现性无能或不孕，可能会导致其关系的紧张或破裂。

性无能或性功能出现问题，可能是因为俄狄浦斯情结造成的结果，也可能是出于对父母的拒绝。不论是哪种原因，性功能障碍都可能会给婚姻带来威胁。

女性的更年期是婚姻的繁衍动力带来的一种心理现象。女性的更年期现象是指女性到了绝经期时，会产生抑郁、焦虑、情绪不稳定、爱发脾气甚至性格改变的情况。医学通常将这种现象归因于女性性激素的紊乱。

从家庭动力学角度看，一个女性到了更年期时，意味着她已经没有了生育能力，而婚姻的主要功能是繁衍，所以，当一个女性绝经后，也就意味着她在婚姻里已经失去了繁衍的功能。而此时，丈夫的生育能力仍然存在并且还很活跃，那么，丈夫和妻子的繁衍能力便处在一种极不对等的状态，妻子的危机感难免就会发生。因为她没有了生育的可能性，而丈夫还有生育能力，丈夫就有可能到婚姻之外去追求有生育能力的女人，因此，妻子对丈夫的忠诚就会出现怀疑。她对丈夫的多疑反而会加剧夫妻关系的紧张。于是，当一名女性陷入更年期的危机时，更多的是出于对自己没有生育能力的担心，和对自己作为妻子对丈夫的价值感不足的愧疚。她对自己生育能力的消失可能会产生失望和愤怒，对自己的婚姻因更年期的到来而产生的危机感到焦虑和抑郁。这一系列的表现，都可能是对更年期不再具有生育能力的应激反应。因此，女性更年期的问题，更多的是由于婚姻繁衍动力带来的。

婚外情也是繁衍动力的一个结果。婚外情是对夫妻关系的不忠，是不能专一和用心维护与经营在婚姻关系里与伴侣的关系。其实，婚姻里的配偶关系，是原生家庭里一个人和异性父母的关系的折射。如果他在原生家庭里和异性父母的关系是对抗的、叛逆的，那么在婚姻里和异性伴侣的关系也可能出现同样的情况。婚外情经常会发生在夫妻关系类似亲子关系的情况中，也就是说，夫妻关系不再是平等的伙伴关系，而是不平等的亲子关系，如丈夫扮演了父亲或儿子的角色、妻子扮演了母亲或女儿的角色。当丈夫扮演儿子的角色（妻子就会扮演母亲的角色）或妻子扮演女儿的角色（丈夫就会扮演父亲的角色）时，此类的丈夫或妻子更容易出轨。因为他们在婚姻里找不到平等的感觉，而且作为孩子的角色，他们本身就可以是任性的、不负责任的。

婚外情的原因之一也可能是在表达对异性父母的不满，也是表达对自己配偶的不满，更是对婚姻关系里缺失的那部分的补充。婚外情通常不会导致生育，而是指向对婚姻关系的破坏，是原生家庭里个体与其异性父母关系的转移。

乱伦是家庭动力中很重要的一个现象。人类的性活动不可以在三代以内的成员内进行，这是人类的性禁忌。所以，人类的性需求需要在家庭或家族之外去寻求满足。然而，有些家庭成员仍然在自己的家庭成员之内寻求性满足，这就是乱伦。乱伦可能会发生在亲子之间，也可能会发生在同辈之间，也可能会发生在祖孙或父母的兄弟姐妹与他们的孩子之间。

男人与女人：夫妻关系中的角色定位

当两个成年的年轻人还没有走进婚姻，仍然处在恋爱期时，在他们的父母那里，他们的角色仍然是孩子。对这两个年轻人来说，最为重要的是要能够从原生家庭里独立和分化出来，为走进婚姻做好准备。

他们两个人在领取结婚证的那一刻，其夫妻关系的法律地位便已确立。当他们在举办婚姻仪式之后，便开始了正式的夫妻生活。伴随着这两个仪式而来的就是他们角色的转变，从他们在原生家庭里孩子的角色，转变成为丈夫或妻子的角色。

丈夫和妻子是他们过去从来没有经历过的角色，这个角色的学习可能会通过在他们早年在原生家庭里看到他们自己的父母如何做夫妻来进行。所以，他们的父母如何经营自己的夫妻关系，通常会影响到他们的孩子在组成新家庭时的夫妻关系。

夫妻关系是伙伴关系，伙伴关系是平等的、彼此尊重的关系。夫妻关系要想经营得好，就得在伙伴关系的框架下进行。

夫妻关系同样会受到男人和女人的角色的影响。在传统文化里，男人通常是一个家庭的主宰，是整个家庭的物质和精神支柱，也是家庭安全的保护者，是家庭与外界社会沟通的媒介；而女人则是家庭关系的经营者和组织者，是后代的哺育与养育者，是整个家庭情感的供给者。所以，我们会形象地用"男主外，女主内"来形容彼此的角色分工。

一对夫妻如果和传统文化的男人和女人形象相吻合，那么在关系的经营上就比较容易。如果其角色不吻合，或正好相反，那么在夫妻关系的经营上就可能会带来一定的困难。

在一些夫妻关系里，其角色不再是伙伴关系，而是一种亲子关系，即丈夫扮演了父亲或儿子的角色，或妻子扮演了母亲或女儿的角色。他们在夫妻关系里扮演的角色通常是受其原生家庭里父母如何做夫妻和他们在兄弟姐妹中的排行的影响。

在原生家庭里，如果父母的夫妻关系是平等的，那么当他们走进婚姻之后，其夫妻关系就容易是伙伴关系；而如果他们的关系是不平等的，那么夫妻关系就容易变成亲子关系。对于亲子模式的夫妻关系里，夫妻各自会扮演何种角色，则取决于父母的夫妻关系和他们各自在兄弟姐妹里的排行。

亲子模式的夫妻关系会有几种组合方式——父亲与女儿、儿子与母亲、儿子与女儿和父亲与母亲这四种组合。其中前两种是互补关系，而后两种则是平行关系。互补关系如果夫妻双方配合得好，也是一种不错的夫妻关系，如果配合得不好，就可能变成控制和对抗的关系。平行关系则经常会导致夫妻关系的紧张和冲突，经常争吵不断的夫妻就属于此类。因为在这种关系中会出现角色的竞争，竞争通常会导致冲突，有时也会出现谁也不理谁的冷战局面。

夫妻的排行对夫妻关系里的角色也会有很大影响。在夫妻的排行里，如果他们的位置相同，如在原生家庭里同是老大或老幺，其关系角色就更容易形成平行关系，这些角色关系包括伙伴关系、儿子与女儿或父亲与母亲的关系；如果他们的排行位置不同，就容易形成互补关系，包括父亲与女儿和儿子与母亲的关系。至于谁会处在父母的位置，则取决于双方排行位置的高低。排行位置高的就会把自己放在父母的位置上，排行位置低的就会把自己放在儿女的位置上。

忠诚冲突：婚姻无法回避的主题

我们通常会带着自己的家庭动力去寻找恋爱对象。在茫茫人海中，我们寻寻觅觅，那个能够进入我们视野并让我们动心的人，往往是能够配合我们完成家庭动力的那个人。无论这个人在外人看来是多么不合适或与我们多么不般配，对于被我们选中的人来说，我们也是能够配合他们完成家庭动力的人。当这种双重动力配合发生时，两个人就可能会走到一起，进而恋爱、结婚，结为夫妻。

在婚姻中，夫妻要完成的第一个对父母的忠诚，就是将自己的夫妻关系复制成与自己父母的夫妻关系相似的模式。他们会按照父母的夫妻关系模式来构建自己的夫妻关系，并在寻找恋爱对象时以此为标准。因此，那些无法匹配自己父母夫妻关系的异性，通常不会打动我们。我们通常会按照父母婚姻的样子来构建和经营自己的婚姻。

进入婚姻后，夫妻双方各自都会多出对方的父母。对对方的父母，我们通常也会称呼"爸爸"或"妈妈"。然而，我们只有一个亲生父母，现在又多出一个"爸爸妈妈"，于是，我们的内在可能会面临忠诚冲突。

对我们自己父母的忠诚会妨碍我们与配偶父母的关系。我们对自己父母的忠诚会要求和限制我们对配偶父母的爱。如果我们对配偶父母的爱超过对自己父母的爱，就会破坏我们对自己父母的忠诚。因此，我们会自觉或不自觉地控制自己对配偶父母的爱，尤其是当我们与自己的父母关系不融洽或不亲密时。当我们与自己的父母关系紧张时，出于忠诚的考虑，也不能把与配偶父母的关系处得比与自己父母的关系更好。我们通常会把与配偶父母的关系弄得稍差于与自己父母的关系，这样才不会破坏对自己父母的忠诚。因此，当我们与自己的父母关系紧张时，我们也会把与配偶父母的关系弄得更紧张一些，以匹配我们与自己父母的关系，从而保住对自己父母的忠诚。因此，有时我们与配偶的父母相处不好，如婆媳关系不好，并不是婆婆不好，也不是媳妇不好，而是在我们内心深处，媳妇为了保持对自己母亲的忠诚，而不把婆媳关系经营得比自己与母亲的关系更好。

另一方面，当我们组建自己的家庭时，配偶双方的父母都会面临如何对待自己孩子的配偶的问题。因为配偶双方此时都拥有两对父母——自己的父母和配偶的父母，这可能会带来两对父母之间的竞争。配偶的父母希望自己能够像对待自己的孩子一样对待自己孩子的配偶，甚至希望自己以自己孩子配偶的父母自居，他们也希望自己孩子的配偶能够像对待他们的父母一样对待自己，希望在自己孩子的配偶那里能够获得与他们父母同等的情感地位。

于是，婚姻里配偶的父母就会来争夺孩子们的爱。这种争夺往往会导致婚姻里的夫妻两人与他们彼此的父母和谐相处的困难。这种关系上的争夺越是激烈，在再生家庭里，配偶的双方父母、配偶与对方父母、配偶的对方父母与配偶本人，在相处上就会变得越困难。

最常见的关系问题就是婆媳不和。婆媳不和表面上是婆婆和儿媳妇的关系冲突，实际上是两个家庭忠诚动力冲突所带来的结果。婆婆希望自己能够像对待自己的女儿一样来对待儿媳妇，希望自己能够替代儿媳妇的母亲来爱儿媳妇，也希望儿媳妇能够像爱她的母亲一样来爱自己，自己在儿媳妇心中的位置能像她的妈妈一样重要。于是，婆婆无形中会去和儿媳妇的母亲竞争儿媳妇的情感。而婆婆的这种努力和期待会破坏儿媳妇对她母亲的忠诚。无疑，儿媳妇会选择对自己母亲的情感忠诚，而不会去选择没有血缘关系的婆婆。她会和她的婆婆保持一定的距离，会在感情上保持节制，可能还会对婆婆和她的母亲进行情感争夺的心态产生一些反感。而儿媳妇这种把对母亲的情感放在婆婆之上的做法可能会被婆婆解释为一种对抗或敌意，于是，婆婆可能也会用不太友善的态度来回应儿媳妇，婆婆这种暗含敌意的回应，无疑会恶化婆媳关系。

　　婆婆一方面与儿媳妇的母亲争夺儿媳妇对她的感情，另一方面也会和儿媳妇争夺和自己儿子的感情。当婆婆自己的婚姻出现问题时，婆婆就更需要从儿子那里获得一份情感来弥补自己在丈夫那里的缺失。当她看到自己的儿子和他的妻子关系过于亲密时，她的危机感就会产生。她清楚地知道，如果自己不奋力争取，儿子就可能会被自己的儿媳妇所占有，她的情感就可能不再有可依附的空间。因此，她会在儿子和儿媳妇的关系中作梗，制造各种障碍，经常以受害者的形象出现在自己儿子面前。她可能处处和儿媳妇作对，想尽各种办法刁难儿媳妇。当儿媳妇在自己的丈夫面前陈述自己婆婆的种种劣迹时，无形中就把自己放在了一个加害者的位置。

　　因为丈夫和他的母亲有血缘关系，和妻子只是契约关系，所以，丈夫在自己的妻子和妈妈之间，大多会选择自己的母亲而不是妻子。而当妻子看到自己的丈夫不能站在自己的一边而是选择了他的母亲时，不由地对自己的婆婆更加憎恨，和丈夫的关系也因此更加紧张，于是婆婆便牢牢地控制住了儿子。

　　我们再来看看夹在婆媳之间的丈夫。当丈夫看到自己的母亲在与父亲的夫妻关系上出现问题时，他通常不会袖手旁观。出于忠诚，他通常会来帮助母亲。当母亲需要他的情感时，他会毫不犹豫地站到母亲一边，给予母亲所需要的感情。然而，丈夫的意识里对待自己如此拯救母亲是不满意的，但出于潜意识里的忠诚又无法直接去对抗母亲。因此，当他在寻找自己婚姻伴侣的时候，就可能会去找一个能够代替他去和自己母亲抗争的异性来做自己的配偶。那个被选中的配偶会认同来自丈夫的投射，会主动承担起与婆婆抗争的使命，来代替她的丈夫和婆婆战斗，从而使丈夫能够缓解母亲对自己的纠缠与控制。

　　可是，婆婆为什么要来和她的儿媳妇竞争自己的儿子呢？其中最主要的动力就是她和丈夫的夫妻关系可能出现了问题，那么她就会转向儿子去索取陪伴、关爱与感情。于是，婆婆和她的儿媳妇争夺同一个男人的情感就在所难免。

　　那么，这个部分要如何解决呢？

作为婆婆，要经营好和自己老公的关系。作为儿子的母亲，需要与自己的儿子分离。作为儿子的原生家庭，需要与儿子的再生家庭保持界限。这是婆婆需要做的自我成长的功课。

作为丈夫，需要完成与自己父母的分化，需要将自己的再生家庭放在第一位，把自己的原生家庭放在第二位；需要把自己的太太和孩子放在第一位，把自己的父母放在第二位。当自己的原生家庭和再生家庭的需要发生冲突的时候，要优先考虑自己的再生家庭。当自己的父母与自己的配偶的需要发生冲突的时候，要优先考虑自己的配偶。

作为媳妇，需要完成自己与父母的分化，不把对自己父母的爱与对公公婆婆的爱捆绑在一起。需要尊重自己的老公与他妈妈的关系，不介入，不干涉。在自己与婆婆的关系上，也要用尊重的方式应对她，以减少来自婆婆的敌意，增加她对你的安全感。

原生家庭：婚姻里的情感包袱

夫妻关系通常是一种平等的伙伴关系，但也可能转变为一种不对等的亲子关系。夫妻关系的模式或类型受到多种因素的影响，其中最重要的影响因素是夫妻在步入婚姻之前的关系。这些关系可能会以各种方式转移到夫妻关系中来。

原生家庭的影响

影响夫妻关系最为重要的关系转移来自夫妻双方在各自的原生家庭里父母的夫妻关系以及与自己兄弟姐妹的关系。父母如何经营夫妻关系，会成为一个人在再生家庭中经营夫妻关系的模板。我们极有可能按照父亲当年如何做丈夫的方式来经营自己的婚姻，也极有可能按照母亲当年如何做妻子的方式来经营婚姻。此外，我们还可能按照异性父母的样子来寻找自己的恋人和配偶，并用他们对待异性父母的方式来对待自己的配偶。因此，一个人的配偶可能就是其异性父母的复制，而其夫妻关系也可能是父母夫妻关系的复制。

兄弟姐妹关系的影响

夫妻关系作为一种伙伴关系，也会受到早年与兄弟姐妹关系的影响。一个人与兄弟姐妹的关系以及排行（包括年龄排行和性别排行）都会影响其性格和行为，进而影响其未来的同伴关系和婚姻中的夫妻关系。

- 有异性的兄弟姐妹：有异性的兄弟姐妹比其他情况更有利于经营夫妻关系。因为有异性的兄弟姐妹的人在婚姻关系之前已经积累了与同辈异性相处的经验，这些经验有助于他们在婚姻中与配偶相处。

- 作为男孩有妹妹，作为女孩有哥哥：这种情况下最有利于夫妻相处。当女孩排行老大时，可能会在婚姻中扮演过度照顾者的角色，可能在夫妻角色中扮演母亲的角色；当男孩排行老大时，可能会在婚姻中扮演领导者的角色，可能在夫妻角色中扮演父亲的角色。

- 排行老么：在婚姻的夫妻角色中可能会扮演儿子或女儿的角色。

- 中间排行：在婚姻的夫妻关系中可能更多地扮演伙伴的角色。

- 只有同性兄弟姐妹：可能会在夫妻关系中出现过度竞争，因为他们在同胞兄弟姐妹中没有获得异性相处的经验，只有竞争的经验。

- 独生子女：不仅缺乏与异性同胞相处的经验，也缺乏与同性同胞相处的经验。他们可能会从父母提供的间接的同辈关系中学习与同辈或异性相处的经验。独生子女的特点之一是独享父母的爱和关注，这种独享意识和特权意识特别突出。因此，当他们进入婚姻后，这两种意识也会带入夫妻关系中，可能导致我行我素、特立独行、界限过强，或很少考虑对方的需求，彼此的关系可能是竞争的或漠不关心的。

异性父母关系的影响

影响再生家庭夫妻关系的另一个重要因素是个体与异性父母的关系。因为夫妻关系是一种与异性的关系，这种关系在原生家庭中除了与兄弟姐妹的关系外，还包括与异性父母的关系。因此，个体与异性父母的关系也会转移到再生家庭的夫妻关系中。

总结

综上所述，影响再生家庭夫妻关系的因素包括父母的夫妻关系、兄弟姐妹关系以及与异性父母的关系。这三类关系都可能会转移到我们的夫妻关系中。理解这些影响因素，有助于我们在婚姻中更好地经营和维护夫妻关系。

传统文化：婚姻的背景旋律

人类的婚姻制度随着文明的演进而逐步发展。在早期社会，男性主要负责狩猎，女性则负责持家，从而形成了以男性为主导的社会结构。在西方文化中，《圣经》描述了人类的起源，上帝首先创造了亚当，而夏娃则是由亚当的肋骨幻化而成。在他们偷食禁果之后，上帝对夏娃的惩罚是让她服从亚当，从而确立了男尊女卑的地位。在中国文化中，儒家文化以"三纲五常"来规范人际关系，其中"夫为妻纲"强调了丈夫在夫妻关系中的主导地位，并要求妻子对丈夫保持绝对忠诚。

在这种文化背景下，妻子被安排在从属地位，逐渐演变成生儿育女的工具，成为男性的一部分。她们可能会将自己的未来或一生完全依附于丈夫，从而过着依赖男性的日子。这种依附可能导致她们无法获得应有的尊严，无法保护自己和维护自己的权利，甚至可能沦为家庭暴力的牺牲品。由于缺乏地位和尊严，她们往往需要服从丈夫的意愿。因此，一些妻子在生下孩子后，独自承担起照顾孩子和家庭的责任，而丈夫则主要负责提供家庭的经济保障，其余事务则由妻子完成。

重男轻女的文化为男性提供了多种缓解压力的途径，如工作、娱乐、抽烟、喝酒、交朋友或找情人等。相比之下，女性缓解压力的空间较小。当女性遇到压力时，通常难以在社会上找到有效的缓解方法，从而将压力转向家庭。在家庭中，女性可能会向孩子索取感情、爱和支持，使孩子成为解决母亲问题的工具。这种做法可能导致孩子无法正常发展，出现发展障碍。

在这种情况下，家庭关系的三角化现象应运而生：母亲和孩子形成联盟，共同对抗父亲。这样的家庭结构可能导致父亲在家庭中游离，母亲则紧紧抓住和控制孩子，孩子则通过对抗和叛逆来试图保持自己的界限。

重男轻女的文化还会从原生家庭延续到再生家庭。在传统的婚姻习俗中，女方通常会嫁入男方的家庭，以男方的原生家庭为核心组建自己的家庭。因此，女方需要直接或间接地与男方原生家庭的成员建立关系，尤其是与男方的父母建立关系。

在男权文化，特别是儒家文化的社会中，父母在关系级别上高于子女，男性又高于女性。因此，男方的父母在夫妻关系中往往占据高高在上、享有特权、居高临下的地位，他们希望儿子和儿媳能够孝顺自己。受到重男轻女文化的影响，男方父母可能会要求儿媳既要服从公公婆婆，也要服从丈夫，这无疑会将女方置于成全男方或男方父母的位置上。

在这种文化背景下，再生家庭通常以男方的原生家庭为轴心，并以满足和服务男方的原生家庭为义务。当原生家庭有需求时，再生家庭需要无条件地给予满足。丈夫和妻子都从属于男方的父母，当父母有需求时，夫妻双方要无条件地满足。因此，在婆媳关系中，冲突更容易出现。

在儒家文化的社会中，女孩通常不如男孩重要。从出生那一刻起，女孩可能就会面临性别歧视和拒绝的风险，尤其是当父母未能生出男孩时。作为子女，女孩不如男孩重要；作为配偶，女孩又不如丈夫重要。在儒家文化中，父母高于子女，子女要无条件地孝顺父母。因此，女性只有在成为母亲后，其地位才可能得到改变。在成为母亲之前，女性可能被父母和丈夫压迫；成为母亲后，她们可能会通过过度控制孩子来获得自己的地位或价值，尤其是当她们拥有男孩时。

由于是男权主义和男孩至上文化的受害者，女性在拥有男孩时，可能会通过男孩来对抗男权主义。如果女性未能为家族生出男孩，她们可能仍然得不到应有的尊重，甚至会增加新的压迫或歧视。在重男轻女的文化中，一个家庭如果没有男孩，不仅说明丈夫无能，也可能意味着家族在前几代做了伤天害理的事情，没有积德，或者夫妻双方在前世没有做好事，这一代或这一辈子得到了报应，家庭或整个家族都可能有耻辱感。

在这种压力下，丈夫可能会对自己的妻子心生不满，从而在感情上疏远妻子，行为上表现为不承担家务，对妻子失去热情，减少沟通与交流，减少夫妻生活。因为孩子不是他所期待的男孩，他对女儿也缺乏热情，行为上表现为对女儿的状态不闻不问，减少陪伴与关心。他通常会将心思和注意力放在家庭之外的事务上，如工作、社交和娱乐。

而母亲则会承受来自丈夫及其他原生家庭成员，尤其是公公婆婆的压力。她可能会将这种压力转移到女儿身上，认为女儿是压力的根源，需要为这一切承担责任。因此，母亲可能会给女儿施加很大的压力，要求她为自己的父母赎罪，就像她当年在自己的家庭里为自己的父母赎罪一样（如果她的原生家庭也是重男轻女的话）。她会要求女儿懂事、听话，为父母分担所有事务，尤其是为母亲分担一切。她不仅要求女儿在生活上有良好的习惯，而且在学业上要优秀，所有的一切都要为母亲争光争气，成为母亲的骄傲，至少在能力上要能够堵住公公婆婆和丈夫的嘴。因此，她会将女儿培养成全能冠军，十八般武艺样样精通，人情世故样样老练，学业上的成绩优秀，女孩除了完美，没有其他的选择。

而女儿则会承受来自父母的所有压力。她不是男孩，这成为她的"原罪"，不论她如何努力都无法洗刷。她除了优秀和完美，没有其他选择。她要报答母亲，安抚父亲，需要尽最大努力让自己变得像男孩，甚至比男孩还要优秀。

要解决这些问题，可能需要放弃等级观念，祛除男尊女卑的思想，在家庭中践行平等、自由、尊重和民主的文化。这样，夫妻关系和亲子关系等家庭关系才有可能实现和谐与美满，我们才能真正实现快乐与幸福。

第 7 章

在离异单亲家庭中长大的孩子

单亲家庭的成因是多方面的，其中较为常见的情形包括父母一方早逝、父母离婚以及未婚妈妈等。这些不同的情境对孩子的成长影响各异。关于父母早逝对孩子产生的影响，已在第5章中进行了详细探讨。而未婚妈妈的情况相对较为少见。本章将重点聚焦于因离婚而形成的单亲家庭现象，深入剖析其相关特点与影响。

正常化单亲家庭

在原生家庭中，每个孩子实际上都处于两个家庭结构之中：一个是由父母和孩子构成的核心家庭，另一个是由夫妻关系和孩子构成的家庭。离婚仅从法律层面解除了夫妻关系，但父母与孩子之间的血缘纽带依然牢固。从孩子的利益出发，离婚后，父母与孩子组成的核心家庭保持得越完整，离婚对孩子的伤害就越小。

以下是单亲家庭减少对孩子伤害的几个重要注意事项。

- 保持父母与孩子家庭的完整性。对于一些离婚家庭而言，不仅夫妻关系结束，父母与孩子组成的核心家庭也遭到破坏。有些父母在离婚前矛盾激烈，离婚后，监护方可能会阻止孩子与非监护方见面，以此报复对方。这种做法切断了孩子与另一方的亲子联系，对孩子成长极为不利。因此，即使离婚，父母也应维持友好合作关系，保障非监护方的探视权，允许孩子与非监护父母自由见面，让孩子感受到家庭氛围依旧，继续享受父母的爱。

- 保持孩子生活环境的稳定性。父母离婚后，应尽量维持孩子的生活环境稳定，避免频繁更换居住地、学校或亲友网络，以减少对孩子心理和情感的负面影响。除离婚这一变化外，其他生活方面应尽可能保持不变。

- 父母应基于孩子最佳利益来做决定。尽管父母离婚时会考虑孩子的意愿，但最终决定应由父母根据孩子的最佳利益和多方面因素综合判断，而非让孩子来做决定。有些父母出于尊重或保护孩子的想法，将离婚与否的决定权交给孩子，这实际上会让孩子承受巨大的心理负担。婚姻是父母的事，不应让孩子介入或主导。父母应自行决定离婚与否，并承担相应责任。

- 明确离婚是父母的决定。应告诉孩子，父母离婚是基于彼此不合适，不想再继续共同生活，这一决定与孩子无关，不是因为孩子的好坏。离婚是父母的选择，不应让孩子背负责任。

- 避免在孩子面前诋毁对方。离婚前，夫妻可能彼此敌对，但在向孩子解释离婚原因时，应避免诋毁对方，避免细数对方的过错。因为孩子对双方父母都有忠诚感，父母的攻击会使孩子陷入两难境地。只需告诉孩子父母彼此不合适即可，避免孩子感到对任何一方的背叛。

- 强调亲子关系的持久性。要明确告诉孩子，父母离婚只是结束了夫妻关系，父母与孩子的亲子关系依然牢固，不会因离婚而改变。无论父母身处何方，境遇如何，对孩子的爱和关心始终不变。

- 保障孩子自由来往的权力。要让孩子知道，父母离婚后，他有自由在双方之间来往的权力。无论何时，孩子想去见非监护方父母，或非监护方父母想见孩子，都应有充分的自由。

- 维持友好合作关系。父母离婚后，应避免敌对和仇视，更不能断绝关系。因为他们仍需作为父母共同养育孩子，尽到养育的责任和义务。研究表明，父母离婚后若能维持友好、合作的关系，将更有效地保护孩子，确保孩子在安全、充满关爱的环境中成长。离婚后，将孩子从另一方身边带走，切断其与另一方父母的联系，甚至与孩子一同仇视对方，都是极为不妥的。

妥善应对缺失的父母角色问题

对于单亲家庭而言，单亲父母需要妥善处理自身与孩子的丧失感。这种处理越深入彻底，单亲父母就越能坦然面对单亲家庭的现实。

处理丧失的必要性

单亲父母首先需要处理的丧失是失去配偶。在离婚前的婚姻中，双方可能经历了诸多冲突或对抗，这些冲突可能演变为伤害、痛苦、仇恨、敌对、折磨或虐待。离婚时，这种对抗往往达到高潮，最终可能导致双方势同水火、难以共处。离婚后，双方常常陷入"老死不相往来"的状态。

在这种情况下，单亲父母内心的创伤会被愤怒、仇恨和敌对情绪进一步加剧。如果单亲父母不能正确处理离婚带来的丧失，那么孩子也无法与另一方父母建立良好的关系，孩子对原生家庭和另一方父母的丧失感也无法得到妥善处理，从而无法完成对丧失的哀悼。

单亲父母的责任

单亲家庭中的父母需要从以下三点面对如何处理丧失以及最小化其影响的任务。

- 坦诚地与孩子沟通：向孩子解释离婚的原因，强调离婚是父母之间的决定，与孩子无关。

- 确保孩子与另一方父母的联系：保障孩子与非监护方父母的探视权，让孩子能够自由地与另一方父母见面和交流。

- 慎重评估再婚对孩子的影响：在考虑再婚时，应充分评估再婚对孩子心理和情感的影响，确保再婚不会给孩子带来额外的创伤。

如何完成对离婚的哀悼

作为离婚的当事人，单亲父母需要完成以下两个重要的和解过程。

- 与离婚和解：认识到离婚与结婚一样，是个人的权力，既合乎道德，也合乎法律。离婚是一种正常的婚姻状态，与结婚一样，离婚同样是一种自由选择。有结婚就会有离婚，结婚正常，离婚亦正常。
- 与前配偶和解：这一部分将在后续详细阐述。

通过以上步骤，单亲父母可以更好地处理自身和孩子的丧失感，从而为孩子创造一个更加健康和稳定的成长环境。

让单亲家庭回归正常轨道

部分单亲家庭因自身单亲身份或孩子生活在单亲家庭中而产生耻辱感，将单亲家庭视为"破碎家庭"或"问题家庭"，担心受到邻居、朋友、家人、同事、孩子的同学或老师的轻视。这种心态使单亲父母难以积极建立外部关系网络，充分利用社区、家庭、朋友和学校的资源获取帮助。他们可能独自承担所有困难，选择深居简出，减少与亲朋好友的接触，以避免被歧视或议论。这不仅使他们错失被帮助的机会，还容易让自己陷入更深的困境。

若单亲父母对单亲家庭抱有羞耻感，或视其为"问题家庭"，他们可能会将离婚和单亲生活视为人生的挫败，进而陷入自责与内疚，感觉自己亏欠了孩子。在这种心态下，单亲父母可能会过度补偿孩子，如过度溺爱、忽视建立必要的规则和权威，导致孩子无法从单亲父母的补偿中获得真正的安全感。

因此，对单亲父母而言，正常化单亲家庭显得尤为重要。在当代社会，家庭价值和观念日益多样化，家庭形态也呈现出多元化特征。双亲家庭、单亲家庭、重组家庭等都是家庭的正常形态，不存在一种家庭形态优于另一种的情况。从家庭的存在形态来看，所有家庭都是平等的。

如何与前任和解

与前任达成和解，是对孩子成长的最大呵护。当孩子的父母能够和解并建立合作友好的关系时，不仅有助于孩子形成积极的情绪表达、交往能力、良好的生活习惯和自控力，还能增强孩子的安全感，促进其性格的健康发展。此外，这种和睦的家庭环境对孩子的婚恋认知和为人处世能力也有着深远的正面影响。

那么，如何才能做到彼此和解呢？从事实的层面入手，可能是一个较为容易的开始。不论在离婚前两个人的冲突或伤害有多深，都可以在事实的层面建立联结。

如果是妻子，可以通过一些自我对话来完成这个联结的过程："我们曾经是夫妻。""我曾经是你的妻子，你曾经是我的丈夫。""你陪伴我走过了过去那段婚姻的时光，我也陪伴你走过了那段时光。""我们共同有一个（几个）孩子。"如果能心存感激地进行这些有助于联结的自我对话，效果会更好。当然，有相当一部分单亲父母可能做不到去感谢，那就先从事实层面来做这些。

在面对社会偏见和经济压力的挑战时，单亲母亲若能与前配偶保持良好的关系，不仅有助于她未来可能的伴侣生活，还能促进她与孩子建立更和谐的关系。因为孩子是她和前配偶共同创造出来的，孩子身上既有单亲妈妈的一半，也有前配偶的一半。在单亲家庭中，如果母亲对前配偶怀有强烈的仇恨，这种情绪可能会不自觉地影响到孩子，导致她在与孩子的互动中表现出愤怒或虐待行为。她可能对孩子表现得苛刻、抵触、拒绝、否定或愤怒，这些态度原本是对孩子父亲的，现在却可能转移到孩子身上，从而使母亲和孩子的关系变得紧张和对抗。

另一方面，孩子的一半基因来自父亲，一半来自母亲。当攻击对方时，也就等于在攻击孩子的另一半。当父母彼此相互攻击时，孩子会感觉到整个人都在受到攻击，从而破坏了孩子对父母的忠诚。因为在潜意识里，孩子对父母的忠诚度是相同的。如果单亲母亲在孩子面前表现出对孩子父亲的蔑视、敌对和攻击，无形中就破坏了孩子心中对父亲的忠诚。为了保护对父亲的忠诚，孩子可能会与诋毁父亲的母亲进行对抗和反击。

从这个角度上看，单亲母亲与孩子的父亲和解，有助于维护家庭的完整性，对孩子的健康发展和成长是有利的。

与社会网络保持联系

与双亲家庭相比，单亲家庭内部资源相对匮乏，因此需要通过拓展外部关系网络来弥补资源不足。单亲母亲通常能够构建多元化的资源网络，包括原生家庭成员（如父母、兄弟姐妹）、朋友、孩子同学的家长以及老师等。对单亲家庭而言，与另一方父母及其原生家庭的关系至关重要。若这种关系良好，单亲家庭对其他社会网络的依赖会相应减少；反之，若关系紧张甚至断裂，单亲家庭则需更多地借助其他社会网络来填补这一空白。

然而，部分单亲母亲因羞耻感而不愿主动拓展关系网络，担心暴露自身的无力或脆弱，尤其是当与原生家庭关系不佳时，更容易选择回避。另一方面，当单亲母亲与原生家庭分化不良时，可能会回归原生家庭寻求情感和经济支持，但如此一来，她可能会失去更多的自由和对孩子的权威。单亲母亲对原生家庭的依赖程度越高，孩子父亲接近孩子的难度就越大。

从家庭动力学角度来看，有时单亲现象可能是由于单亲母亲为了满足父母的需求而返回原生家庭。一个已成年并步入婚姻的人，若感受到父母再次需要其陪伴，可能会选择结束婚姻，独自或携子返回父母身边以满足其需求。在这种情况下，她往往会拒绝与前配偶保持联系。

对于单亲母亲而言，发展一个异性伴侣加入单亲家庭可能是一个较为理想的选择。这不仅能满足单亲母亲的情感需求，还能让伴侣分担生活和教育孩子的责任，有时还能带来经济上的改善。更重要的是，这能为孩子提供与成年男性接触的机会，以补偿或替代父亲角色的缺失。然而，这个与孩子没有血缘关系的伴侣也可能带来一些不利影响。例如，伴侣可能会与孩子争夺单亲母亲的情感；如果孩子是女孩，还可能面临被性利用的风险。这些潜在问题可能是单亲母亲不愿轻易选择新伴侣的原因。新伴侣虽能为单亲母亲带来益处，但同时也可能给孩子带来风险。如何平衡这两者之间的关系，是单亲母亲需要认真思考和解决的问题。

单亲母亲不能因对孩子内疚而纵容孩子

在家庭中，父母的权威至关重要，孩子通常在父母的权威之下才能实现良好的发展和成长。在婚姻关系未破裂时，父母在孩子心中的权威往往由双方共同维系，尽管在多数情况下，父亲扮演了更为主导的角色。然而，离异之后，通常只能由一方承担起这一责任，多数情况下是单亲母亲。

如果在原家庭中父亲是权威核心，单亲母亲则需要勇敢地接过这一重任。这对于那些既依赖原生家庭父母，又在婚姻中依赖丈夫的单亲母亲而言，无疑是巨大的挑战。成为单亲母亲后，她不仅要学会独立管理自己，还要承担起管教孩子的责任，这绝非易事。

在树立权威时，单亲母亲常因离婚而心怀愧疚，试图通过过度溺爱孩子来弥补，但这反而可能引发新的问题。此外，若单亲母亲在管教孩子方面缺乏经验，可能会制定出前后矛盾的规则，使孩子无所适从；或者规则不清晰，让孩子感到迷茫，无法把握尺度。

单亲母亲通常面临着家务、工作和经济的多重压力，同时还要处理因离婚而产生的诸多丧失所导致的悲伤或抑郁情绪，这些因素都可能使她无暇或无力顾及孩子。如果单亲母亲有多个孩子，年长的孩子可能会承担起照顾弟弟妹妹和部分家务劳动的责任。在帮助单亲母亲分担压力的过程中，年长的孩子可能会逐渐对母亲的权威构成挑战。因为当单亲母亲将照顾年幼孩子的重任交给年长孩子时，她也交出了部分权力和威信。当年长孩子拥有过多权威时，就可能挑战或对抗母亲。因此，在这种情况下，母亲不应完全放手让年长孩子全权管理年幼弟妹，而应保持对他们的监管，并与其他孩子保持直接联系。在家务方面也是如此，母亲应介入监管，而不是完全从孩子的事务中撤出。

单亲母亲权威的建立取决于诸多因素。首先，母亲需以身作则，妥善处理自己的事务，如与配偶的关系、情绪、工作及社会关系等，照顾好自己的生活，为单亲家庭营造安全、稳定且可预测的未来。对于孩子的管教而言，清晰明确的规则和界限至关重要，这不仅有助于单亲母亲树立权威，也对孩子的内心安全感和健康发展有着重要意义。

单亲母亲的首要任务是明确自己与孩子的责任界限。个人情感、婚姻状况、原生家庭关系、社交网络、健康状况、友谊、娱乐活动、心情调节及家庭经济等均属个人事务，应由母亲独立承担，避免让孩子背负。而孩子则应负责其房间卫生、日常洗漱、衣物清洗、学习安排及兴趣爱好的培养等，单亲母亲应鼓励孩子自主处理，避免过度干预。

制定明确的规则与限制，并坚定不移地执行。例如，允许孩子与异性建立友谊，参与正常的社交活动，如参加同学的生日聚会等，但前提是必须告知聚会详情，包括同学姓名、参与人员、地点及返回时间；同时，明确禁止某些行为，如吸烟、饮酒、逃课、吸毒及在外过夜等。

然而，对于一个经常处于家务、工作、经济和情感多重压力之下的单亲母亲来说，处理好这些事务已相当困难，若单亲母亲因离婚而对孩子怀有深深的内疚感，情况则更为复杂。

活出自我，给孩子树立一个好的榜样

单亲母亲的生活并非只有不利因素。例如，她们可以摆脱原婚姻中的配偶冲突与观念差异，不再因孩子教育理念的不同而陷入矛盾；在工作、消费、交友、社交活动、兴趣爱好以及与家人的相处中，都能享有充分的自由；可以沉浸于个人的宁静世界与空间，无拘无束地规划自己的未来人生。

若想让单亲生活过得舒畅、美好和如意，单亲母亲需做好以下几方面的工作。

第一，从原生家庭中彻底独立出来，避免过度依赖其生活方式。单亲母亲虽可适度借助原生家庭的力量，但绝不能形成依赖。不依赖原生家庭的关键在于拥有稳定的工作、经济收入以及社交圈，同时掌握教育孩子的主导权，包括教育方式、管理方法及制定规矩等，都应由自己来决定。单亲母亲在原生家庭里越独立，就越有力量经营好自己的单亲家庭。

第二，从离婚的阴影中走出来，不被过去束缚和羁绊。要充分哀悼由离婚带来的丧失，正常化自己的离婚，也正常化自己现在的单亲家庭。离婚既符合道德，也符合法律，是单亲母亲正当的权益。单亲家庭和双亲家庭一样正常。在这个过程中，单亲母亲要处理好自己的自责和内疚。她们往往将离婚看作人生的挫败，过度自责，认为未能维持完整家庭是对孩子的亏欠。然而，离婚是一种勇敢的放弃，是为了追求更美好的生活，是对自身、孩子以及配偶更加负责任的行为。由此可见，只要能够妥善处理好离婚和单亲生活的一些事务，离婚对单亲母亲的人生而言就是一个新的机会，为她们的人生带来了更多更好的可能性。

第三，找到自我。在原生家庭里，单亲母亲习惯为父母或家人而活；在婚姻家庭中，又要为丈夫而活；有了孩子之后，又要为孩子而活。或许，单亲母亲从未真正考虑过为自己而活。婚姻的终结，恰为单亲母亲开启了自我生活的契机。她们以往总是倾尽心力照顾他人，却往往忽视了自己的需求。从离婚开始，她们就可以照顾自己的需求，给自己一个空间，经常做一些关爱自己、呵护自己的事情。

第四，考虑再婚。一些单亲母亲出于对前一段婚姻的恐惧和对前配偶的敌视与厌恶，对自己再去寻求新的伴侣或组建新的家庭不再有信心。也可能是出于对孩子的担忧，担心未来的伴侣对孩子不友善，甚至存在虐待的可能，从而深感愧疚，内心负罪感加剧。出于上述一个或多个考虑，单亲母亲会在寻找新伴侣或重组家庭上顾虑重重、止步不前。如果单亲母亲对寻找新伴侣或重组家庭不抱希望，就有可能将自己的人生寄托在孩子身上，将人生能量全部转移到支持孩子的成功上，过度关注孩子的学业或职业成就，从而使孩子背负起母亲的人生责任和期待。孩子会将自己的人生与母亲的人生绑在一起，视自己人生的成败为母亲人生的成败，背负起本应由母亲承担的人生使命。如此一来，孩子极有可能不堪重负，从而放弃自己的人生。另一方面，当单亲母亲决定不再向外寻求伴侣或重组家庭时，其性需求和对异性的情感需求就无法通过这个渠道来满足。若离婚后单亲母亲能继续与异性建立关系，满足性需求和情感需求，便不会依赖孩子寻求情感慰藉，孩子也因此能无负担地发展自己的人生。当然，这并不是说离婚之后单亲父母就一定要去寻求新的伴侣、重新组建家庭，而是要让单亲父母认识到，性需求是本能，对生理而言不可或缺，若不在家庭外寻求满足或独立解决，可能会转而向孩子寻求。

第五，经营好属于自己的事务。单亲母亲需把属于自己的事务管理好，不让孩子介入或承担。在所有事务中，有两件最为重要：一是好好吃饭，二是好好睡觉。这两条是做好自己的关键，因为它们是人的基本需求。如果一个人连基本需求都无法满足，更高级的需求便无从谈起。一个人将自己的生理需求服务好，是让自己过好的前提和保障。此外，单亲母亲还要拥有自己的社交圈和朋友圈，与外界保持来往。让自己过得充实而美好，意味着要坚守自己的兴趣和爱好，如侍弄花草、陪伴宠物、研习书法、坚持健身、翩翩起舞；也要懂得享受个人的娱乐时光，无论是畅游四方、沉浸电影世界，还是聆听音乐会的悠扬旋律；更要珍惜身边的朋友，时常与同学挚友相聚，积极参与社会团体活动，让生活充满欢声笑语。

单亲母亲越能活出自己，越不让孩子背负属于父母的部分，孩子就越能活出自己。当单亲母亲能够活出自我时，无疑也给孩子树立了一个好的榜样，孩子也会因此而活出自我。

第 8 章

再婚家庭的相处之道

恋爱是两个人的事，而结婚则是两个家庭或家族的事。第一次婚姻是两个家庭的结合，而再婚则涉及三至四个，甚至更多家庭的交织，使得再婚家庭的动力结构更为复杂。

第一次婚姻的核心家庭关系主要涉及夫妻关系、父母关系、亲子关系和同胞关系。然而，再婚家庭的关系则更为复杂。以再婚家庭中的丈夫为例，其复杂关系可能包括与前配偶、现配偶、继父母、继子女、前配偶的家人、现配偶的家人以及自己的孩子之间的互动。这些关系的每一个方面都可能对再婚家庭的和谐产生影响。

具体而言，再婚家庭中，夫妻双方各自带来的子女与对方及其家庭成员之间的关系需要重新建立和磨合。继父母与继子女之间的关系可能因缺乏血缘纽带而面临挑战，需要双方共同努力去培养感情。同时，前配偶及其家庭成员可能在孩子的抚养、探视等问题上与再婚家庭产生矛盾，这些都需要妥善处理。此外，再婚夫妻自身的婚姻关系也需要在新的家庭环境中重新调整和适应，以确保双方的情感需求得到满足。

因此，对于再婚家庭的建设而言，经营好各种关系显得尤为重要。这不仅需要夫妻双方具备良好的沟通能力和协调能力，还需要双方在情感上相互理解和支持，共同营造一个和谐、稳定的家庭环境。只有这样，再婚家庭才能在复杂的家庭关系中找到平衡，实现家庭成员之间的和谐相处。

复杂的再婚家庭系统

再婚的家庭系统比初婚的家庭系统要复杂得多，其组成部分可能包含以下系统。

- 再婚核心家庭系统：由丈夫、妻子、继子女、子女组成。

- 双方原生家庭系统：包括丈夫和妻子各自的原生家庭。

- 前婚姻系统：由丈夫、丈夫的前配偶及其孩子，以及妻子、妻子的前配偶及其孩子组成。

- 前配偶的原生家庭系统：涉及丈夫前配偶和妻子前配偶的原生家庭。

- 夫妻系统：由丈夫和妻子组成。

- 亲子系统：由丈夫和他的孩子、妻子和她的孩子组成。

- 继亲子系统：由丈夫和妻子前婚姻里的孩子，以及妻子和丈夫前婚姻里的孩子组成。

- 继同胞系统：由丈夫前婚姻里的孩子和妻子前婚姻里的孩子组成。

这些复杂的家庭关系是再婚家庭成员必须面对并妥善处理的问题。再婚家庭成员的情况各异，有的是初婚，有的是再婚或多次婚姻；孩子可能来自之前的婚姻，也可能诞生于当前的婚姻。婚姻解体后，一方再婚，另一方可能选择单身或同样再婚。不同情形下的关系存在差异，若一方是首次婚姻，家庭协调的难度相对较低。最复杂的情形是夫妻双方都是再婚或多次婚姻，且各自有前婚姻中带来的孩子。

如何处理与前任的关系

再婚家庭首先要处理的是配偶双方与前婚姻中的配偶和孩子的关系。前婚姻中，双方可能没有孩子，也可能有一个或多个孩子。若前婚姻中没有孩子，再婚的困难会小很多，因为双方关系仅限于夫妻层面，婚姻结束后这种关系便全面中止。然而，当双方在前婚姻中都有孩子时，他们的关系不仅包括夫妻关系，还有作为孩子父母的关系。离婚只是结束了夫妻关系，而父母与孩子的关系仍然存在。研究表明，父母离异对孩子心理影响显著，尤其是 7~14 岁的孩子更容易出现情绪和行为问题。如果离婚后的父母能够继续履行父母责任，保持良好的沟通和情感交流，离婚对孩子的影响可能会减小。

一些离婚父母在离婚后无法很好地履行父母责任，甚至拒绝履行，这会伤害孩子。对于孩子而言，他们有两个家庭：一个是由父母的夫妻角色和孩子组成的家庭，另一个是由父母角色和孩子组成的家庭。离婚结束的是由夫妻和孩子组成的家庭，而父母与孩子组成的家庭应继续保留，至少在孩子成年之前是这样的。

当前婚姻中只有一个孩子时，孩子可能由一方监护，再婚的可能是监护方，也可能是非监护方。当监护方没有再婚，而非监护方再婚时，监护方应允许孩子与再婚父母保持联系，并给予再婚父母探视孩子的自由；再婚父母也应主动关心孩子，与孩子保持联系。通常，孩子会将再婚父母视为对非再婚父母的背叛，可能会抵触或拒绝再婚父母，以保护对非再婚父母的忠诚。监护方应避免在孩子面前对非监护方的再婚伴侣进行负面评价，而应积极鼓励孩子与非监护方及其伴侣建立联系。同时，非监护方的再婚伴侣应理解并接纳孩子因对监护方的忠诚而可能表现出的拒绝、抵触、敌对或仇视等情感。再婚父母越能接受孩子对非再婚父母的情感，与孩子建立关系就越容易。

当监护方再婚，而非监护方没有再婚时，监护方应给予非监护方探视孩子的自由，非监护方应尊重监护方在养育孩子方面的决定，并与监护方在教育孩子的过程中保持合作与沟通。双方都应保护孩子与双方原生家庭中的关系网络，不破坏孩子对双方原生家庭成员的忠诚，给予孩子与双方原生家庭成员来往的自由。孩子与其原生家庭成员的关系保持得越好，对孩子的发展和成长就越有利。

再婚夫妻的相处之道

再婚家庭中的配偶可能有不同的情形：

- 一方是初婚，另一方是再婚，再婚方可能有孩子，也可能没有孩子；

- 双方都是再婚，都没有孩子；或者一方有孩子，另一方没有孩子；

- 双方都是再婚，都有自己的孩子。他们可能还会要孩子，也可能不再要孩子。

一方是初婚，另一方是再婚

当再婚家庭中一方是初婚、另一方是再婚且有孩子时，可能出现初婚方与孩子争夺再婚方情感的情况，甚至迫使或威胁再婚方在孩子和自己之间做出选择。从系统角度看，再婚家庭中，再婚方带来的孩子往往享有优先权，再婚配偶应尊重配偶给予这些孩子的优先地位，这种尊重做得越好，家庭关系就越和谐。初婚方与再婚方前婚子女争夺再婚方的关注或情感时，会加剧夫妻矛盾，激化继父母与继子女间的冲突。再婚方因离婚常对亲生孩子怀有愧疚，倾向于保护孩子，站在其一方。如此，初婚方会感到自己在再婚配偶心中的地位不保，加剧与继子女的情感争夺；再婚方则可能认为初婚配偶无理取闹，不该与孩子计较，甚至觉得对方不理解、不爱自己，导致夫妻关系紧张，严重时可能引发离婚。此时，初婚配偶需要尊重和理解再婚配偶对其孩子的关爱和照顾，给予再婚配偶爱他孩子的空间，并协助、支持和保护其对孩子的爱。再婚配偶对初婚配偶则要给予更多的陪伴、关心和爱，并让初婚配偶感到自己在他心中有非常重要的位置，那么初婚配偶就有可能和他一起去爱他的孩子。

初婚配偶可能出现的第二个竞争是再婚配偶对其前配偶的情感。初婚配偶往往会不自觉地与再婚配偶的前配偶比较自己在再婚配偶心中的位置，若发现再婚配偶与前配偶仍有联系或提供帮助，便可能产生危机感，进而不自觉地与前配偶进行情感竞争，要求配偶与其前配偶断绝来往。从关系序位上看，再婚配偶的前配偶先于现配偶进入其婚姻系统，因此，现配偶应尊重再婚配偶与其前配偶的正常交往关系，选择尊重这种关系更为明智。从关系和谐的角度看，再婚配偶与前配偶关系处理得当，将更有利于其发展和维持后面的婚姻与情感，进而促进与现配偶的关系。因此，初婚配偶若支持并鼓励再婚配偶与前配偶建立健康友好的关系，将更有利于再婚配偶经营再婚家庭中的夫妻关系。

初婚配偶可能出现的第三个竞争是和继子女的另一个父母争夺在继子女心中的位置。继父母通常都希望能够和继子女经营好关系，因为这有助于经营和再婚配偶的关系。因此，继父母往往希望自己在继子女心目中是被接受的、受欢迎的。他努力扮演一个称职且令人满意的角色，期盼得到继子女的接纳与喜爱，以及配偶的认可与赞赏。他试图超越亲生父母的角色，力求在继子女心中留下更深刻的正面印象。当继父母有这种努力或希望时，他也可能会要求继子女给予自己像亲生父母一样的情感，或希望继子女能够用"妈妈"或"爸爸"来称呼自己。若继父母未能从继子女处获得预期的情感回应，或继子女不予理睬，甚至对另一非监护父母表现出更深的情感依赖时，继父母可能会对继子女产生敌意，导致关系的紧张。作为继父母，经营与继子女的关系是比较困难的，尤其是继母和继子女的关系。对继子女而言，继父母占据了另一个亲生父母的位置，他们对继父母的情感通常是排斥、敌意和仇恨或者愤怒的，他们很难对继父母产生好感。对他们而言，继父母就是一个入侵者，有可能还是自己原生家庭的破坏者。他们无法接受自己的一个亲生父母身边不是另一个亲生父母。出于忠诚，他们对继父母的情感是天然地排斥或拒绝的。因此，作为继父母，对继子女给予自己的情感不要抱太高的期待。若继父母能包容继子女的复杂情感，如恨、敌意、排斥乃至对抗，继子女或能逐渐接纳其角色，双方关系亦有望日渐和谐。

双方都是多次婚姻

如果双方都是再婚，那么双方都要面临如何处理与自己前配偶的关系，也要面临如何面对对方与前配偶的关系。如果有孩子的话，那么，他们还要面临如何处理自己孩子与对方孩子的关系。前面我们已经说过，当一个人再婚时，与前配偶的关系处理得越好，越有利于其再婚家庭。同时也要尊重再婚配偶和他前配偶的关系，并鼓励他与前配偶处理好关系，这对于再婚家庭尤其重要。因为在一个再婚家庭里，如果再婚的配偶能够与他的前配偶处理好关系，能够以友好方式相处的话，再婚配偶就不会面临现在配偶与前配偶的忠诚冲突。再婚家庭里，如果双方同时都有自己的孩子，那么一方也不要苛求另一方对自己的孩子的爱要和爱他的孩子一样或超过对他的孩子的爱。每个人负责管自己的孩子，这样的话，孩子也不会面临忠诚冲突。

如何扮演好继父母的角色

再婚家庭中，配偶一方或双方有孩子时，就会存在继父母和继子女的角色。继父母的角色，尤其是继母的角色，名声向来不太好。因此，成为继父母者常因避免污名化而过度表现，但这种努力往往适得其反。继父母与继子女关系的处理，是再婚家庭和谐与否的关键。对于继父母和继子女来说，他们双方都会面临忠诚问题。继父母所面临的是在自己的孩子与继子女之间的忠诚，而继子女所面临的是在自己亲生父母与继父母之间的忠诚。当他们双方无法解决这个忠诚冲突时，彼此的关系就可能会变得紧张、冲突、对抗、敌对或仇视。

继父母的首要任务是处理好与前配偶的关系，否则难以将情感转移至现配偶，更难以全心对待继子女。这可能是因为对前配偶的怨恨会转移到现配偶及其子女身上，导致对继子女产生敌意或排斥。因此，不论从经营与再婚配偶的夫妻关系，还是从扮演好继父母这个角色来看，处理好与自己前配偶的关系都是非常重要的。

那么，再婚家庭中的继父母应如何与继子女和谐相处呢？

1. **处理好与原生家庭的关系**。继父母要从原生家庭里分化出来。如果不能做好这个分化，不仅无法处理好与继子女的关系，也无法处理好与现配偶的关系。因为如果一个人不能从自己的原生家庭里分化出来，那么他在原生家庭里作为孩子的部分就不会随着他成人之后而离开，他可能会过度依赖父母或他人，导致在婚姻中难以与配偶平等相处，不是扮演过度依赖的子女角色，就是采取过度保护的父母姿态，唯独无法成为配偶的真正伙伴。一旦有了孩子，他们可能会与孩子争夺配偶的关注与爱。当他们再婚时，如果他们也有自己的孩子，那么他就会面临诸多的竞争：他可能会陷入多重竞争：与前配偶争孩子的感情，与现配偶争继子女的爱，与继子女争现配偶的爱，甚至与继子女的亲生父母争继子女的认同。因此，再婚的继父母从其原生家庭分化出来就显得非常重要。

2. **处理好与现配偶的关系**。继父母与现配偶的关系越好，就越有可能对现配偶的孩子好；相反，如果他与现配偶的关系不好，就可能把这种不良的关系转移到现配偶的孩子那里，对继子女也不会好；或者，他认为，如果与自己的配偶关系不好，可能就是因为继子女夺走了自己配偶的关注和爱，他可能把原因归结到继子女身上，然后进行报复。

3. **处理好与现配偶的前配偶关系**。配偶的前配偶作为继子女的另一位亲生父母，往往被视为继父母的潜在竞争对手，他们可能会争夺配偶的情感关注，甚至试图影响继子女对自己的态度。因此，继父母对现配偶的前配偶越友好，他对现配偶就越有安全感，那么他对继子女就越有可能投入关心和爱。

4. **妥善应对继子女对亲生父母的忠诚问题**。在继子女看来，继父母的加入可能如同原生家庭中的不速之客。特别是在原生家庭解体后，若其中一方父母再婚，继父母往往被视为另一方父母的替代者，这可能导致继子女将继父母视为家庭的破坏者或侵入者。出于忠诚，他可能会鼓动再婚的父母不要对继父母好，可能会从中做一些破坏父母与继父母关系的事情，也有可能会做一些伤害继父母或对继父母不利的事情。对于继父母而言，要理解继子女对他亲生父母的忠诚。继子女对继父母的敌对、敌视、恶意、对抗或排斥，不是因为继父母不好，甚至也不是针对具体的某个继父母，而是孩子出于对自己父母的忠诚，或是出于对再婚父母的不满或憎恨，然后转移或迁怒到继父母这里。所以，对继父母而言，要能够做到接受继子女给予自己的所有情绪或情感，也包括拒绝、否定、憎恨和仇视等。这样，继子女就可能会慢慢接受继父母。继父母在继子女那里至少要避免做三件事情：一是不切断继子女与其亲生父母尤其是另一个父母的情感联结；二是不企图充当继子女的亲生父母；三是不与继子女竞争在配偶那里的感情，不要求配偶始终把自己的需求放在第一位。继父母和继子女的关系磨合通常需要两年甚至更长的时间。因此，继父母需要有足够的耐心来逐步建立和加深与继子女之间的感情。

5. **处理好继子女对自己的称谓问题**。继父母往往出于多种考虑，期望继子女称呼自己为"妈妈"或"爸爸"，似乎这样的称呼能拉近彼此的距离，加深情感纽带。可是，结果可能常常与继父母所期待的相反，继父母越是要继子女喊自己"妈妈"或"爸爸"，继子女就越是要与继父母保持距离或对继父母抗拒、排斥与敌视。因为如果在继子女的眼里，继父母是入侵者的话，那么喊继父母"爸爸"或"妈妈"就是对另一个父母的背叛与抛弃，这对于继子女来说是不能接受或容忍的。而如果继父母坚持要继子女这么称呼自己，就可能会激起继子女对继父母的反抗或敌意，结果就可能会导致继子女对继父母的恨，继父母与继子女的关系紧张就在所难免。因此，再婚家庭里的称谓不是一件小事，它关系到继子女对继父母的忠诚，关系到继父母能否与继子女建立和谐融洽的关系。从保护继子女对他的另一个父母的忠诚的角度看，让继子女称谓继父母"叔叔"或"阿姨"比较好，这样，既保护了继子女对自己父母的忠诚，也为继父母与继子女划定了一个情感界限，彼此不再被建立过度亲密或类似亲生父母或亲生子女的关系所绑架，这对于继父母和继子女建立和发展彼此的关系都有非常大的帮助。

6. **不要苛责继子女的情感**。在重组家庭中，继父母可能会面临角色认同和情感接纳的挑战，他们有时会努力通过模仿亲生父母的行为来赢得继子女的信任和爱戴，甚至试图超越亲生父母对继子女的关爱。这样的话，继父母就可能会向继子女要求同样的情感，可能会要求继子女像对待他们的亲生父母那样对待自己。若继子女未能给予同等情感，继父母可能会撤回关爱，甚至产生敌意。同时，继父母也不应强求自己对待继子女如同亲生子女，甚至超越亲生子女。我们要尊重血缘所带来的自然情感，不去强求自己对继子女的情感，也不强求继子女对自己的情感。自然法则下，我们往往更偏爱自己的孩子，对继子女的爱则可能稍逊一筹，这是人之常情。当我们能够尊重自己对待自己的孩子和继子女的情感之后，我们就能够更加自然地爱自己的孩子，也能够更加关爱再婚配偶的孩子。当我们做到这一点时，便不会强求配偶对孩子的爱有所偏颇，而是相互尊重对方对孩子的深情。另一方面就是对孩子的管教，若配偶双方均有子女，建议采取各自负责管教自己孩子的方式。也就是说，我们不去和配偶争夺其孩子的管教权，也不把自己孩子的管教权让出去，而是各自负责管教自己的孩子。同时，应尊重继子女亲生父母参与管教的权力。这样的话，就不会破坏配偶与其前配偶的忠诚，也不会破坏孩子与自己父母的忠诚，那么家庭里的关系就更容易协调。

如何与对方的孩子相处

再婚家庭中的继子女失去了自己的原生家庭，通常又可能被迫进入一个新的重组家庭，而这个家庭里可能有父母的新配偶，而这个新配偶也可能会带来他们的孩子。从原生家庭带到重组家庭里的孩子会面临一系列的丧失，这些丧失可能包括：

- 离开原生家庭的丧失；
- 离开一个亲生父母的丧失；
- 离开自己原本熟悉的其他兄弟姐妹、好朋友、同学、老师、学校和社区，甚至远离自己曾经生活的城市，这都意味着一种丧失。

因此，对于重组家庭里带过来的孩子，第一个要处理的就是对过去的丧失。如果他们能够对这些丧失进行充分的处理或哀悼，那么他们将更容易融入新的重组家庭，也更容易适应这个新家庭的环境。

从原生家庭进入再婚家庭里的孩子要解决的问题是如何面对继父母和继兄弟姐妹。父母的原生家庭解体，意味着要和其中的一个双亲或是其他的兄弟姐妹分离，为了保持对分离的父母或兄弟姐妹的忠诚，他可能会在重组家庭中与继父母或继兄弟姐妹保持一定的距离，避免与他们过于亲近和友好，因为在他看来，这样做可能会被视为对分离的父母或兄弟姐妹的背叛。因此，他出于对原生家庭另一个父母或其他兄弟姐妹的忠诚，就不能与继父母或继兄弟姐妹的关系太好。有时被再婚父母带过来的孩子都还处在年幼阶段，他们自己往往无力处理这个忠诚冲突。那么，再婚的父母和继父母可能就需要帮助孩子。处理的方法就如我们前面所述，继父母要接受继子女给予自己的所有情感，并尊重继子女对他的另一个父母的情感，也尊重继子女对他的继兄弟姐妹的情感。继父母对继子女的情感接受度越好，他们与继子女的关系就会越好。

再婚家庭最为常见的问题就是继父母与继子女的竞争，或是继父母与继子女的另一个父母的竞争。这种竞争出现时，继父母可能表现出对继子女的不满、排斥乃至敌意和虐待；而继子女则可能对继父母产生仇视、敌对情绪。因此，对于再婚家庭来说，处理好再婚中继子女的忠诚冲突是处理再婚家庭关系的关键。鉴于继子女多为未成年人，改善家庭关系的关键在于父母或继父母。

继子女也要尊重继父母成为自己再婚父母的配偶，要尊重再婚父母的选择，尊重再婚父母和继父母的感情和关系。孩子应避免介入父母及继父母间的纷争，这是他们的私事，应由他们自己解决。对孩子来说，越是和他们的父母的夫妻关系保持界限，就越不会背负属于父母的部分，他就越有能力来展开自己的人生。

再婚关系的平衡与处理

再婚伴侣双方所处的家庭生命周期可能有所不同：一方可能是第一次婚姻，也可能是再次或多次婚姻；一方可能没有孩子，也可能有一个或多个孩子。通常，再婚伴侣家庭生命周期差异越大，适应所需时间和磨合难度也越大。若再婚家庭成员能顺应各自周期的不同，相互尊重并区别对待，再婚家庭的关系将更易磨合与经营。若再婚双方配偶处于同一生命周期，家庭关系的难题则多源于双方均有孩子，及如何行使对孩子的养育和管理权。通常，孩子年龄越小，相处越易；年龄越大，相处越难，尤其是青春期孩子，相处尤为困难。在再婚配偶双方都有孩子的家庭里，既需要有效的父母教养，也需要有效的继父母教养，这种双重教养经营得越好，对孩子的成长就越有利。然而，双方均有继子女的再婚家庭常出现情感竞争，这种竞争不仅存在于继子女间、继父母间，还存在于继父母与继子女间、亲生父母间，甚至亲生父母与继父母间。

有青少年的再婚家庭在关系的经营上会遇到特别的困难。青少年会因很多特殊现象的发生而给自己带来不小的困扰和压力，有的困扰和压力是由生理上的变化所带来的，如第一性特征和第二性特征；有的是由心理上的变化所带来的，如渴望自由、独立、有个性、有吸引力、被异性认可和欣赏等。而这些通常又会给青少年带来和家庭相处的困难，尤其是当他的家庭是重组家庭时。再婚家庭通常需要关系融合，而这与处在青春期的继子女要与家庭分离相矛盾。他们渴望独立，追求界限清晰，希望与他人保持距离，不愿受约束和控制，更不愿轻易与新家庭成员建立亲密关系。这种情况下，继父母在管教继子女时会面临特殊挑战，特别是当青少年试图向亲生父母保持忠诚时。他们不仅会抵触和对抗再婚一方的父母，也会仇视、敌意或攻击继父母。

再婚家庭里的孩子如果存在一些困扰或问题，如学习或行为问题、回避家庭与同龄人或者冲动行为等，这通常会影响再婚家庭的重组过程，会加大再婚家庭的整合困难。如果再婚父母能够有耐心，能够给孩子足够适应和转变的时间、帮助他们处理和哀悼原来的丧失，尊重他们对自己父母的忠诚，那么他们融入再婚家庭的过程会更容易一些。不论对于处在什么时期或阶段的孩子来说，亲生父母之间的不和、矛盾冲突、敌对、仇视和相互攻击，都是令他们感到很痛苦和悲伤的事情，因此，对于孩子的父母双方来说，他们越能够保持礼貌、合作、友好的关系并共同行使对孩子的养育责任，那么对孩子的身心健康发展就越有利。

对处于生命晚期的再婚家庭，尽管没有与继子女或者继父母相处的压力，双方家庭系统亦需大幅调整，包括子女的伴侣及孙辈均受影响。晚年再婚或因一方离世，相较于双方离婚后再婚，更易获成年子女及孙辈接纳。失去配偶的老人如果能找到新的伴侣，生活和情感有了新的寄托，通常会使整个家庭高兴和满意；而如果是经历晚年离婚又再婚的，通常会引发其子女或是整个家庭的不满、反对或阻拦。

不论再婚双方的家庭生命周期处在什么阶段，对于进入再婚家庭的所有成员来讲，处理好在原来家庭或前段婚姻里的丧失都是非常重要的。这些丧失可能包括配偶的去世、父母的去世、配偶的离异、父母的离异、离开原来的居住地等，这些丧失被处理得越彻底，他们越不会带着感情包袱进入新的家庭。尤其是带进再婚家庭中的孩子，他们对父母再婚的反应可能仍然异常强烈，对父母的新伴侣会出现本能上的反抗或抵触，对于进入再婚家庭的新伴侣来说，能够找到把他们的孩子整合到新家庭的方法就显得尤为重要。

作为再婚的夫妻或父母，需要处理好前配偶和现配偶、自己的孩子和继子女在关系上的平衡，这种平衡保持得越好，关系就可能越容易经营。再婚配偶应与前配偶维持友好关系，避免敌对或断裂。对现配偶与自己前配偶及孩子的情感竞争，应多理解而非排挤、指责。对现配偶与前配偶的关系，应持尊重态度，而非竞争或嫉妒。这些做法不仅利于再婚伴侣的融合，也利于孩子在新家庭中的适应。

卸下上一段婚姻的感情包袱

相对于初次婚姻系统而言，再婚系统会有更多的系统动力，而且再婚的双方婚姻的次数越多，其动力就会越多。每一次的婚姻结束都会带来诸多的丧失，而这些丧失都会衍生出一些动力。因此，每段婚姻经历都会给未来的再婚家庭带来一些影响，这些影响中最为重要的因素是那些没有处理或解决好的丧失或情感。

当我们带着没有处理好的丧失或情感走进下一段婚姻时，我们就会变得非常脆弱，害怕自己会再一次受到伤害，害怕发展和建立亲密关系，害怕或恐惧再失去关系；同时，我们也会对下一段关系有所期待，期待新的关系能够补偿或消除过去的丧失或创伤。

如果过去的丧失没有得到恰当的处理，当一个人再婚时，他至少会带着三重情感包袱进入新的婚姻系统：

- 来源于原生家庭：与父母和兄弟姐妹之间未解决的情感包袱；
- 来源于首次婚姻：与配偶和孩子之间未解决的情感包袱；
- 来源于分离、离婚或者两段婚姻的中间过程：从与前配偶在离异后到进入再婚之前未解决的情感包袱。

在进入再婚阶段前，若能充分且彻底地解决这些情感包袱，再婚家庭的关系经营将更为顺畅。我们知道，影响一个人婚姻系统的原生家庭有以下三个因素：

- 早年父母之间的婚姻关系；
- 早年和兄弟姐妹之间的关系，尤其是与异性兄弟姐妹的关系；
- 早年与异性父母之间的关系。

若这些关系经营得当，婚姻关系自然和谐；反之，若关系质量不佳，婚姻系统也难以理想。婚姻中，我们常以父母夫妻、异性兄弟姐妹及异性父母的关系为模板，构建自己的婚姻关系，这直接体现了家庭动力在婚姻系统中的作用。出于对原生家庭的忠诚，我们会在再生家庭中复制原生家庭的模式。

当我们自己的婚姻出现问题，不论是因为配偶去世还是离异，我们都可能会背负这些到未来新的家庭里去，这些部分就会成为新的家庭里的动力。这些动力包括与前配偶的关系和与前面婚姻的孩子的关系。若在前一段婚姻中感到有所亏欠，我们或许会试图在再婚中弥补。然而，即便步入了新的婚姻，我们的心绪与情感仍可能徘徊于过往的婚姻之中。若在前段婚姻中遭受了伤害，我们可能会对再婚抱有新的期望，渴望在新的婚姻中弥补过往的遗憾与缺失。再婚的配偶或继子女，有时可能会不自觉地成为前段婚姻中配偶或孩子的"替代品"，用以填补过往婚姻中的情感空缺。

再婚家庭最为常见的动力就是"双重身份"。这种"双重身份"会给关系的经营带来困难。在初婚的家庭里，丈夫就是丈夫，妻子就是妻子，孩子就是孩子。但在再婚家庭里，丈夫的身份可能还是他前妻的前夫，妻子的身份可能还是她前夫的前妻，孩子的身份可能还是继子女。这种"双重身份"会带来忠诚冲突，而忠诚冲突则会带来关系上的竞争，关系上的竞争会带来相处上的困难。

再婚家庭里的三角化是再婚家庭动力的又一重要心理现象。我们知道，在人际关系里，最基本的关系是两人关系，两人关系大致有亲密、融合、敌对、冲突、疏远、断绝等。亲密融合的关系中，第三方往往是多余的；而关系紧张、敌对、冲突、疏远乃至断绝时，且双方无法轻易解除，双方可能会引入第三方，以弥补关系缺失或增强自身力量以应对对方。关系紧张和焦虑时，引入第三方常作为缓解手段，或与之结盟对抗另一方，形成"三角化"关系，例如孩子与母亲结盟对抗疏离或暴力的父亲。

再婚家庭中的三角关系和初婚家庭相比会变得异常复杂。再婚家庭可能出现的三角化有以下类型：继子女和他的另一个父母联合共同应对继父母；再婚配偶和他的前配偶联合共同应对再婚配偶；再婚配偶和他的孩子联合共同应对继父母。家庭三角化现象，即夫妻关系变化导致的三角化，是导致家庭关系不和最为常见的原因之一。因此，在家庭里避免三角化的发生，是维护家庭稳定与和谐非常重要的一个措施。

避免再婚家庭出现三角化的一个非常重要的方法是经营好两人的关系，尤其是夫妻关系。在家庭中，不论是原生家庭还是再生家庭，是初婚家庭还是再婚家庭，夫妻关系都是家庭里最为重要、最为核心的关系。在一个家庭里，若夫妻关系和谐，其他如亲子、婆媳等家庭关系通常也能保持平稳。一旦夫妻关系出现问题，家庭三角化现象便可能出现，孩子常被卷入其中，与一方父母结盟对抗另一方。这将对孩子的成长和发展造成困扰，孩子可能会通过自身问题来试图调和父母关系。

再婚家庭的另一个动力就是前段婚姻的解体是源于其中一个配偶有外遇，婚姻解体后的再婚对象也是外遇对象。和自己的外遇结婚所带来的家庭动力会非常强大，通常会影响到再婚的关系和婚姻质量。

与曾经的外遇对象结婚，首要面临的挑战便是信任问题。步入婚姻后，双方都可能因过往经历而心生疑虑：外遇者担心对方会再次背叛，而外遇对象也可能认为对方仍有不忠的可能。于是，不论是外遇者还是外遇对象，都会因为过去的特殊经历而不再信任对方，如果一对夫妻经常处在相互不信任的环境里，其局面和结果便可想而知。

和外遇结婚的另一个动力是要补偿给外遇者原来婚姻里另一方的伤害。外遇者在前段婚姻中因外遇对象背叛了配偶，给配偶造成了创伤。相较于外遇者和外遇对象，他们更像是外遇行为的受益者，而被背叛的配偶则是受害者。为了平衡受害者的损失，外遇者和外遇对象结婚之后，也可能不会拥有太美好的关系，以弥补他们给被外遇一方所带来的不幸。

再婚家庭的经营之道

经营再婚家庭并非易事，其过程可能涉及从结婚到离婚，再到单亲，最终再次步入婚姻的复杂转变。再婚的原因多种多样，但配偶去世或离婚是最为常见的两种情形。无论是哪种情况，再婚都意味着经历了一次"丧失"，而能否妥善处理这一丧失，将直接影响再婚家庭的和谐与稳定。

当再婚夫妻未能充分处理或哀悼失去配偶的痛苦时，他们往往难以全心接纳新的伴侣。同样，跟随父母再婚的孩子如果未能妥善处理与原生家庭分离的痛苦，也会对父母的再婚以及继父母产生抵触情绪。因此，妥善处理前段婚姻中的丧失对于新的婚姻至关重要。这种处理并非简单地遗忘，而是要将对丧失对象的关系转变为一种和解、尊重与友好的状态。研究表明，再婚者若能与前任保持良好关系，其在新婚姻中获得幸福的可能性将显著提高。

再婚家庭中，有婚姻史的配偶需要妥善处理与前配偶的关系，而孩子则需要适应与前父母、朋友、学校和居住地的变化。这些变化处理得越好，他们在再婚家庭中的适应就越顺利。因此，当一个人经历婚姻的结束时，不宜立即开始新的恋情或再婚。通常，处理和哀悼失去婚姻的过程需要半年至两年的时间，这段时间既不宜过短，也不宜过长。

经营再婚家庭的另一大挑战在于如何以正确的心态和理念来经营新的婚姻。如果一个人的前一段婚姻因配偶去世而结束，且那段婚姻非常美满，而他们又未能充分哀悼这段丧失，那么他们可能会带着过去的理想模式和过高的期待进入新的婚姻。这种试图将原婚姻的美好状态复制到新婚姻中的做法，往往会阻碍新婚姻关系的发展。重组家庭与初婚家庭是两个完全不同的系统，盲目复制初婚模式只会带来更多的困难。因此，妥善处理并告别初婚，是应对再婚挑战的关键。

再婚家庭的成员构成与初婚家庭的不同，因此需要在不同的家庭成员之间以及不同的亚系统之间（如配偶与前配偶、配偶与现配偶、继子女与亲生父母、继子女与继父母等）建立有弹性的边界。再婚家庭应鼓励孩子在不同家庭之间自由交流，并为有婚姻史的配偶、前伴侣以及继子女与非监护方的亲生父母保持开放的沟通渠道。这种开放的沟通渠道越畅通，再婚家庭的经营就越容易。孩子若能与再婚家庭外的亲属保持良好联系，对其成长尤为有利，尤其是那些经历过父母离婚的孩子。

再婚家庭的关系系统在联结度和亲密度上存在不同层次。例如，孩子与亲生父母的亲密度通常高于与继父母的亲密度；父母与亲生子女的亲密度也高于与继子女的亲密度。再婚家庭中的继父母需要接受这种亲密度的差异，并根据原有的关系程度和性质建立不同层次的关系。与初婚家庭相比，再婚家庭的角色更为模糊。例如，继父母、继子女和继兄弟姐妹的角色既与亲生父母、子女和兄弟姐妹的角色有重叠，又有其独特之处。如果再婚家庭简单地套用初婚家庭的规则来处理事务，往往会遇到困难。继父母应避免与继子女争夺其与亲生父母的情感联系，配偶对待各自孩子时也应保持平衡，避免偏袒任何一方。

在孩子的养育和管教上，最好由亲生父母承担主要责任，继父母则无须强求自己在继子女心中的地位超越其亲生父母。再婚家庭中，对待这些角色和关系，既要保持界限，又要保持弹性，这种灵活性对于经营再婚家庭的彼此关系至关重要。例如，一些模糊的理念，如认为优秀的继父母应待继子女优于自己的孩子，或在扮演父母角色时超越继子女的亲生父母，这些过高的期望反而会削弱继子女对亲生父母的忠诚度，进而引发冲突，最终损害与继父母的关系。

从再婚家庭的经营角度来看，涉及多个维度，如系统、角色、动力传承、丧失、界限、性、养育、三角化、权力、忠诚、夫妻、父母和子女等。在这些维度中，夫妻关系是最为重要的。无论是初婚还是再婚，夫妻关系都是家庭的核心。再婚家庭的经营首先需要处理好与有婚姻史的配偶的前婚姻家庭成员的关系。这些关系处理得越好，再婚家庭的经营就越顺利。再婚家庭之所以遇到困难，其主要原因在于未能妥善处理与前婚姻的关系，导致当事人无法顺利融入新的家庭关系。最常见的情感争夺发生在再婚家庭中，一个配偶与另一个配偶的前配偶或孩子争夺与现配偶的情感。因此，再婚家庭的配偶处理好与前配偶和孩子的关系，是经营再婚家庭的关键。

第 9 章

原生家庭与亲子关系

核心家庭对孩子而言是其原生家庭，对父母而言则是他们的再生家庭。我们不仅要深入探讨核心家庭中的亲子关系，更要分析父母各自原生家庭的动力如何对亲子关系产生影响。

再生家庭中的父母在其原生家庭中也有自己的父母，他们在原生家庭中同样是孩子。他们在原生家庭中的亲子关系，会不自觉地影响他们在再生家庭中的亲子关系。这种影响通常表现为，父母会将自己原生家庭中与父母的关系模式复制到与自己孩子的关系中。

因此，讨论亲子关系必然涉及父母与孩子的关系，而讨论父母则需进一步探讨其父母（即祖父母）和兄弟姐妹（即父母的兄弟姐妹）的关系。

父母原生家庭的影响

父母在其原生家庭中最初是以孩子的身份存在。在多数传统文化中，男孩通常受到家族的重视，被视为家族传承的希望，因此他们往往能更多地感受到父母的爱，同时也承载着来自家族的压力。相比之下，母亲的处境则有所不同，尤其是在存在重男轻女文化倾向的家庭中，母亲可能面临性别歧视或被拒绝的风险。

原生家庭对父亲的影响

在多数传统文化中，男孩常被偏爱或重视，被视为家族传承的希望。因此，他们往往能更多地感受到父母的爱，同时也承载着来自家族的压力。这种偏爱可能表现为父母对男孩的极度溺爱或严格管教，而较少出现冷落或忽视的情况。

如果父亲在原生家庭中被溺爱，他的需求曾被无条件满足，他与他人的关系可能更多地体现为权利和权力的关系，而非义务和责任。他人在他眼中更多的是为了满足他的需求和权力欲望而存在。这种关系模式可能延续到他自己的家庭中，他可能会利用孩子来满足自己的需求，与孩子形成单向的索取关系，甚至对孩子提出许多无理的要求，不顾实际情况或孩子的感受。

如果父亲在原生家庭中遭受了高控制或高要求，他可能没有体验到其他孩子所享有的快乐、无忧、纯真和自由的童年时光。当他有了自己的孩子，他可能会不自觉地重复自己童年时的经历，无论是积极的还是消极的。他可能会让孩子扮演父母的角色，自己则退居孩子的位置，让孩子在他的领域内替他做决策。例如，他可能会向孩子倾诉工作中的烦恼，让孩子分析或决定自己的职业或婚姻选择，甚至让孩子来调解家庭中的冲突。

在性别文化方面，如果父亲生活在一个性别平等的家庭中，他会鼓励女孩独立思考和解决问题，培养她们的自主性，这与对待男孩的方式可能没有差别。然而，如果原生家庭存在性别歧视，他很可能也会持有重男轻女的观念。如果他有姐姐或妹妹，他可能在她们那里享受特权，得到父母和姐妹的溺爱，而在对待自己的女儿时，他也可能期望得到同样的关爱。在重男轻女的环境中成长起来的父亲，可能会希望自己的女儿成为照顾自己的"小大人"，承担起类似他母亲或姐妹对他所尽的责任，而忽视女儿的需要，难以给予她所希望的关爱。

原生家庭对母亲的影响

依据家庭的性别文化，母亲的原生家庭可分为两类：存在性别歧视的家庭和不存在性别歧视的家庭。

在倡导性别平等教育的家庭中，男孩和女孩均受到父母同等的对待，他们在父母心中所处的位置及所具有的重要性毫无二致，这有利于营造一个公平、公正且和谐的家庭环境。因此，上述关于父亲的情形同样适用于母亲。

然而，在存在性别歧视的家庭中，母亲可能会处于被性别排斥的境地，尤其当家中有兄弟时，这种感觉更为强烈。她可能会嫉妒或羡慕哥哥弟弟在父母那里的待遇，并通过优秀表现与他们竞争。为了在伴侣关系中占据上风，她可能会倾向于选择年龄稍小、性格内向被动、某些资历或能力稍逊于自己的男性，以此彰显自身优越性。

如果她生下男婴，她可能会在两方面展开竞争：一是与丈夫争夺对儿子的控制权及儿子对父母的爱；二是与儿子竞争，以维护自身的重要性和价值感。在与丈夫竞争对儿子的控制权时，她通常会在教育儿子方面将丈夫排除在外，尤其是当她认为丈夫的教育理念与自己的背道而驰，并坚信丈夫的教育方式会毁掉儿子的未来时。她一边埋怨丈夫对家庭和孩子不够投入，一边拒绝丈夫参与对儿子的管教。在她看来，丈夫不管和管都会误了孩子，丈夫成了加害者，孩子成了父亲的受害者，而她自己则不得不当一名拯救者。这样一来，她便在丈夫那里牢牢地把控住了儿子。

如果她生活在重男轻女的原生家庭里，她会采取独特的策略与男孩竞争，竭力迎合父母的期望。在她的心中，男孩是她的对手和敌人，她对男孩本能地抱有抗拒、戒备乃至敌视的态度。当她生了儿子，这种抗拒、戒备或内在的敌视仍然挥之不去。她可能会通过追求卓越或掌控男性来提升自我价值感和存在感。因此，当她有了儿子之后，她会与儿子展开竞争，通过牢牢地控制儿子，不给他任何超越或胜出自己的机会。她可能会通过溺爱让孩子失去生活能力，通过让儿子依附自己来获得母亲自身的价值感，或通过不断贬低、否定、指责来让儿子感到自己一无是处，从而出现自卑或低价值感，这样母亲就可以牢牢地在自己的儿子这里保持高高在上的地位。

当然，作为自己在再生家庭里有了一个儿子，也会增加母亲在婆家的价值感，她可能会用过度满足孩子需要的方式来表达自己的感激。这份由生儿子带来的高价值感，也会给她对抗婆婆或丈夫的底气，从而在婆婆和丈夫这里能够理直气壮地捍卫自己的权利，这可能会增加她与丈夫或婆婆的冲突概率。

当她生的孩子是女儿时，女儿在母亲这里俨然就是她早年经历的重演。她可能会把女儿看成另一个自己，然后用早年母亲对待自己的方式来对待女儿。她会给予女儿巨大的压力，在生活与学业上均设定高标准，期盼女儿出类拔萃，尽善尽美。另一方面，由于她生了一个女儿，尤其是在计划生育的独生子女年代，她可能会觉得自己因为没有生到儿子而失去底气，她可能会觉得愧对婆婆或丈夫，而与婆婆或丈夫保持一定的距离。她可能会用女儿和自己的优秀来与婆婆或丈夫较劲，以此来表达自己的委屈与不满。而女儿需承受母亲连绵不绝的要求、批评与否定，似乎无论多么勤勉，皆难以满足母亲的期望。她可能会有挫败感、无力感、无用感，出现自我否定、自我怀疑和自我强迫。然而，她并未忽视母亲近乎苛刻的要求，依旧倾尽全力，以期达成母亲的期望。她深知，在父亲及其家族心中，她并无一席之地，他们亦不会成为她的坚强后盾。她唯一能够依靠的就是母亲，因此，母亲可能就是她的全部，只有满足母亲的愿望，她才能获得来自母亲的爱，才有可能获得生存机会。

父母对孩子和孩子对父母的竞争

亲子关系涉及的主要成员是父母和孩子，而亲子关系中的竞争既包括父母对孩子的竞争，也包括孩子对父母的竞争。

父母对孩子的竞争

当再生家庭只有一个孩子时，孩子往往会成为家庭中的稀缺资源，此时父母可能会争夺孩子对彼此的感情，孩子则成为父母的争夺对象。由于受精卵在母亲体内发育，胎儿在子宫中要经历大约 280 天的孕育过程，因此，无论性别，孩子通常与母亲的联结更为紧密。孩子出生后，母亲往往会将大量精力投入到孩子的哺育中，这可能导致父亲感到被妻子冷落，甚至嫉妒孩子，因为孩子的到来占据了他原本在妻子心中的位置。此时，父亲可能会不自觉地与孩子争夺妻子的关爱。

随着孩子的成长，父亲可能会更多地参与孩子的养育。然而，由于孩子与母亲的联结更为紧密，父亲可能会因此与母亲竞争对孩子的爱。一般来说，孩子与异性父母的关系相对更为亲近，而与同性父母的关系则相对较远。这可能是因为，当孩子选择与同性父母性别一致时，会感觉对异性父母有所亏欠，因此可能会通过发展与异性父母更亲密的关系来弥补这种因未选择异性父母性别而产生的歉疚感。而当孩子的同性父母发现自己的孩子与自己的配偶关系比与自己更为亲密时，便会与孩子的异性父母竞争与孩子的亲密关系。

为了在与配偶的竞争中占据优势，一方可能会不惜牺牲夫妻关系来破坏对方与孩子的亲密联结。具有攻击性的父母通常会迫使被攻击的父母与孩子结盟，以对抗那个攻击的父母。这种现象在心理学上被称为"三角化"，即在三人关系中，两个人联合在一起，共同对付第三方。"三角化"在关系中极具破坏性，是需要避免的。

父母对不同性别的孩子的竞争策略也有所不同。对于男孩，父亲通常会采取高标准、严要求的策略，而母亲则可能采取溺爱的策略；对于女孩，情况可能正好相反，母亲可能采取高标准和严要求的策略，而父亲可能会采取溺爱或忽略的策略。在这种情况下，孩子可能会更倾向于喜欢异性父母。

有时，父母会通过培养孩子复制自己的特质并以此来竞争，似乎只有这样，他们的生命传承才能在孩子身上得到最大化体现。当父母这样想或这样做的时候，他们可能会按照各自的意愿来养育孩子。当双方的意愿或方式不同时，他们可能会通过否定或攻击对方来保持自己对孩子的影响力。孩子因此面临父母间相互矛盾的要求，为避免忠诚冲突，可能会选择不听从任何一方。虽然看似保持了对父母的忠诚，但实际上导致孩子无法与父母建立爱的联结，也失去了遵守规则的能力，最终使孩子成为一个父母谁也管不了的人。

孩子对父母的竞争

当家庭中有多个孩子时，父母会成为家庭中的稀缺资源，孩子之间会争夺父母的感情、爱和关注。这种情感竞争在夫妻关系紧张的情况下尤为容易发生。

孩子对父母的竞争主要出现在多子女家庭中。从第二个孩子出生起，他就会与前面的哥哥姐姐或后面的弟弟妹妹竞争。一开始，孩子可能会通过表现出色、获得认可或称赞的行为来赢得父母的欣赏，但这种竞争的结果通常是只有一个孩子能够胜出。那些未能通过优秀表现胜出的孩子，可能会采用与优秀相反的策略，如学业成绩下降、与同学关系紧张、沉溺网络、旷课逃学、抽烟喝酒、打架斗殴、撒谎偷窃等行为来吸引父母的注意力。

孩子最初通常会通过优秀表现和高价值感来竞争，但当这种方式无法获得父母的肯定和认可时，他可能会转而采用社会和文化不提倡或不接受的问题行为来竞争。如果孩子在父母那里感受不到价值认同，他可能会转向其他地方寻找价值感，例如到同伴、好友或网络世界中去寻找，进而通过问题行为间接在父母这里寻求存在感，通过吸引父母的注意来确认自己的存在。

在多子女家庭中，孩子们会通过各自独特的方式来与同胞竞争父母的关注。同胞间的竞争无处不在，尤其是在同性别多胞胎之间，竞争尤为激烈。通常，排行中间的孩子压力相对较小，而排行两端的孩子竞争更为激烈。

在独生子女家庭中，竞争通常发生在夫妻关系不和的情况下；而在多子女家庭中，除了夫妻不和之外，竞争还可能发生在存在重男轻女或父母对子女厚此薄彼的家庭中。父母对孩子的争夺往往源于彼此间的竞争，这种竞争可能根植于他们在原生家庭中与兄弟姐妹的较量，其动因可能是排行顺序，也可能是父母的性别偏见。当父母在原生家庭中存在兄弟姐妹竞争时，这种竞争关系可能会转移到夫妻关系上，进而又会转移到亲子关系上。

在兄弟姐妹排行中，竞争无处不在。无论是男孩还是女孩，都可能与哥哥、弟弟、姐姐或妹妹存在竞争关系。男孩通常会与后面的弟弟或前面的哥哥竞争，而女孩则可能与前面的哥哥、姐姐，或后面的弟弟、妹妹都存在竞争关系。竞争最为激烈的情况是女孩后面有一个弟弟，其次是有一个妹妹。这种竞争关系可能会转移到亲子关系上，无论是男孩还是女孩，与哥哥或弟弟的竞争可能会转移到与儿子的竞争中，与姐姐或妹妹的竞争可能会转移到与女儿的竞争中。

角色错位对孩子成长的影响

在核心家庭中，基本角色包括父亲、母亲和孩子。角色的作用在于要求每个人符合角色的要求，履行角色所规定的职责。当家庭中的父亲、母亲和孩子各自履行其角色职责时，家庭处于一种良性的秩序之中。在这种状态下，家庭通常较少出现重大问题，亲子关系也能得到良好的维护。

然而，在亲子关系中，角色错位的现象时有发生。最常见的角色错位是孩子扮演父母的角色，而父母则扮演孩子的角色。

孩子像父母：“小大人”现象

孩子扮演父母角色的现象被称为“小大人”。这种现象表现为孩子拥有超越其年龄的成人感受、观念和价值观，其口吻和想法都类似于成年人。他们会评判、指挥、控制父母，要求父母顺从他们的意愿。他们的行为举止宛如祖辈，甚至可能会对父母说出“不喜欢你们”“不要你们了”等话语。

“小大人”现象是一种角色越位，孩子的角色已经越过了父母的位置，甚至达到了祖父母或外祖父母的位置。孩子之所以能够越位，是因为父母本身也越位了，没有履行好自己的角色职责。通常的情况是，这些孩子的父母在自己的原生家庭中也是“小大人”，他们在自己的父母那里没有机会体验正常的童年。当他们有了自己的孩子后，他们试图通过让孩子扮演“大人”或“父母”的角色，来补偿自己在原生家庭中失去的童年体验。这种补偿行为导致孩子被迫扮演父母的“父母”，失去了作为孩子的机会。

如果父母让孩子承担“父母”的角色，孩子将失去自我成长的机会，导致亲子关系颠倒，角色混乱，进而影响孩子的正常成长。当这些孩子长大后，他们又会在自己的家庭中重演这一模式。

父母本身的缺位

另一种角色错位是父母本身的缺位，这种缺位既可能是实际发生的，也可能是心理上的。实际缺位是指父母不在孩子身边，如去世、失踪等造成的永久性失去，或因分居、离异等造成的空间上的分隔；心理缺位则是指父母虽然在孩子身边，但没有履行相应的角色功能，或者出现功能缺失甚至负面功能的情况。

无论是实际缺位还是心理缺位，都可能导致孩子越位到父母的位置上。当孩子过早失去父母时，他们可能会不自觉地扮演起父母的角色，将自己视为父母的化身。例如，孔子的父亲早逝，他的一生都在追寻父亲的影子，其创立的儒学深受祖先崇拜和父亲崇拜的影响。他办教育，将自己视为教师，而教师也是父亲的象征；他周游列国，目的是帮助国君，而国君在某种程度上也象征着国家的父亲。

当父母的功能缺失时，孩子会试图通过扮演父母的角色来弥补这一功能的不足，这实际上是他们内心试图拯救父母缺失的一种尝试。在这种情况下，孩子可能会表现出"像"父母的行为，但他们本质上仍然是孩子，其行为的稳定性和可靠性相对较弱。一旦有机会，他们就会被打回到孩子的原形。

我们也会看到，当一个人的父母缺位时，他们可能会试图让自己"像"父母，或者在现实生活中寻找具有父母特征的人，通过与他们建立关系来象征性地拥有父母。例如，孔子三岁时父亲去世，父亲的缺失对他的一生产生了深远影响。他创立儒家学说、创办私立教育以及周游列国，都是在象征性地寻找父亲。

爱孩子最好的方式：让孩子成为他自己

在亲子关系中，父母与孩子之间存在着相互给予的关系。父母给予孩子的抚育源于本能，这种本能通常被称为"爱"；而孩子给予父母的部分，可称为"忠诚"。

父母对孩子的爱，既源于人类的本能，也受到人类文明的影响。爱作为一种关系品质，通常体现为利他行为，即不求回报的帮助，我们将其称为无条件的爱。亲子之间的爱本质上是单向的，从父母流向孩子，父母给予爱，孩子接受爱。然而，这种爱并非绝对无条件，它是为了满足孩子的需要，而非父母自身的需求。若父母将爱孩子作为满足自身需求的手段，亲子之爱便会变为双向，从而可能阻碍亲子关系的健康发展，进而影响双方的成长。

此外，亲子单向的爱需警惕过度，如溺爱。溺爱孩子，实则是以孩子为媒介，满足父母的私欲，而非助力孩子的成长。这会导致孩子丧失自理、自足与守规的能力，难以独立，反而被父母以情感之名束缚，无法走向学校、职场或新家庭。

因此，父母牺牲式的溺爱，表面是爱，实则是以爱之名，行自私之实，企图从孩子处汲取爱。

父母对孩子的恰当的爱，核心在于帮助孩子从父母这里独立，有能力活在世界上，成为他自己，过自己想要的人生。然而，父母对孩子的爱有时会因各种原因出现变形，甚至父母自身也难以察觉。例如，强迫孩子参加各种兴趣班、要求孩子考试成绩名列前茅、打骂孩子、贬低孩子、否定孩子、不信任孩子等行为，都可能是这种变形的表现。

还有一类常见的情况是父母将自己的孩子与他人进行比较，让孩子看到身边有许多比他优秀的孩子，然后让他向这些孩子学习。这种比较可能会在孩子心中种下自我否定的种子，导致孩子感到自卑或自我价值感降低。研究表明，家庭环境和父母的教养方式对孩子的自尊心和自信心有显著影响。例如，父母的期望和沟通方式直接影响孩子的自我认同感，而过度的批评和比较可能会让孩子感到无法满足期望，从而产生自卑感。

此外，父母对子女的偏爱可能与性别、出生顺序以及孩子的个性有关，这种差别待遇可能影响儿童的心理健康与家庭关系。例如，性格倾向负责且年长的孩子更受父母青睐，能从父母那里获得更多的自主权。而那些受到较少关爱的手足，通常心理健康状况较差，且与家人的关系较为紧张。

造成父母不能无条件地爱孩子的另一个原因是，将孩子的行为与他本人等同起来。例如，孩子只是怕黑、怕生人，就被父母视为胆小的人；做作业或考试题没有看清题目，就被认为是粗心的人；做事慢，便成了爱拖拉的人；不小心打碎了碗，就被视为没有用的人等。孩子只是在某些事情上没有做到让父母满意，但父母却从对行为的评判上升到对整个人的否定。

不接纳孩子的错误，对孩子的错误一味打压，也是有条件的爱的表现形式。例如，不允许孩子犯错、有缺陷或表现不好，孩子一有错就受到惩罚，态度不友好，甚至斥责、打骂、冷淡、进行人身攻击、剥夺孩子的正当权利和需求。若一味要求孩子永远正确、表现优异，孩子便只能在理想化的世界中徘徊。

父母对孩子无条件的爱，意味着要接纳孩子，不将其置于对错的评判之中。把孩子当成一个生命来爱，不论孩子是什么样的人，是男孩还是女孩，是正常健康的孩子还是有缺陷的孩子，是表现优秀的孩子还是表现出问题的孩子，父母都应将他们放在生命的位置上，放在无对错的世界里来爱。父母爱孩子，是爱他们生命本身，是爱他们作为人本身，不因他们的行为、性别或能力大小而有所区别对待。当然，无条件地爱孩子并不意味着无条件地爱他们的行为，行为是有对错的。孩子做错了，下次做对即可；做错了，为自己的错误承担后果和责任即可。行为有对错，而孩子作为人本身是没有对错的，不论孩子行为是对是错、是好是坏，父母都应爱孩子这个人本身。

对孩子无条件地爱，还需要看到孩子的积极一面。不论孩子处于什么状态，具有什么样的行为，父母都应看到孩子的闪光点和积极面，看到他们的努力，看到他们的良好意愿，看到他们即使在不好的境遇下也有向好向上的一面。

无条件的爱还需要父母信任孩子，相信他们在自己的能力范围内已经尽力了，相信所有的生命都有向上的本性，都有自我实现的本性。相信他们在各自的成长环境中，受限于各种条件，已尽力做到最好。

无条件的爱需要父母理解孩子，用心去感受孩子，全方位地接纳孩子。它意味着父母应给予孩子自由，支持他们成为自己，做自己并实现自己。

家庭成员间的忠诚

家庭忠诚是指家庭成员之间存在的义务、承诺、认同、服从和奉献。这种忠诚通常发生在亲子之间、同胞之间以及夫妻之间。其忠诚的指向一般是孩子指向父母、弟弟妹妹指向哥哥姐姐，以及妻子指向丈夫或丈夫指向妻子。

家庭忠诚最常见于亲子关系中，通常是孩子对父母的奉献。孩子最害怕的是被父母抛弃，为了避免这种恐惧，孩子往往会无条件地认同、服从和忠诚于父母。

然而，当父母在孩子面前争夺其爱时，孩子就会面临忠诚的抉择冲突。父母可能通过诋毁对方或拉拢孩子反对对方来加剧这种冲突。当孩子按照其中一方的要求行事时，就意味着对另一方的背叛。为了减轻这种背叛感，孩子可能会模仿被否定的另一方父母的行为，或者通过自我伤害来惩罚自己。

孩子还会通过模仿父母的命运来表达对父母的忠诚。无论是父母的陋习、疾病、离世、离异还是其他特殊经历，孩子都可能表现出追随的倾向。这种追随似乎能让孩子们感受到与父母的紧密联系，从而获得心理上的庇护和安全感。孩子对父母的忠诚通常有以下三种表现形式。

- "我追随你"：孩子希望与父母在一起，甚至希望随父母而去。
- "我代替你"：孩子希望代替父母承受不幸或痛苦，让父母免受伤害。
- "我要和你一样"：孩子希望变得和父母一样，将自己的命运与父母的轨迹对齐。

当父母遭遇不幸的命运，如早逝、重病或不公的待遇时，这三种忠诚的表现形式可能会同时出现。

此外，孩子对父母的忠诚还可能源自对拯救父母的渴望。当父母的婚姻出现问题时，孩子往往会试图成为父母的救赎者。他们可能会通过制造问题来吸引父母的注意力，转移父母的焦点，从而期望缓解与父母的冲突。

平行现象是忠诚动力的另一种表现形式。平行现象是指在不同时空中发生相同事件的现象。在亲子关系中，这种现象被称为"强迫性重复"，即孩子会重现父母的经历。例如，父母离婚，孩子也可能离婚；父母收养，孩子也可能收养；父母早恋，孩子也可能早恋；父母成瘾，孩子也可能成瘾。这种强迫性重复通常与忠诚有关。

与平行现象相似的还有亲子同步现象，即孩子在与父母成长到相同的时间点时，会发生相同或类似的事情。例如，在相同的年龄生病、离婚、有外遇、出现意外，甚至在相同的年龄去世等。这种现象也是忠诚的一种表现。

还有一种忠诚会体现在孩子自己组建的家庭中。再生家庭的夫妻可能会按照他们父母的夫妻关系模式来构建自己的婚姻。他们可能会模仿同性父母，同时试图将配偶塑造成异性父母的样子。例如，丈夫希望妻子像母亲，妻子希望丈夫像父亲。

那么，如何打破这种因对父母的忠诚而带来的"强迫性重复"呢？关键在于与父母的创伤和解，以及与自己因父母创伤而产生的创伤和解。只有通过这种双重和解，一个人才能摆脱父母不幸命运的重复，对自己的人生和命运拥有自由的选择，从而拥有与父母不同的命运或人生，实现自己想要的幸福人生。

恋母或恋父情结

恋母或恋父情结，又称俄狄浦斯情结，是弗洛伊德提出的一种心理学现象。它指的是孩子在 3 至 5 岁期间，会对异性父母产生性冲动和性幻想。由于同性父母难以容忍孩子对异性父母的性指向，可能会通过恐吓或惩罚的方式（如威胁阉割生殖器）来应对，从而导致孩子对同性父母产生恐惧，对异性父母产生疏离感，并与同性父母保持戒备与敌对关系。

俄狄浦斯期

根据弗洛伊德的理论，在心理发展过程中，3~5 岁的孩子会经历一个爱恋异性父母、排斥同性父母的时期，这一时期被称为俄狄浦斯期。它是心理发展过程中的正常组成部分。如果此期间发展顺利，个体将进入下一个发展阶段——潜伏期；如果发展不顺利，心理发展可能会停滞在俄狄浦斯期，进而形成俄狄浦斯情结。

个体能否顺利度过俄狄浦斯期，取决于父母如何回应孩子对异性父母的眷恋，以及如何处理与孩子之间的三角关系。如果同性父母对孩子表现出接纳、宽容和慈爱，孩子将顺利度过这一时期；反之，如果同性父母采取严厉、打压或惩罚的态度，孩子则可能形成情结，无法顺利进入下一个心理发展阶段。

在成长过程中，个体对父母保持均衡的忠诚至关重要。这种忠诚使孩子能够享受双亲的共同呵护与培育，满足其对安全感与归属感的需求，为其未来的成长奠定坚实的基础。然而，俄狄浦斯情结的出现会扰乱孩子对双亲的均衡忠诚，打乱心理发展的正常轨迹，使成长之路变得崎岖坎坷，充满挑战。

俄狄浦斯期的形成条件

孩子进入俄狄浦斯期需要满足以下三个条件：

- 孩子已经认识到自己是独立的个体；
- 父亲的加入，使原本的二人关系转变为三人关系；
- 道德感的建立。

父亲是俄狄浦斯期的关键人物。对于男孩而言，父亲是母亲之外的竞争者；对于女孩而言，父亲的加入使母亲从哺育者转变为竞争者。父亲的角色至关重要，能够帮助孩子从与母亲的共生关系中脱离出来，促进其分离个体化的发展。

正常的关系发展路径

孩子正常的关系发展路径如下。

- 男孩的关系发展路径：从母亲到父亲。男孩最初与母亲建立关系，随后需要离开母亲，与父亲相处，以确立自我男性身份，从而在心理上沿男性发展轨迹前进。

- 女孩的关系发展路径：从母亲到父亲，再从父亲回到母亲。女孩最初与母亲建立关系，随后与父亲建立联系，最终回到母亲身边，完成心理上的独立。

无论男孩还是女孩，都需要认同同性父母，以确保顺利且健康地成长。

俄狄浦斯情结的表现与影响

当孩子进入俄狄浦斯期后，男孩与母亲的关系会比与父亲更亲密，女孩与父亲的关系会比与母亲更亲密。如果这种情形持续到五岁以后，孩子可能会停留在俄狄浦斯期，心理学上将这种现象称为"固着"，即无法顺利进入下一个发展阶段。这种发展停滞会影响个体未来的成长。

男孩与母亲的过度亲密可能导致其与父亲关系紧张，女孩与父亲的亲密也可能引发与母亲关系的疏远。如果父亲对男孩过度打压，母亲对女孩过度压制，孩子可能会对同性父母产生恐惧，进而形成俄狄浦斯情结。

在俄狄浦斯期，如果同性父母与孩子对异性父母的爱恋进行竞争并过度打压，孩子可能会产生"阉割焦虑"（担心被同性父母惩罚）。特别是当父母对同性别的孩子采取严厉、苛责的态度，甚至进行身体或精神上的虐待时，这种恐惧感会愈发强烈。

这种恐惧可能导致孩子对同性父母产生愤怒甚至憎恨，表现出更多的对抗和拒绝。长大后，他们在面对异性时，可能会产生距离感或恐惧心理，难以建立正常的亲密关系。在与恋人或配偶的亲密行为中，他们早年的罪恶感可能会被激活，导致性功能障碍，如男性可能出现勃起障碍或早泄，女性可能出现性交疼痛或性欲减退。

此外，具有俄狄浦斯情结的人往往不允许自己超越同性父母，进而发展到不允许自己成功、享受快乐和幸福。如果他们不小心变得优秀、成功、快乐和幸福，他们可能会制造一些不幸或痛苦来平衡这种超越。

性别认同与权威关系的影响

具有俄狄浦斯情结的人，其性别认同也会受到影响。他们往往展现出更多的异性特质，难以与异性自如交往，也难以融入同性群体。例如，具有俄狄浦斯情结的男性可能表现出攻击性较弱、亲和性较强、主动性不足、意志薄弱、原则性不强、理性思维较少、感性情感丰富的特点；而具有俄狄浦斯情结的女孩则可能表现出相反的特质。

同性父母在孩子心中也代表着权威。当俄狄浦斯情结发生时，孩子会对同性权威产生恐惧，男孩可能畏惧男老师、男领导，女孩可能害怕女老师、女领导。

与异性父母的关系

具有俄狄浦斯情结的人，其俄狄浦斯期会延长，异性父母会成为他们情感上的对象，却又不敢过于亲近。他们可能会通过与异性父母过于纠缠、对抗，或通过制造问题来引起异性父母的关注，从而间接建立亲密关系。同时，他们内心可能认为自己的同性父母不够格，觉得他们不配或没有能力成为自己异性父母的伴侣。这种长期的占据可能导致同性父母发生外遇。

然而，占据同性父母的位置违背了对父母的忠诚，孩子可能会因此而自我伤害，以惩罚自己对同性父母的不忠。例如，俄狄浦斯在得知自己杀害父亲、娶母生子的真相后，选择刺瞎双眼，浪迹他乡，以此来惩罚并救赎自己的罪恶。

青春期与婚姻生活的影响

当孩子步入青春期且伴有俄狄浦斯情结时，同性父母的首要任务是防止孩子过度亲近异性父母，因为这种行为可能被视为对同性父母的情感挑战。具有俄狄浦斯情结的孩子往往难以摆脱对异性父母的情感依赖，这种依赖甚至可能延续至他们的婚姻生活，使他们倾向于选择与自己异性父母相似的伴侣。如果是男孩，当他们的配偶与母亲非常相似时，双方都可能感到被取代的威胁，从而引发竞争，导致婆媳不和。

此外，具有俄狄浦斯情结的人容易与他人形成三角关系（两个人形成联盟，共同反对第三方）。一旦三角关系形成，夫妻关系往往会逐渐恶化，进而加剧俄狄浦斯情结的影响。

形成俄狄浦斯情结的原因

从关系层面看，俄狄浦斯情结是一个人早年对异性父母的眷恋现象。我们最初与母亲建立关系，形成二元关系世界。父亲的加入使关系转变为三元世界。在这个过程中，如果一方父母对同性别的孩子过于攻击或敌对，俄狄浦斯情结就有可能形成。

父母双方应以包容、接纳和慈爱的态度面对孩子的竞争与分离，帮助孩子平稳度过俄狄浦斯期。母亲尤其需要学会放手，尤其是当她没有从丈夫那里得到足够爱时，更应如此。

如果父母的夫妻感情良好，夫妻双方会形成同盟，共同应对孩子的挑战与竞争。同性父母不会因竞争而恐惧失利，因为他们信任配偶的情感，能够以更宽容和接纳的态度对待同性别孩子的竞争，将其视为孩子的一种能力和资源。

为避免俄狄浦斯情结，同性父母应对孩子的竞争持宽容态度，给予温暖与慈爱，避免过度惩罚；而异性父母则需设立界限，尤其在亲密行为上，保持适当距离。

俄狄浦斯情结的形成与文化环境也有一定关系。在民主、平等、尊重、自由、博爱的文化环境下，俄狄浦斯情结不易形成；反之，在专制、等级、控制、服从的文化环境中，俄狄浦斯情结则更容易产生。

应对俄狄浦斯期的策略

从精神分析的角度看，俄狄浦斯期是心理发展的一个重要阶段。如果父母没有处理好与孩子的关系，尤其是与同性别孩子的关系，可能会对孩子产生一生的心理影响。因此，父母处理好孩子的俄狄浦斯期，是孩子健康成长的重要保障。

大部分人都能顺利度过俄狄浦斯期，通常通过以下两种方式解决：一是压抑对异性父母的爱恋；二是建立对同性父母的认同。

亲子关系的经营不仅涉及孩子成长的早期阶段，还涉及子女成年后如何与父母相处。父母要经营好亲子关系，需先自我成长，助力孩子成长。父母成长的关键在于与原生家庭，特别是与父母的有效分化。这包括两方面：既要实现与父母的适度分离，又要保持爱的联结。

在处理与孩子的关系时，父母需明确界限，区分哪些事务应由孩子独立处理，哪些则是父母的责任。对于孩子的事务，父母应引导孩子自行承担，避免过度介入；同样，父母的事务也应由父母自行处理，不让孩子过多参与。父母还需致力于培养孩子的独立性，鼓励孩子做真实的自己，助力其自我实现。这是父母经营好亲子关系的关键，也是孩子健康成长的重要保障。

第 10 章

父母的养育方式对孩子未来的影响

每位父母养育孩子的方式各不相同，这主要源于他们自身的成长背景和生命经历。父母对待孩子的方式往往是对自己父母养育方式的延续，体现了原生家庭动力的传承。

美国心理学家戴安娜·鲍姆林德（Diana Baumrind）于 20 世纪 60 年代提出了一个关于家庭教养方式的理论框架，该框架后经埃莉诺·麦考比（Eleanor Maccoby）和约翰·马丁（John Martin）等学者补充完善，目前已被广泛认可。该理论框架将父母的养育方式分为以下四种类型：专制型（authoritarian parenting）、溺爱型（permissive parenting）、忽略型（neglectful parenting）和权威型（authoritative parenting）。这四种养育方式的特点如下。

- 专制型。高控制、低关爱。强调孩子要绝对服从，忽视其个性需求。
- 溺爱型。低控制、高关爱。过度包容孩子，缺乏必要的规则引导。
- 忽略型。低控制、低关爱。对孩子缺乏关注和支持，对孩子的需求反应迟钝。
- 权威型。高控制、高关爱。在规则与支持之间寻求平衡，尊重孩子的自主性。

这四种养育方式均涉及父母与孩子的互动。父母的选择受到家庭动力的影响，而孩子的反应则可能强化或延续这种家庭动力，从而形成自己的原生家庭模式。

接下来，我们将探讨这四种养育方式的具体特点及其对孩子产生的影响。

专制型父母：孩子失去做自己的权力

专制是一种较为原始的自我防御机制。专制者的背后通常隐藏着深深的不安全感。他们认为，若世界不以自己的意志为中心，便无法找到自身的存在感。在人际关系中，专制者通过占有和控制来体现自己的存在。他们将对方视为维持自身存在感和价值感的工具，其互动模式往往倾向于掠夺、侵占乃至剥夺。在专制者的世界里，自己是中心，他们试图通过控制他人来填补内心的空缺，实现自我认同与完整。从这个角度看，专制者也处于一种"无我"的状态。

专制型父母强调孩子的绝对服从，要求孩子完全按照自己的意志行事，不允许孩子拥有独立的意志和自由。他们内心缺乏安全感，试图通过控制孩子来证明自己的存在。当失去这种控制时，他们害怕被孩子抛弃或反控制。因此，孩子在专制型父母的眼中，就是实现父母自我价值的工具，孩子几乎没有机会做自己、成为自己。

在这种家庭环境中，孩子可能会表现出更多的敌意、攻击性、自我否定、自我拒绝以及对父母惩罚的恐惧和愤怒。如果专制型父母与孩子同性别，孩子可能难以完成对同性父母的性别认同，从而出现类似精神分析中所说的俄狄浦斯情结现象。

俄狄浦斯情结是指孩子在 3~5 岁期间，女孩可能出现恋父现象，男孩可能出现恋母现象。当同性父母是专制型时，孩子对异性父母的爱恋和喜欢会受到压制。这种压制会引发一系列后果。

- 性别认同障碍。孩子的性别认同过程是对同性父母的模仿和认同。专制型父母的打压可能导致孩子因恐惧而无法顺利完成性别认同，进而出现女孩男性化或男孩女性化的倾向。

- 负面情绪泛化。孩子因专制型父母而产生的恐惧、憎恨、不满、抵触和愤怒等负面情绪，会随着成长逐渐扩展到其他权威人物，如老师、名人和警察。到了青春期，这种情绪甚至可能进一步泛化到异性，乃至所有人，最终导致社交恐惧的形成。

- 亲密关系障碍。当同性父母打压孩子对异性父母的喜欢时，孩子可能无法与异性建立正常的亲密关系，甚至无法与任何人建立亲密关系。这种负面的亲密关系体验可能导致孩子在婚姻生活中出现夫妻关系亲密性障碍，影响性生活，甚至导致性功能障碍，如男性阳痿、早泄，女性性欲缺失等。此外，一些孩子可能出现性心理偏差，如恋物癖、异装癖、露阴癖及偷窥癖等。

- 对成功的恐惧。专制型父母试图通过控制和打压来维持对孩子的控制，不允许孩子超越自己。他们认为只有孩子保持弱小，自己才能更轻松地实施控制。因此，孩子可能会害怕自己成功、超越父母，即使在未来成长的道路上偶然取得成功，他们也会破坏这种成功。

在专制型父母的养育下，孩子往往会忽视自己的权力，屈服于他人的权力，通常会通过牺牲自己来满足他人。他们会在意他人对自己的看法，因为若未能达到父母的要求或按照父母的意志行事，可能会受到惩罚。他们的生命似乎完全围绕着满足父母的期望、意志和人生目标展开。

他们害怕失败、错误，害怕违背父母的意志，因为这些通常会带来惩罚。因此，他们不敢有自己的想法，不敢尝试新的经验。缺乏选择自由的他们，往往缺乏明确的人生目标，生活热情和动力不足，难以找到生命的意义和价值。

被专制型父母养育长大的孩子，一旦通过自己的力量摆脱父母或他人的控制，可能会变成比父母更专制的人。若未能与专制型父母达成和解，他们唯有超越父母的专制，方能真正摆脱其束缚。

溺爱型父母：孩子丧失遵守规则和爱他人的能力

溺爱型父母的特点是对孩子的行为缺乏必要的规则约束。与专制型父母相反，他们给孩子过多的自由和空间，很少限制或约束孩子，几乎无条件地满足孩子的需求。因此，这些孩子往往不喜欢有规则和约束的环境，如幼儿园、学校，排斥集体生活，不愿与他人交往，除非对方能像父母那样无条件地照顾和满足他们。

父母溺爱孩子的动机可能与他们的存在感、自我价值感和对亲密关系的需求有关。当父母的夫妻关系不佳时，他们可能通过孩子来补偿缺失的亲密关系。然而，随着孩子长大，他们自然会逐渐离开父母，走向更广阔的世界。此时，父母可能会不自觉地通过溺爱来延缓与孩子的分离。

在溺爱型父母的养育下，孩子可能形成以下几种问题。

- 缺乏规则意识。孩子习惯于无条件地满足自己的需求，难以接受规则和约束。在有规则的场所（如学校），他们可能会感到不自在、受压迫，甚至拒绝待在这些地方，选择旷课、休学甚至辍学。

- 社交和情感障碍。由于无法像父母那样无条件地满足他们的需求，他人可能会让他们感到冷漠。随着时间推移，孩子可能会对人际关系感到困惑、委屈和愤怒，最终选择逃避，回到父母身边。这种依赖性使他们难以独立，缺乏处理人际关系的能力。

- 心理承受能力差。溺爱可能导致孩子在面对挫折和失败时心理承受能力差，容易崩溃，甚至产生极端行为。他们可能变得自私、任性，不懂得尊重他人，缺乏同理心。

- 角色倒置。在溺爱的家庭中，父母和孩子的角色可能会发生倒置。父母为了满足孩子的需求，可能会无条件地妥协和让步，甚至承受孩子的不满和威胁。在这种情况下，孩子仿佛成了父母的"父母"，而父母则试图通过讨好或贿赂孩子来获得亲密关系。

研究表明，溺爱型父母的孩子在成长和学业上可能面临诸多困难，包括依赖性强、缺乏自主性、抗压能力差、人际交往障碍、价值观扭曲等问题。溺爱可能导致孩子形成"以自我为中心"的思想，缺乏自立意识和生存能力，社会适应能力较差。在人际关系中，他们可能会要求他人和社会满足自己的需求，却忽视了自己对他人和社会的责任。

要解决溺爱问题，父母需要在情感上实现自给自足，尤其要处理好夫妻关系。当父母在夫妻关系中无法获得满足的亲密关系时，不应通过孩子来补偿。父母应明确自己的事务和孩子的事务，各自负责，不让孩子承担属于父母的责任，也不去干涉孩子应独立完成的事务。通过这种方式，父母可以帮助孩子建立独立性和责任感，促进其健康成长。

忽略型父母：孩子无法找到归属感

忽略型父母的养育模式表现为对孩子缺乏关注和情感支持。这种失功能的养育方式可能导致孩子在成长过程中出现缺乏安全感、自控能力差、行为极端等问题。这类父母无法关注到孩子的存在和需求，无法给予孩子支持、关心、哺育、温暖和爱。他们与孩子之间缺乏沟通，对孩子的情感回应很少，也很少为孩子建立规则和设置限制。

这种养育模式的原因是多方面的，可能是情感、职业、经济、疾病、犯罪或死亡等因素，使他们无法全身心投入到对孩子的养育中。

在忽略型养育下，孩子最缺乏的是存在感。由于缺乏父母的关爱和关注，他们无法感知身为孩子的归属感，也无法体会到父母作为养育者的责任感。他们无法与父母建立亲情和爱的联结。根据儿童发展理论，3~6 岁儿童的归属感是其社会性发展中的重要情感。缺乏归属感可能导致孩子感到自己不属于任何群体，从而影响其安全感和价值感。家庭环境和父母的行为在孩子的心理健康成长过程中起着关键作用，父母的爱是孩子安全感和价值感的重要来源。

由于缺乏父母的关注和关爱，孩子可能无法找到自我认同，不知道自己是谁，也不知道自己将来要成为什么样的人。因此，他们的自我同一性可能会出现问题。没有父母的期待，他们可能在学业或工作上缺乏追求动力，表现平平。由于从未感受过温暖与爱，他们难以向他人传递这份情感，给人留下冷漠或漠不关心的印象。

缺乏存在感和价值感的孩子可能会通过逃学、斗殴、酗酒、吸毒或违法乱纪等行为来引起父母或他人的关注。当一个人无法感受到自己的价值时，他可能会通过引起他人关注的问题行为来寻找存在感。同时，由于找不到自我，他们可能会通过不断尝试来寻找自我同一性。基于被父母忽略的经历，他们也很难体会到人生的意义、价值和幸福感。

被父母忽略的孩子主要追求他人的关注、关心和关爱。他们可能会过度帮助他人以获取认可，从而确立自己在他人心中的位置，满足被认同的需求。一旦得到他人的认同，他们也会获得归属感。

忽略型父母可能自身早年也曾被忽略，成为父母后，他们无意识地将这种忽略模式延续下去，仿佛是对自身父母的一种忠诚表现。若这种忽略模式得不到纠正，那么在这种环境下成长的孩子，日后成为父母时，很可能也会成为忽略型父母，从而形成恶性循环。

权威型父母：孩子最具幸福感

父母养育方式的四种类型是根据父母对待孩子的两个维度来划分的：一是要求与规则，二是关爱和温暖。如果仅有要求与规则而缺乏关爱和温暖，则为专制型；若仅有关爱和温暖而无要求与规则，则为溺爱型；若两者皆无，则为忽略型；若两者兼具，则为权威型。研究表明，权威型是一种较为恰当且有益的养育方式。

权威型父母的特点是既对孩子有较高的纪律或规则要求，又对孩子的需要和情感表现出较高的反应性。他们对孩子有较高的期待，并为孩子的成功提供资源与支持。通过设定明确的规范和界限，同时给予孩子支持和关爱，权威型父母帮助孩子建立安全感和自信心。研究显示，这种教养方式培养出的孩子在社交场合中表现得更加自信与开放，能够更好地处理人际关系。

权威型父母不仅会给孩子设定规则，还会向孩子说明设定这些规则的原因。在设定规则时，他们也会倾听孩子的想法、感受和意见。他们通常会积极关注孩子的良好行为，经常使用鼓励、支持、认可、赞赏、信任等策略。对于孩子的不良行为，他们会让孩子承担行为本身所带来的自然后果，而不是采用打骂、贬低、嘲讽等惩罚方式。

权威型父母会倾听孩子，鼓励孩子的独立性，设置合理的限制，让孩子承担行为后果，对孩子有合理的期待，表达温暖和关爱，允许孩子表达意见，鼓励孩子参与家庭讨论，并倡导公平和一致的规则。他们被称为"恰当要求、恰当反应"型家长，对孩子有合理的要求，并对孩子的行为做出适当的限制。他们会设立一定的行为目标，并坚持要求孩子服从并达到这些目标。同时，他们积极关注孩子的情绪和行为反应，以便及时调整。例如，当他们认为孩子的行为是情有可原时，他们会倾听孩子的解释，并根据情况调整其应对策略。

在权威型父母养育下的孩子通常会拥有较高的能力和才干，会比较幸福和成功。对孩子来说，父母有两个角色：象征规则的父母角色和象征关爱的朋友角色。对于孩子的社会化、成长和健康来说，父母的角色远比朋友的角色重要。

为何要给孩子设定规则？

我们的社会是一个有对错、有规则的社会。将孩子从懵懂无知的状态引导至明辨是非的世界，并使其具备在此世界中生存的能力，这一过程被称之为社会化。所以，社会化是为孩子进入成人世界做准备的。父母所设定的规则为孩子立足于社会提供了生存技巧，并使其为成为一个负责任的成年人做好准备。

孩子通常不喜欢被父母管教，他们经常会不断测试或突破父母对自己的约束、限制或规则。因此，父母在设定规则时，必须态度坚决，意志坚定，确保孩子无法逾越规则的界限。

权威型父母教育下的孩子，最显著的特点是能够自觉遵守规则。有尊重规则能力的孩子会比较有责任感，能够自我控制，会自我做决定，能够尊重他人和规则，会有同理心，内心充满善良和温暖。他们在学校较受欢迎，和老师与同学关系融洽。他们的抗压能力较强，尤其当压力来自同学时。他们的依恋类型是安全型的依恋，他们和父母的关系是和谐和温暖的。

缺乏规则约束的孩子可能会缺乏自我控制，缺乏对双亲或权威的尊重，不知道什么是恰当的行为。他们可能是任性的、以自我为中心的，在交往上也是不愉快的。他们往往缺乏建立友谊的关键技能，如同理心、耐心和分享精神，因此可能表现出伤害性或危险性的负面行为。

遵守规则的孩子通常自控力强，有责任心，能自给自足，并在家庭、学校及社会中乐于助人。他们自信满满，相信父母会倾听他们的想法和感受，即便犯错，也确信父母对他们的爱。他们会主动承担过错，并非出于恐惧惩罚，而是源自内心的意愿和选择。他们通常是愉快的，更容易交到朋友。

权威型父母既制定规则要求孩子遵守，又关心、尊重和疼爱孩子。他们通常在给孩子制定规则时会选择下列做法。

- 明确良好行为的标准。告诉孩子什么是好的行为、恰当的行为。当孩子做错事或有不良行为时，会告诉孩子什么才是正确的行为。

- 设定边界或界限。明确哪些行为是可以的、哪些是不可以的，哪些事情是孩子可以做的、哪些是父母的事情。属于孩子的事情，需要孩子自己负责；属于父母的事情，需要父母负责。

- 强调行为的责任。当孩子做出错误或违反纪律的行为时，要让孩子学会为自己的行为承担责任。明确告知孩子其行为将导致的后果，以及承担后果的重要性，通过实践错误与后果的关联，有效培养孩子的责任感。

- 在规则面前表达尊重。制定规则时要和孩子协商，解释规则的目的、允许的行为和违反的后果，并允许孩子表达自己的感受或意见。当孩子违规时，父母应耐心倾听孩子的解释，指出错误所在，明确正确行为，并解释原因。

- 保持规则的稳定性。规则应保持恒定，避免频繁变动。父母双方在规则面前应保持一致，避免彼此对立或冲突，这样能更好地帮助孩子遵守规则。

- 促进合作。一是父母彼此之间的合作，对给孩子制定的规则要达成共识；二是父母与孩子就规则达成共识，接纳孩子的不同意见。当孩子违规时，父母应倾听孩子的陈述或解释。

- 规则的适应性。规则应满足孩子成长的需要，而非父母的控制需求。随着孩子的成长，规则应不断调整。例如，孩子上床睡觉的时间应随着年龄增长而适当推迟，最终交由孩子个人管理。

规则或纪律有时通过设定限制来执行，因为人类社会有规则约束，并非所有行为都被接纳。父母如果能为孩子设定与社会规则相匹配的行为限制，孩子就能更容易地适应社会或群体生活，从而获得安全感，能够自我控制，能够处理自己的负面情绪，能够拥有健康的生活，能够感受到父母对他们的关心和爱。

父母管理孩子的目的是让孩子能够自我管理。孩子需主动管理健康习惯、学习、社交、情绪、金钱及时间等，这些领域的良好管理是其成长的重要保障。能否培养出一个守规则、守纪律的孩子，是一个孩子能否顺利地走入学校和社会的重要前提之一。孩子通过观察学习，父母的榜样作用至关重要。

如何培养遵守规则的孩子？以下原则可供参考。

- 父母自身遵守规则。父母要求孩子做到的，自己首先做到；要求孩子不做的，自己首先不做。
- 制定合理的规则。规则应有利于孩子的身心发展，与孩子商量，确保双方达成共识，尤其孩子上小学后，需逐步增加其参与度。
- 规则应随年龄调整。规则应随着孩子的年龄增长而不断发展变化，避免一成不变。
- 坚定执行规则。父母执行规则需坚定，避免随意变动，以免孩子趁机突破规则。
- 建立统一规则。通过协商与合作建立父母双方都能认同的统一规则，避免父亲和母亲各有一套规则。
- 制定规则的目的。制定规则不是为了控制孩子，而是为了孩子更好地成长，更好地适应社会，更好地成为他们想成为的人。规则的制定和遵守对于幼儿来说至关重要，它不仅帮助他们抑制不良行为，还促进他们形成良好的行为习惯，从而更好地适应社会。研究表明，通过游戏活动和家园合作，幼儿可以学会遵守规则，形成社会性适应能力。

部分父母不立规则，或因担忧孩子受约束而不悦，或因惧怕冲突，或因监控规则执行需耗精力过多，或因自身童年规则经历痛苦而不愿孩子重蹈覆辙，故给孩子更多自由。然而，个人成长与遵守规则密切相关，正如研究指出，规则意识的建立和规则语言的学习对于儿童自律力的培养至关重要。一个人能否顺利地健康成长，关键在于能否遵守规则，能否有能力活在一个有对错、有规则的世界中。一个人遵守规则的能力与他的道德品质、道德发展有直接的关系。发展心理学告诉我们，道德和超我起始于 3 岁，所以 3 岁是培养一个人遵守规则能力的关键期。

孩子长大后，对独立、自由和个性的需求日益增长，不再希望被父母过度管控。此时，由于父母设定的规则已内化为孩子的行为准则，他们能够自觉遵守，父母也因此能顺利放手。孩子得到了自由，而父母也实现了教会孩子对规则遵守的目的。正如研究指出，孩子能否培养出良好的规则意识，不仅关系到他们能否顺利适应学校生活，更是他们未来融入社会、实现个人成功的基石。因此，遵守规则的能力对一个孩子来说非常重要。在孩子成长的早期阶段，特别是 4~6 岁的发展期，父母有责任通过明确规则、正向激励和角色扮演等方式，培养孩子遵守规则的能力。

孩子进入学龄期后，父母设定规则时需与孩子民主协商，尊重其感受和意见，力求达成一致，以确保规则的有效实施。随着孩子年龄的增加，尤其是进入青春期之后，父母在设定规则时尤其要尊重孩子的想法，多听他们的意见。当没有与孩子达成一致之前，父母不要强制执行。

在培养孩子遵守规则方面，父母需要分阶段进行管理。孩子 3 岁前，应无条件满足其需求；3~6 岁间，则需逐步确立各项规则与生活习惯，此时父母起主导作用；在孩子 6~12 岁之间的小学阶段，建立规则时父母需要和孩子商量，讨论出双方都同意的规则；在 12~15 岁之间的初中阶段，在确立规则方面，父母可以给孩子提供意见与看法，但需尊重孩子的选择；15~18 岁，即高中阶段，父母应尊重孩子在规则制定与执行上的自主选择。

从 3 岁到 18 岁，养育孩子的规则是：越小的时候越要严格一些，越大的时候，就越要宽松一些。尤其是孩子到了青春期，就需要尊重孩子的选择和意志，培养孩子对自己的选择承担责任，给予孩子自由。当父母这样做的时候，孩子就更加有能力活在一个有规则的世界。

根据相关研究，父母的养育方式对孩子的成长具有深远的影响。家庭成员依然是儿童照护的主力，而养育观念受到个人精力与时间支配的影响。家长们最关心孩子的身心健康，希望孩子能够全面发展，更好地适应社会。权威型家庭教养方式被认为最有利于孩子的全面发展，而溺爱型和忽视型家庭教育方式可能对孩子的成长产生不良影响。

父母往往会依据自己从父母那里继承的养育经验，或是从书籍中汲取的知识来抚养孩子，但对于这些养育策略可能产生的长远影响，却往往缺乏深入的思考。他们通常会按照自己的理念来养育孩子，而不会对这些理念进行反思。

本章节所列出的父母养育方式，可以为身为父母的你提供一个对自己养育方式的思考，看看自己的养育方式是什么类型，看看你的养育方式可能会给孩子带来哪些影响，是否需要对自己的养育方式进行哪些方面的调整与改进。

第 11 章

依恋关系对人际交往的影响

早期依恋关系的形成

约翰·鲍尔比：依恋理论的创立与发展

依恋理论最初由英国精神分析师约翰·鲍尔比在 20 世纪 60 年代创立。他观察到婴儿与父母分离后表现出极端的抵抗行为，如哭喊、紧抓不放、疯狂地寻找等。鲍尔比认为，这些依恋行为是适应性反应，因为婴儿依赖成人的照顾和保护以生存。依恋行为系统是依恋理论的核心概念，它调节婴儿与依恋对象的亲近关系，对婴儿能否生存到生殖年龄具有生物进化意义上的功能。

鲍尔比认为，依恋对婴儿而言是一种基本需求，具有生物性，并且是人类进化过程中形成的必需技能。依恋理论强调了早期亲密关系中情感联系的重要性。这种联系不仅影响个体的发展和行为，而且在进化过程中，依恋作为一种适应性行为，帮助婴儿与照顾者建立紧密联系，以获得保护和资源。在鲍尔比看来，依恋是一个单向现象，更多地由婴儿发动，由养育者（母亲）塑造，是对婴儿生存至关重要的一种进化行为。

鲍尔比的依恋理念认为，婴儿与养育者之间会构建一种关系模式，该模式深受婴儿内在认知世界的影响，涵盖对世界、他人及自我的认知。婴儿通过对这些部分的理解来建立自己与外在关系的模式。这些关系模式的特征主要受以下三个核心因素影响：

- 与他人有关，即他人是否值得信任；
- 与自我有关，即自己是否有价值；

- 与自我与他人的互动有关，即当自我与他人互动时是否有效果。

鲍尔比通过依恋理论深入研究了母爱剥夺对婴儿的影响。他提出，婴儿与主要照顾者（通常是母亲）之间依恋关系的持续中断，可能会导致婴儿在认知、社会和情感发展方面出现长期困难。鲍尔比认为，这种影响是持久且难以逆转的。

鲍尔比特别强调了依恋形成的关键期。他指出，在婴儿生命的前两年半，如果孩子与主要依恋对象（通常是母亲）分离一段时间且没有其他替代照顾者，这种分离可能会对婴儿造成不可避免的损害。这些损害可能包括攻击性、犯罪行为、身材矮小、智力迟钝、抑郁、依赖、冷漠、社会适应不良等。尤其是情感冷漠，表现为情感缺失的精神状态，难以展现对他人的爱意与关怀，且缺乏羞耻感及责任感。他们行事冲动，几乎不考虑行为的后果，即便造成了对他人的伤害或表现出反社会行为，内心也毫无愧疚之感。

鲍尔比认为，当我们在早年对养育者（母亲）形成了主要的依恋关系后，我们也会在未来的所有其他关系中使用这种关系，如友谊、工作和恋爱关系。换句话说，我们早期的依恋经历和体验与后来的关系模式有着内在的连续性。

哈利·哈洛：代理母亲实验与母爱剥夺实验

哈利·哈洛（Harry Harlow）通过代理母亲实验和母爱剥夺实验，深入探究了影响依恋的关键因素。哈洛将 16 只新生小猴与母猴分离，置于两个代理母亲（一个为铁丝制成，另一个为柔软绒布包裹）的笼中，代理母亲身上设有奶瓶，有时含奶，有时为空。16 只小猴被分为两组，每组 8 只。第一组小猴可以从绒布代理母亲那里得到牛奶，第二组小猴则可以从铁丝代理母亲那里得到牛奶。尽管第二组小猴的奶源是铁丝代理母亲，但它们在饱食后仍会花更多时间与绒布代理母亲在一起。此外，当笼中出现可怕的物体时，小猴会躲在绒布代理母亲身边，且绒布代理母亲的存在促使小猴展现出更多的探索活动。

哈洛的研究揭示，相较于喂养，母亲的舒适感更易促使小猴形成依恋关系。他的另一项研究是母爱剥夺实验。哈洛发现，相较于有母爱陪伴的小猴，被剥夺母爱的小猴常表现出以下行为特征：更胆小、不知如何与其他猴子互动、容易被欺负且不会维护自身权益、在发情期交配困难，以及成年后成为母亲时表现出不称职的行为。哈洛还发现，这些行为特征在小猴出生后 90 天内若得不到母爱，将难以逆转。他得出结论：早期的母爱剥夺会导致情感上的伤害，但如果在 90 天的关键期结束之前，小猴对母亲的依恋可以被逆转；若关键期结束后母爱仍被剥夺，这种情感伤害将不可逆转。

哈洛的研究印证了康拉德·洛伦兹关于"印刻现象"的发现。

康拉德·洛伦兹与海思：印刻现象

康拉德·洛伦兹对小鹅和小鸭的跟随行为进行了研究。他将一半的鹅蛋置于母鹅身下孵化，另一半置于自己身旁。小鹅孵化后，洛伦兹模仿母鹅的叫声，小鹅误将他认作母亲并紧紧跟随。另一组小鹅则跟随母鹅。洛伦兹发现，在孵化后的 12~17 小时内，小鹅会跟随它们孵化时看到的第一个移动对象，这一过程被称为"印刻现象"。若超过 32 小时，跟随的"印刻现象"则不会发生。

心理学家海思（Hess）也对"印刻现象"进行了研究。他发现，小鹅在孵化后一小时内印刻过程可能启动，但最强烈的反应集中在 12~17 小时后，超过 32 小时则反应不太可能再发生。海思和洛伦兹均发现，一旦印刻现象发生，它便不可逆转，也无法在其他对象上留下印迹。

洛伦兹认为，小鹅的跟随行为是天生的，而非后天习得。哈洛的研究表明，母爱剥夺若持续足够长的时间，将带来情感和行为上不可逆的伤害。在依恋行为上，哈洛的研究结果表明，相较于提供喂养的行为，母亲的舒适度更容易形成依恋行为。洛伦兹和哈洛均发现，一旦错过形成依恋行为的关键期，某些依恋行为便难以再建立起来，其带来的影响也将成为无法逆转的事实。

这一关键期提醒我们，孩子的早期经历可能会形成一种心理印迹，这种早期的心理印迹可能会深刻地影响孩子的一生。例如，如果一个孩子早年被寄养，谁成为他的养育人，谁就会成为他心理上的父母，且这一印记不会因孩子长大后回到亲生父母身边而改变。他们心理上的父母仍然是早年的抚养人，可能是祖父母，而非亲生父母。

依恋关系的不同类型

玛丽·安斯沃斯在鲍尔比之后继续对依恋进行了研究，她通过陌生人情境实验，把婴儿的依恋分成安全型依恋、回避型依恋和矛盾型依恋三种，后来的研究者帕特里希亚·克里滕登（Patricia Crittenden）博士在安斯沃斯研究的基础上又增加了混乱型依恋（disorganized attachment），从而形成了依恋的四种类型。

安全型依恋的动力

安全型依恋是一种较为强烈且健康的依恋类型，约占 70%。具有安全型依恋的孩子相信他们可以依赖父母或养育者。他们深知，在寻求支持时，父母总会及时出现；同样，当他们需要父母时，父母也总能满足他们的期望。因此，这些孩子通常能够清晰地认识到自己的需求和愿望，并且确信能从父母那里得到满足。

安全型依恋的孩子通常能与同龄孩子融洽相处。当父母离开时，他们或许会哭泣，但一旦有人给予安慰，便能迅速平静下来；而当母亲再次归来时，他们往往会以喜悦之情迎接，展现出对母亲的热烈欢迎。

安全型依恋的孩子更具有同情心、更自信、更有活力，在学校和群体中更受欢迎，拥有更强的社会技能、更好的同伴关系和更亲密的朋友。

孩子的依恋关系通常取决于养育者（通常是父母）的品质。那么，养育者具备什么样的品质才能让孩子形成安全型依恋呢？

亚历山大·托马斯（Alexander Thomas）博士和斯特拉·切斯（Stella Chess）博士首先提出了"契合度"学说，该学说强调个体与环境之间的平衡，被广泛应用于心理学和管理学等多个领域。他们认为，父母能否给予孩子安全型依恋，主要取决于养育者的养育方式是否与孩子的气质相"契合"。如果能够做到"契合"，孩子就会形成安全型依恋；否则，可能形成不安全型依恋。

卡罗尔·德维克（Carole Dweck）提出了婴儿抚养人的养育行为与婴儿形成安全型依恋的关系，认为以下养育行为可以促进安全型依恋的形成。

- 对婴儿发出的各类信号和需求展现出高度的敏感性，并迅速做出响应。
- 主动调整自身行为以适应婴儿的需求，而非依据个人性格、情绪来要求婴儿，或将自身习惯强加于婴儿。
- 充满感情的、积极的情绪表达，与婴儿的接触总是充满爱意。
- 积极鼓励婴儿探索周围环境与事物，并在必要时提供协助与保护。
- 乐于与婴儿进行亲密的身体接触，如搂抱、亲吻，并在此过程中体验到快乐与喜悦。

玛丽·安斯沃斯提出，养育者的照顾方式会影响婴儿的依恋方式。她认为应从四个维度来评估对安全型依恋的影响：

- 母亲或照料者对婴儿需要的敏感性，即时刻觉察婴儿的状态；
- 反应性，即对婴儿的需要快速而恰当地满足；
- 积极的情绪表达，即带着温暖、热情和关爱地满足；
- 反应的连续性和可预见性，即对于婴儿的需要，父母一直坚持这样做。

我们可以看到，婴儿的安全型依恋的形成有赖于母亲对婴儿需要的恰当满足和积极对待。当婴儿的需求能在母亲那里得到关注，且这些需求能够持续地被及时、恰当地满足，同时母亲以温暖和爱意来回应时，婴儿便会形成安全型依恋。

回避型依恋的动力

回避型依恋的婴儿约占 20%，通常表现为母亲在与不在身边都无所谓。母亲离开时，他们并不表示反抗，很少有紧张和不安的表现；当母亲回到身边时，他们也往往不予理会。这类婴儿实际上对母亲并没有形成特别密切的感情联结，因此也被称为"无依恋婴儿"。

回避型依恋的婴儿似乎对母亲不抱期待，他们更倾向于依靠自己来满足内在的安全感。这类孩子可能看起来过于独立，通常不会去寻求帮助，有时容易感到沮丧，难以与同龄孩子一起玩耍。他们可能表现出好斗、漠然或孤僻的行为。在与同伴或母亲交往中，出现咬、打、推或尖叫等行为也很常见。回避型依恋的孩子在成长过程中往往难以与养育者建立紧密关系。父母离开时，他们不会表现出不满或抱怨；父母归来时，他们也通常不会热情相迎，似乎在努力照顾自己。

母亲的哪些行为会导致婴儿形成回避型依恋呢？

- 母亲对婴儿发出的各种细微信号和需求显得不够敏感，往往难以及时察觉，更不用说能够迅速做出反应。
- 母亲与婴儿的身体接触寥寥无几，对孩子缺乏兴趣，甚至对亲密的身体接触抱有抵触情绪。
- 母亲对婴儿常常不是充满感情，而是怒气冲冲，经常以生气、发火的方式对待。

这类母亲通常不会对孩子的需求做出反应，或需要经过很长一段时间才做出反应。每当婴儿饥饿或感到恐惧时，母亲往往无法及时出现在他们身旁给予安慰。而当孩子对某件事物表现出兴趣或兴奋时，父母要么视而不见，要么会直接拒绝他们的热情。于是，孩子慢慢习惯了自己的需要不能指望母亲满足，于是对母亲不再有期待，渐渐地学会了自己照顾自己。

矛盾型依恋的动力

矛盾型依恋的婴儿有时在母亲那里能被满足，有时则得不到满足。当婴儿哭闹时，父母有时会做出反应，有时则不会。当婴儿饿时，他可能会被喂食，也可能不会，甚至在不饿时被喂食。当婴儿受到惊吓时，母亲有时会忽视，有时又会过度安慰。当孩子对某件事感到兴奋时，母亲可能不理解孩子的兴奋或对他有不合适的反应。

这类婴儿对自己的需求能否在母亲那里得到满足充满不确定感，甚至有时会激起对母亲的愤怒。因此，他们对待母亲的态度也是矛盾的。在某些情境下，他们会体验到需求满足带来的喜悦；而在另一些情境下，则会因需求未得到满足而感到悲伤。在经历过多次需要不能被满足之后，他们在经历需要被满足的时刻时也会带着未来不被满足的恐惧或愤怒。于是，当面对与母亲分离的场景时，他们会显得很警惕，当母亲离开时表现得非常苦恼与极度反抗，任何一次短暂的分离都可能会引起大喊大叫。然而，当母亲归来时，他们对母亲的态度显得矛盾重重，既渴望与母亲亲近，又抗拒这种接触。当母亲试图拥抱他们时，他们可能会愤怒地拒绝或推开母亲。

矛盾型依恋的母亲在与婴儿互动时表现出一种矛盾的态度，她们似乎对婴儿感兴趣并愿意进行亲密的身体接触，但往往无法准确理解婴儿的需求或信号，导致反应不一致和不恰当。她们的行为受到自身情绪状态的影响，时而过度关心，时而冷漠忽视，这种不稳定的互动模式对婴儿的依恋形成和长期发展产生负面影响。而婴儿在应对母亲时通常也会采用矛盾的或极端的方式。

混乱型依恋的动力

前三种依恋类型相对较为有组织，婴儿可以预测父母对自己需求的反应，不管这些反应是积极的还是消极的。他们也知道自己做某些事情会让父母做出某些反应。然而，混乱型依恋的婴儿则不同，他们无法准确预判母亲对自己需求的响应，因此在与母亲的互动中显得杂乱无章、缺乏规律。这类婴儿对母亲的回应往往表现出冷漠、困惑乃至恐惧的情绪。这些婴儿大多经历过虐待，或者其父母存在精神健康问题或心理障碍，例如酗酒、抑郁以及暴力倾向等。

对于混乱型依恋的婴儿，他们对母亲不知道是应该接近以寻求保护，还是应该远离以寻求安全。

从上述对依恋类型的描述中我们可以看到，我们与父母的依恋模式会影响我们一生的关系。如果能够拥有安全型的依恋模式，就为我们一生拥有良好的关系打下了非常好的基础，也会为我们一生的成功、快乐与幸福提供更好的保障。依恋类型并非一成不变，即便你当前并非安全型依恋模式，通过心理训练、心理咨询，或是与拥有安全型依恋的人建立稳定关系，你依然有机会转变为安全型依恋。

如果你希望你的孩子拥有安全型的依恋模式，那么你可以参照形成安全型依恋的因素或条件去做。

第 12 章

家庭秘密与隐秘

　　每个家庭都藏有各自的秘密，或大或小，或深或浅。家庭秘密与隐私有着本质的区别。隐私属于个人，通常只涉及当事人的权利，而家庭秘密则涉及家庭中的另一成员，往往牵涉该成员的权利。隐私是每个自然人的权利，受到法律的保护。个人可以选择是否向他人透露隐私。

　　然而，家庭秘密要复杂得多。一个人的家庭秘密，无论是对家庭之外的人还是对家庭成员来说，都仅属于自己或某些特殊家庭成员之间。与其他家庭成员无关的秘密，如个人的婚前恋爱史、流产与堕胎经历及夫妻性生活等，属于个人隐私。个人有权守护这些秘密，不对家庭中的无关成员透露，同时，家庭的其他成员也无权探知。

　　对于另一些类型的家庭秘密，是否告知其他家庭成员可能涉及人性、人权和伦理问题。这些秘密可能涉及与秘密相关当事人的权利。知道秘密的人是否应该如实告知有权知道真相的人？这可能是一个复杂的伦理问题。在对待是否告知的问题上，不同家庭的做法存在显著差异。有的家庭选择沉默，有的选择坦诚，还有的则选择部分透露。

　　一般来说，家庭秘密通常涉及三类人：

- 知道秘密并保守秘密的人，通常被称为"守密者"；
- 制造了需要保密事件的人，通常被称为"秘密制造者"；
- 不可以接触秘密的人，通常被称为"被保密者"。

"被保密者"多为孩子，偶尔是老人；而"保密者"和"秘密制造者"通常是长辈，如父母、祖父母等。例如，孩子被收养后，养父母选择保密，让孩子误以为他们就是亲生父母。相反的情况也存在，"被保密者"和"秘密制造者"可能是年长的人或长辈，而"保密者"可能是晚辈或其他人，如子女从医生那里得知父母身患绝症的真相后，决定不告知老人。

秘密关乎真相，而真相与保密事件及其相关人（即秘密当事人）有关。有时秘密当事人知道秘密事件，如吸毒者、酗酒者、犯罪者；有时秘密当事人则不知道秘密事件，如养父母保密养子的收养真相、子女保密父母身患绝症的真相。

家庭秘密涵盖离异、收养、身世之谜、犯罪行为、亲人去世、重大疾病、酗酒成瘾、毒品依赖、自杀倾向、精神疾病、身体残疾、婚外情、虐待行为及家庭暴力等。这些秘密往往带有负面色彩，引发强烈的羞耻感与深切的痛苦。

鉴于家庭秘密的羞耻性和痛苦性，保密行为能在一定程度上缓解这些负面情绪，减轻其带来的心理负担。然而，保密在家庭内外的作用各异。对外保密主要是为了维护家庭形象，减少羞耻感；对内保密则更多的是为了保护家庭成员，避免伤害感扩散。

家庭秘密相对于家庭之外是一种隐私，我们有权不公开这个隐私。然而，家庭秘密对家庭成员秘而不宣是否恰当，或者保守秘密会不会带来与保密者初衷相反的结果？这些问题值得保守秘密者认真思考。

隐瞒家庭秘密的后果

家庭秘密的处理方式因文化、伦理和民族的不同而存在差异，不能一概而论。本章仅从心理学的角度探讨不同处理方式可能带来的心理学后果。当然，对于一个家族而言，他们仍可根据自身的文化或道德习惯，决定是否在家庭成员中对家庭秘密予以保密或公开。

收养

养父母选择对收养事实保密，最常见的原因在于他们担忧养子女得知真相后，可能会萌生寻找亲生父母的念头。一种可能是，养子女得知真相后，可能不再愿意留在养父母身边，转而寻求亲生父母的怀抱；另一种可能是，即便他们留下，对养父母的情感也可能不如从前深厚，养父母因此担心孩子会将原本对他们的深情转移到亲生父母身上。由此可见，对收养真相的保密，更多的是出于养父母自身的需要，而非养子女的需求。

当然，还存在另一种可能：养父母担心告知养子女收养真相，可能会给他们带来沉重的思想负担，若处理不当，可能会对其成长产生严重影响，甚至引发心理问题。

从养父母决定对收养事实保密的那一刻起，确保养子女不知情便成为他们每天必须牢记的内容。他们会竭尽全力缩小知晓收养事实的范围，对已经知情的人倍加提防，反复叮嘱他们保密，唯恐秘密泄露。

随着孩子逐渐长大，养父母每天都会担心养子女可能通过各种途径得知自己被收养的事实。他们可能会限制孩子与知情者接触，也会限制家庭或孩子的社交活动圈。社交圈的扩大意味着孩子信息来源的增多，增加了他们接触到知悉收养真相人士的概率，从而提升了孩子得知真相的风险。

然而，养子女接触收养真相的可能性始终存在，养父母无法完全消除这种可能性。随着孩子的成长，他们的社交能力和活动范围不断增强，接触到收养真相的可能性也会增加。无疑，养父母每日需承受防范真相曝光的巨大压力，且这种压力与日俱增。从决定对收养保密的那一刻起，养父母便将自己置于持续的压力之中。

长期处于压力之中，会引发应激反应。慢性应激状态可诱发多种心身疾病，如高血压、冠心病、胃溃疡、皮肤病、甲亢、糖尿病乃至癌症等，这些疾病无疑对健康构成严重威胁。

此外，养父母的压力还源于内心的愧疚。他们认为隐瞒收养真相剥夺了养子女了解自身身世的权利，这种愧疚逐渐转化为自责，甚至可能引发自我伤害的倾向。

另一种可能是，养子女不知何时会从其他途径得知自己被收养的真相。届时，他们可能会认为养父母一直在隐瞒真相，自己长久以来一直生活在养父母编织的谎言之中。这可能导致他们对养父母的信任瞬间崩塌，之前与养父母之间建立的亲情也可能瞬间烟消云散。他们可能无法原谅养父母的隐瞒，从而对养父母产生怨恨甚至敌对情绪，与养父母的关系可能会从亲密、配合转变为紧张、冷漠，有些养子女甚至可能因此成为问题孩子。

罹患绝症

家庭成员对亲人身患绝症的保密与父母对收养事实的保密有所不同。当家庭选择对亲人的绝症信息保密时，背后往往存在一种信念：如果告知真相，当事人将无法承受，病情可能迅速恶化，最终导致其更快离世，而家庭成员无法承受失去亲人的痛苦。基于这种信念，家庭成员通常选择保密。表面上看，这种对当事人真实信息的隐瞒似乎是为了当事人好，实则更多的是为了满足家庭成员自身的情感需求，希望亲人能活得更久。

一旦家庭决定保密，便会动用所有资源来守护这个秘密。家庭的关注焦点从对患者疾病的关心，转移到如何守住秘密上。家庭内部迅速形成了一张无形的保密网，每个知情成员都被反复告诫，要像守护宝藏一样守护这个秘密，防止任何风吹草动。于是，家庭成员在患者面前变得异常谨慎，每一个眼神、每一次呼吸都显得格外沉重，生怕某个细微的动作或言语成为揭开秘密的导火索。

在这种情况下，家庭对待疾病的治疗也变得遮遮掩掩，无法如实进行恰当的检查和治疗。即使进行了相关检查或治疗，也须设法自圆其说，将其解释为与患者疾病不相符或较轻的疾病，以免引起患者怀疑。在医疗实践中，为了保护患者隐私，患者及其家属有时不得不放弃一些有效的治疗方案，选择那些能够保守病情真相但对控制病情效果有限的治疗方式。当患者对疾病真相产生质疑时，这是家庭最紧张的时刻。他们一方面绞尽脑汁编织更完美的谎言来应对质疑，另一方面又希望患者能相信这些谎言。在这种氛围中，家庭成员与患者的交流变得异常艰难，每一次对话都如同戴着面具的舞蹈，内心充满焦虑、担心和紧张，却只能强颜欢笑，将真实情感深埋心底。

家庭成员与患病亲人的关系已变成一种虚假的关系。家庭成员的主要精力放在两方面：一是维护真相不被揭露；二是让患者接受并信赖家庭成员出于善意编织的谎言。这种隐瞒和担心会一直持续到患者痊愈或因病情恶化而离世。

与养父母隐瞒收养真相一样，家庭成员同样会感到内疚。为了患者能有好的结果或尽可能延长与患者相处的时光，他们付出了巨大代价。出于对亲人的爱，他们不得不选择隐瞒真相，承受真相被打破的压力，以及担心患者知晓真相的焦虑和紧张，同时还要承受亲人患病的痛苦。他们不想让亲人知晓真相，或许还有一层考虑：如果亲人不知情，就能免受知道自己罹患重病或绝症的痛苦。于是，家人选择默默地替亲人承担这份痛苦。

当罹患绝症者被家庭成员集体隔离于真相之外时，他们无法正视自己的疾病，也可能错失寻找有效应对或干预疾病的机会。他们需要面对两个部分：一是家庭成员基于隐瞒真相所带来的不那么真实的关系；二是家庭成员所构建的不真实的疾病假象。为了不辜负亲人们费尽心思给予的爱，即使患者从亲人的表现、情感、氛围或自己的疾病中能感觉到，甚至从医生的治疗方案中已经察觉到真相，他们也会配合亲人的隐瞒。患者甚至可能向亲人隐瞒自己对疾病真相的已知，让亲人误以为他们仍沉浸在构建的假象中，同时极力隐瞒自己已知真相的事实。于是，家庭亲人之间的爱便在善意搭建的谎言中流动。

父母离异

当父母在孩子很小的时候（如三岁之前）离婚并再婚时，若孩子的母亲成为监护人，孩子通常会随母亲长大。在这种情况下，如果母亲不向孩子透露离婚和再婚的经历，孩子在相当长的一段时间内可能都不会知晓这些情况，因为孩子通常记不起三岁之前的事情。为了保守离婚和再婚的秘密，母亲可能会告诉孩子继父是他的亲生父亲，从而使孩子生活在母亲所构建的假象中。

母亲担心，如果告诉孩子真相，孩子会觉得自己来自一个破碎的家庭，从而产生痛苦和自卑感。孩子一旦知晓真相，可能会对父母心生失望，埋怨其失职，进而萌生怨恨；亦可能因自卑而自觉在同学中矮人一截，遭受歧视，从而影响其成长。

蒙羞事件

在家族中，前几代人可能曾做过一些不光彩的、令整个家族蒙羞的事情，例如吸毒、自杀、因犯罪而入狱等。为了避免后代重蹈覆辙，家族成员会选择对后代隐瞒这些事情。这种保密行为背后的理由很简单：防止后代因模仿而变坏。家族成员普遍认为，如果后代不知道这些蒙羞事件，他们成为好人的可能性就会增加；反之，如果他们知晓了这些事实，成为坏人的可能性就会增加。

当然，能够成为家庭秘密的事件远不止上述这些。家族中任何被视为羞耻、违背家族禁忌或伤风败俗的事情，都可能成为家族的禁忌，进而演变为家族的秘密。

公开家庭秘密的结果

收养

如果养父母决定从一开始就向养子女坦诚收养的事实，他们将无须背负隐瞒的负担，从而能够全心全意地给予爱与关怀。这种真诚与坦然不仅有助于建立亲子关系，还能让养父母在与养子女的相处中更加自信与从容。他们可以毫无保留地给予养子女如亲生父母般的爱，而不必担心这份爱因亲生父母的存在而受到动摇。

当养父母向养子女透露收养真相时，养子女会感受到养父母对其身世的尊重，这种尊重转化为他们内在的自我价值感与力量。他们会因此更加感激养父母的养育之恩，并深刻感受到来自养父母的关爱。以乔布斯为例，他的养父母如实告知了他的收养真相。乔布斯成名后，在众多公开场合多次称赞养父母，并称他们为自己的亲生父母。他与养父母一生相处融洽，并以自己的成就回报了他们的养育之恩。即使后来得知亲生父母的存在，也未影响他与养父母的关系。

尤为重要的是，乔布斯的养父母无需再消耗精力去防范秘密被泄露，他们与乔布斯之间建立了一种真实、真诚、开放且相互尊重的关系。这种关系不仅有利于乔布斯的成长，也有利于养父母的身心健康。当一个人的知情权得到尊重时，他们会感到被信任，从而更加珍视自我，提升自我价值感。爱因尊重而得以在亲密关系中自由流动。当养子女感受到养父母的尊重时，他们也能够深切感受到这份爱，并以同样的爱回报养父母。

然而，告知真相也可能带来一些不期望的结果。例如，养子女可能会排斥养父母，认为他们不是亲生父母，无法给予真心的关爱。他们可能会因此感到自卑，甚至自暴自弃。或者，他们可能会被同学或老师歧视，甚至去寻找亲生父母，并对亲生父母产生好感。这些结果虽不必然发生，但一旦出现，养父母也应以爱、真诚与勇气，与养子女共同面对。

隐瞒收养真相虽可避免一些不良后果，但养父母需长期承受秘密泄露的焦虑、内疚与压力，亲子关系可能因此失真，家庭与外界社交也会受到影响。这些对养父母身心健康的损害，远超公开秘密带来的风险。

罹患绝症

如果家庭选择不再隐瞒亲人的病情，让患病者参与所有知情过程，那么家庭与患病者之间的关系将是真实而深刻的。此时，全家人的心力汇聚一处，共同致力于帮助患病亲人对抗疾病，争取康复。家庭成员可以与患病亲人及医生共同讨论或协商如何应对疾病，选择合适的治疗或干预方案。当患病亲人得到家庭的亲情、爱、关怀、支持和帮助时，他们将更有信心和力量去战胜疾病。在这个过程中，患病亲人赢得了尊重、信任，以及全家满满的爱。无论他们余下的生命是长远还是短暂，他们的生命都是真实并充满能量的。

当然，告知患病亲人真实病情可能会带来一些不期望的结果，如沮丧、失望、绝望、悲观、伤心等，甚至放弃治疗。然而，即便如此，全家人也将携手患病亲人，勇敢地迎接一切挑战与困境。这份亲人的爱和真实通常会转化为患病亲人战胜疾病的信心和力量。

从另一方面来看，隐瞒病情既牺牲了真实的关系，剥夺了患病亲人的知情权和选择权，也牺牲了家庭成员对患病亲人的信任。家庭成员在隐瞒真相的同时，还需面对患病亲人得知真相后可能产生的焦虑情绪。

人与人之间需要建立自由、信任和真实的关系，一个人需要尊重另一个人的权利和尊严。唯有如此，人们才能在亲密关系中深切体会到爱的存在，以及自身生命的价值和尊严所在。

当然，上述关于家庭秘密的看法仅代表本人的观点。鉴于家庭秘密通常与家庭所在的文化息息相关，有时家庭秘密会受到家庭所属文化的保护，因此，家庭秘密是否应向特定成员公开，最终还需由保守秘密的成员根据对公布后果的评估来决定。

第 13 章

人生问题

从原生家庭溯源

人生常面临诸多问题，令人苦恼不已。从家庭动力学视角来看，问题实则蕴含着动力，而不同问题所激发的动力亦各不相同。家庭系统形态各异，同一问题在不同家庭系统中所引发的动力存在差异，反之，不同问题在相同家庭系统中所激发的动力也各具特点。

从系统学角度分析，人类社会是一个开放系统。开放系统具有动态平衡、有序性、非线性等特征，并且存在物质、能量和信息的交换。在家庭系统中，夫妻关系的稳定是维持家庭动态平衡的关键。一旦夫妻关系失衡，家庭其他成员往往会介入以恢复平衡，而这往往成为诸多家庭问题的根源。在许多情况下，孩子会成为父母夫妻关系危机的拯救者和平衡者。

从家庭动力学视角来看，夫妻系统中的问题往往是夫妻双方各自家庭动力传承的结果。可能在他们的原生家庭中，父母的夫妻关系也曾出现问题，由于这些问题未得到妥善处理，便在夫妻双方身上再次体现和重复。这种现象可能是出于潜意识中对父母的忠诚，也可能是出于潜意识中对父母的拒绝。

自我伤害与自我拒绝动力

自我伤害行为的表现形式多种多样，包括酗酒、熬夜、过度工作、过度减肥、自杀、自残等。从家庭动力学的角度来看，这些自我伤害行为本质上都源于自我拒绝，而自我拒绝又与对父母的拒绝密切相关。在家庭动力的框架下，拒绝往往伴随着伤害：拒绝他人可能导致对他人造成伤害，而拒绝自己则会直接导致自我伤害。

当我们拒绝父母时，实际上是在伤害谁呢？通常情况下，我们不敢直接伤害父母，因为在成长过程中，父母的权威往往显得强大而不可抗拒。除非我们具备足够的力量与之对抗，否则我们往往不会选择直接伤害他们。然而，在这种情况下，我们可能会选择一种间接的方式表达对父母的拒绝，那就是通过伤害自己来实现。我们每个人既是独立的个体，又是父母的孩子，这种双重身份使我们常常通过伤害自己来表达对父母的不满或拒绝。

生理疾病：满足心理的需要

从系统论的视角来看，躯体系统处于精神系统和心理系统之下。当精神和心理产生需求时，身体往往会协助满足这些需求。例如，当心理层面存在自我伤害的倾向时，身体会积极响应。以抽烟和酗酒为例，人们在心理上渴望通过这些行为获得某种满足感，此时身体会配合这种需求。抽烟时，人们会认为烟草的气味令人愉悦；饮酒时，又会觉得酒液的滋味甜美。于是，为了追求这种短暂的愉悦感，人们会不断增加抽烟和饮酒的频率，进而导致身体受到伤害。由于酒精和尼古丁能够刺激身体产生兴奋感，身体会逐渐对其产生依赖，从而使自我伤害的行为持续下去。

然而，当心理层面不再渴望自我伤害时，身体也会相应地做出调整。再次接触烟酒时，人们会感受到身体的不适与痛苦，这种反应会促使人们减少甚至停止抽烟和饮酒的行为，从而使身体远离伤害，保障健康。这在一定程度上也满足了人们爱惜自己的心理需求。因此，一个人是否爱惜自己，往往首先体现在是否爱惜自己的身体。爱惜身体的起点在于合理饮食和充足睡眠。

身体疾病是身体机能出现故障或功能受损的结果，这种影响会波及全身的系统、器官和组织。从家庭动力学的角度来看，所有的躯体疾病都可以被视为生命生物体受到损害，躯体组织遭受伤害的表现。通常情况下，我们会借助科学手段，从生物学和结构学的角度寻找病因，这种方法无疑是有效的，也具有很强的说服力。

然而，若从系统的角度进行分析，我们可能会发现另一种联系，即躯体疾病也可能是一种满足心理上自我伤害需求的方式。当内在心理存在自我伤害的倾向时，身体会通过患病来满足这种需求。研究表明，心理因素在多种疾病的发病过程中扮演着重要角色，例如癌症、高血压、糖尿病等。心理失衡可能导致大脑皮层的功能调节失常，进而影响脏器的正常运转，降低人体的免疫力和对疾病的抵抗力。因此，身体可能会通过罹患这些疾病，以身体受到伤害的方式来实现心理上渴望获得伤害的结果。

拒绝传承和与父母的联结

所有生命都具有两大本能：生存本能和繁殖本能。只有这两种本能同时发挥作用，生命才能作为种群延续下去，人类亦是如此。然而，人类的传承过程却会受到家庭动力的显著影响。我们每个人都是父母的孩子，我们的生命源自父母，因此，我们的传承与父母之间存在着紧密的联系。生命作为父母的一种延续，若亲子关系出现裂痕，例如曾遭受父母的伤害、感觉被忽视，或内心对父母抱有敌意与怨恨，我们或许会抗拒将这份生命继续传承下去。此外，目睹父母婚姻中的不幸与痛苦，如频繁冲突、暴力虐待等，我们难免会对婚姻心生畏惧，甚至可能选择避免步入婚姻殿堂。

童年不幸的经历也会对个体的婚姻观念产生深远影响。面对婚姻，他们往往顾虑重重，担忧结婚生子不过是将不幸与痛苦再次强加于无辜的孩子，这不仅残忍，亦有失公允。于是，他们要么拒绝婚姻，要么即使结婚也会拒绝生育。

如果个体在传承方面出现问题，可能会通过多种方式表达出来。例如，拒绝结婚；结婚后不要孩子；渴望生育却因自身生育能力受限而无法实现；甚至想要改变自己的性别，如男性希望转变为女性，女性希望转变为男性；或者出现性功能障碍，如男性阳痿、女性性交疼痛或性冷淡等。这些问题在一定程度上反映了个体在传承和与父母联结方面的困境与挣扎。

性心理问题背后的家庭因素

人类作为一种以性别存在的物种，男女性别是每个人最基本的存在形式。性别分为生理性别、心理性别和社会性别三种存在方式。从理想或常规的角度来看，性别角色的发展会受到与父母关系的显著影响。

当父母决定要孩子时，他们会对孩子的性别产生期待。通常在第一胎时，父母更倾向于希望生一个男孩；从第二胎开始，他们则希望孩子的性别与上一个孩子相反。当孩子的性别恰好符合父母的期待时，性别认同通常不会出现问题。然而，当孩子的性别与父母的期待不符时，性别认同可能会受到负面影响，孩子甚至可能认为与自己性别相反会更好。

此外，家族中存在的重男轻女文化也会对性别认同产生影响。即使孩子的性别满足了父母的期待，但如果祖父母或外祖父母持有重男轻女的观念，仍可能对女孩的性别认同产生负面影响，使女孩认为男孩优于女孩。

兄弟姐妹中若有夭折者，同样会对一个人的性别认同产生影响。例如，当男孩前面夭折了一个姐姐，或女孩前面夭折了一个哥哥，他们的性别认同可能会受到影响。父母通常希望下一个孩子能与夭折的孩子性别相同，以此来弥补对夭折孩子的亏欠。如果出生的孩子与夭折孩子的性别不符，那么这个孩子的性别认同也可能受到影响。

另一个影响性别认同的重要因素是俄狄浦斯期（大约3~5岁）是否顺利度过。在这个阶段，孩子会想和异性父母亲近，却排斥同性父母。如果同性父母对孩子过度严厉或惩罚，孩子可能会形成俄狄浦斯情结，表现为对同性父母的恐惧以及与异性父母保持距离的倾向。这种情结可能导致孩子在青春期出现对异性的恐惧，成年后或进入婚姻后可能出现性功能障碍。陷入俄狄浦斯情结的孩子往往难以顺利形成对同性父母的性别认同。

性心理障碍是另一类常见的性问题，这类人群会通过以下文化所不能接受的方式来满足自己的性欲需求。

- 恋物癖：通过接触异性的内衣或服饰来获得性兴奋；

- 摩擦癖：在公共拥挤的场所通过摩擦异性的身体来获得性兴奋；

- 窥淫癖：通过偷窥异性私处、排泄或性生活来获得性兴奋；

- 露阴癖：通过在陌生异性面前暴露自己的生殖器来获得性兴奋；

- 异装癖：通过穿着异性的服装来获得性兴奋；

- 施虐和受虐癖：通过肉体的施虐或受虐来获得性兴奋；

- 恋童癖：通过猥亵或与儿童发生性关系来获得性兴奋。

这类人群通常在童年或青春期的性发育过程中，遭遇了严厉的打压，导致个体对性或性欲望产生恐惧。性欲望作为人的本能，需要得到合理的释放。如果无法通过正常渠道得到满足，便可能寻求非正常途径，包括病态或违法的方式。

性心理障碍者往往通过非正常手段来满足无法正当释放的性欲或需求。这通常源于父母对性的恐惧，担心性会干扰孩子（尤其是学业）的成长目标，从而试图抑制孩子的性冲动。然而，这种做法的代价高昂，可能导致孩子丧失正常满足性欲的能力，进而影响其性心理的健康发展。

为了保护孩子性心理的健康发展，父母应避免在孩子心中树立性是丑陋、肮脏或邪恶的观念。在孩子进入青春期后，父母更应通过开放的沟通和提供科学准确的性知识，帮助他们建立健康的性观念和价值观，而不是对他们的性欲及性行为进行打压。父母需要帮助孩子认识到性像饮食和睡眠一样，是人类的正常本能，性是美好的，是用来创造新生命的。

进入青春期后，孩子出现性欲望、喜欢异性、想接近或亲近异性，甚至想与异性发生性关系等一系列性心理或性活动现象都是正常的事情。性本能和性欲望是无法消灭的，我们需要控制的只是满足性欲的方式或行为，将满足性欲的方式控制在道德和法律的要求之内即可。

作为父母，应引导孩子全面了解性生理、性心理、性道德及性保护知识，将性视为生命不可或缺的一部分，避免排斥、否定、拒绝、打压或污名化性，而应探索合理且恰当的方式满足孩子的性需求。这样，孩子在进入青春期后，对性欲望就不会产生恐惧和自我打压，性心理将更可能在健康的轨道上发展。

原生家庭对异常人格形成的影响

生命总是以群体的形式存在。没有生命能够完全独立，否则便会走向消亡或灭绝。因此，生命的存在形式通常是群体化的。越是高级的生命，其群体性表现得越明显。在人类身上，这种群体性表现为社会性，具体体现为国家性、城邦性、部落性、民族性、家族性和生产性等特征。

人类在世界中的关系通常包括与宇宙的关系、与地球上自然环境的关系以及与人类社会群体中其他成员的关系。而我们所讨论的关系问题，主要指的是人在社会中与他人的关系出现障碍。

人对社会环境的适应主要体现在人际关系的适应上。我们常说的性格、人格、气质等类型，正是这种适应的结果。当人际关系出现问题时，实际上是我们适应社会和他人的能力出了问题，是我们适应社会环境或与他人关系出现了障碍。而这种适应障碍通常与我们在早年适应父母或兄弟姐妹的环境有关。

我们最初的人际关系模式是从与母亲的关系中建立起来的。随着成长，父亲的加入使我们的人际关系从二人关系扩展为三人关系。在这个过程中，我们的适应环境范围扩大，需要同时适应母亲和父亲。我们不仅作为孩子去适应他们，而且作为一个有性别的男孩或女孩去适应他们。作为尚未形成性别角色的孩子，我们可能会面临对父母保持均衡忠诚的挑战，潜意识中渴望给予他们同等的爱，无论父母的身份如何或他们对我们有何种行为。

这种适应过程的结果塑造了我们的行为模式，进而成为构成我们人格的重要部分。作为有性别的男孩和女孩，我们会遇到俄狄浦斯期的问题，即我们会与同性父母竞争异性父母。在竞争过程中，我们会遇到与同性父母的竞争关系问题以及与异性父母的亲密关系问题。面对竞争关系，我们必须适应环境，因为无论是同性父母对竞争的反应，还是异性父母对亲近的回应，都充满了不确定性。然而，无论父母如何回应，我们都会尽最大努力去适应他们的回应。

如果我们在出生时已有兄姐，或不久后迎来弟妹，那么我们所处的环境将更为复杂多变。如果我们有兄弟姐妹，我们与他们的关系通常也是竞争关系。这种竞争关系的走向往往取决于父母对待子女的态度。如果父母能够平等对待他们的孩子，给予所有孩子均等的爱，那么孩子会在积极的方面进行竞争；如果孩子感受到来自父母的爱是有差别的、不均等的、有偏重的，那么孩子可能会产生不良的竞争行为。

因此，一个孩子所处的环境和关系往往取决于其父母的性格以及兄弟姐妹的存在。无论他们的状态或类型如何，每个孩子都会尽最大努力去适应他们赖以成长的家庭环境。这种适应的结果形成了他们的关系模式、行为模式，这些模式进而构成了他们的人格模式。

这些早年形成的模式可能会固定下来，并被用在后来的人际关系中。例如，原生家庭中的沟通方式和冲突解决策略往往会被个体不自觉地推广到今后的人际关系中，甚至成为一生的行为模式。当然，这些模式在其早年原生家庭中原本是适应性的，但经过多次使用后可能会固化，进而被不当地应用到家庭以外的社会环境，例如幼儿园、小学乃至初高中。

原本在原生家庭中适应的行为模式，一旦未经调整地转移到外部环境中，就可能转变为非适应性行为模式。这些非适应性行为或关系模式可能进一步发展成为个体的非常态人格特征，常见类型包括以下几种。

- 偏执型。对他人有普遍的不信任和猜疑，例如无端猜疑他人在剥削、伤害或欺骗自己；怀疑朋友或同事的忠诚和信任；难以信任他人；将他人的善意视为贬低或威胁；对他人有持久的怨恨；在感到人格或名誉受到打击时迅速做出愤怒反应或反击；对自己的情侣或配偶的忠贞反复出现无证据地猜疑。

- 表演型。过度情绪化，追求他人注意；当不能成为他人注意的中心时感到不适；在人际交往中常展现出不恰当的性暗示或撩拨行为；情绪表达多变且浅显，趋于戏剧化、夸张化，常借助外貌吸引他人注意；易受外界影响或暗示。

- 自恋型。需要他人赞扬；缺乏换位思考能力，不愿识别或认同他人的感受和需求；经常有幻想或自大；认为自己比他人重要、特殊和独特；不合理地期望特殊优待或要求他人顺从自己的期望；要求他人过度赞美自己；在人际关系中剥削他人，为了达到自己的目的而利用别人；经常妒忌他人，或认为他人妒忌自己；表现出高傲或傲慢。

- 回避型。认为自己在社交方面笨拙、缺乏个人吸引力或低人一等，容易在社交场合被批评或拒绝，除非确定能被喜欢，否则不愿与人打交道；不情愿冒个人风险参加新活动；因害羞或怕被嘲弄而在亲密关系中表现拘谨；因害怕批评、否定或排斥而回避涉及人际接触较多的职业活动。

- 依赖型。过度需要他人照顾，因此产生顺从或依附；害怕分离；如果没有他人给予足够建议和保证，难以做出日常决定；需要他人为其大多数生活领域承担责任；因害怕失去支持赞同，难以表达异议；因缺乏自信判断，难以启动项目；为了获得他人的培养或支持而过度努力，并自愿做一些令人不愉快的事情；因过于害怕不能自我照顾而在独处时感到不舒服或无助；在一段密切的人际关系结束时，迫切寻求另一段关系作为支持和照顾的来源。

- 强迫型。沉溺于有秩序、完美以及精神或人际关系上的控制，牺牲灵活、开放和效率；常沉溺于细节规则，导致忽略活动要点；因完美主义而妨碍完成任务；过度投入工作或追求绩效，以致无法顾及娱乐活动和朋友关系；对道德、伦理或价值观念过度在意、小心谨慎且缺乏弹性；不舍丢弃无用之物，哪怕其已毫无价值；不情愿将任务委托给他人或与他人共同工作，除非他人能精确地按照自己的方式行事；对自己和他人都采取吝啬的消费方式，把金钱视作可以囤积起来应对未来灾难的东西；表现出僵化固执的状态。

- 边缘型。人际关系、自我形象和情感不稳定且带有冲动性；极力避免真实或想象中可能被遗弃的情境；对人际关系时而极端理想化，时而极端贬低；身份认同混乱，自我形象和自我感觉极度不稳定；存在潜在的自我冲动和自我伤害倾向，如过度消费、放纵行为、物质滥用、鲁莽驾驶、暴饮暴食和酗酒等；反复发生自杀行为、自杀姿态或威胁或自残行为；情感不稳定，如强烈的发作性烦躁、易激惹或焦虑；有慢性的空虚感；不恰当的强烈愤怒或难以控制发怒；短暂出现与应激相关的偏执观念或严重的分离症状，如感觉不真实。

- 分裂型。对他人和亲密关系不感兴趣，很少有亲密或知心的朋友；对外在的赞扬或批评显得无所谓；在关系中经常表现为冷淡、疏离；可能会毫无根据地猜疑他人对自己怀有恶意。

- 反社会型。主要表现为漠视或侵犯他人权利；不能遵守与合法行为有关的社会规范；经常欺诈，为了自己的利益或乐趣而习惯性说谎，使用假名或诈骗他人；经常出现冲动、易激惹和攻击性行为，不断斗殴；经常鲁莽行事，不顾及他人或自身的安全；一贯不负责任，表现为重复性地不坚持工作或履行经济义务；缺乏内疚和同情，表现为做出伤害、虐待或偷窃他人的行为后显得不在乎或为自己辩解。

这些关系模式基于美国精神病学会发布的《精神障碍诊断与统计手册（第五版）》（DSM-5），其中详细阐述了人格障碍的分类体系。这些分类大体概括了我们非适应性的人际和行为模式，这些模式构成了我们的人格和行为的病理性特征。而这些人际、人格、关系和行为模式，可能是我们在早年适应原生家庭中的关系或环境的结果。

这些行为模式在早年的原生家庭中可能是适应性的，也就是说，这些行为模式可能是我们早年在自己的原生家庭中形成的一些生存策略，这些生存策略有助于我们最大化地适应家庭环境，如父母、祖父母、外祖父母及兄弟姐妹之间的关系。我们能否将这些适应策略成功应用于未来的社会情境，很大程度上取决于我们的父母、祖父母、外祖父母以及兄弟姐妹的人格是否健全。如果他们的人格本身就是不健全的，那么，我们可能就会发展出适应他们不健全的人格的行为和生存策略。这些生存策略也可能会发展出上述行为类型的其中一种。

通常，早年家庭的生存策略会逐渐塑造我们的行为特征，形成固定的模式，并在后续的成长过程中反复出现。而这些在早年可能是适应性的行为模式或生存策略，一旦被固化并用之于所有的人际或社交场合之中时，可能就会是非适应的了，特别是针对父母、祖父母等家庭成员不健康人格的适应行为，往往会严重干扰个人的人际关系，阻碍其在生活、学习和工作等各方面的发展。

这些非适应的行为会带来关系上的困难，这些困难可能发生在同学、朋友、恋人、配偶、孩子、同事、上级和下级之间，会导致我们在学校、家庭和职场上的失意或失败，我们可能会因此承受痛苦和折磨。

如前文所述，我们最早的关系是与母亲的关系，后来父亲的加入使关系扩展为三人关系。如果有兄弟姐妹，同胞关系也是影响我们成长的重要关系。当然，与父母的关系最为重要。我们的行为模式、人格特点，通常与父母的行为模式和人格特点或者他们如何对待我们有关。因为我们与母亲的关系最早建立，所以与母亲的关系是我们所有关系的元关系。母亲的行为模式、人格特质及我们与她的关系质量，对我们的关系构建、行为模式及人格特征具有深远影响。

当父亲加入我们的关系中时，我们与母亲的两人关系会演变成三人关系。我们与母亲的关系映射出我们与女性的相处之道，而与父亲的关系则预示着我们与男性的交往模式。因此，我们与母亲的关系成为我们与所有女性关系的原型，与父亲的关系成为我们与所有男性关系的原型。我们与父亲和母亲的关系决定了我们未来的人际关系模式，也是奠基我们人格类型的基础。因此，父母的心理健康度、人格类型和人际关系模式，会决定或影响我们的心理健康度、人格类型和人际关系模式。

　　当我们成年后，如果觉得自己的人际关系或人格类型有问题，那么要想改善我们的人际关系或人格类型，就需要处理早年在父母那里所形成的行为互动或关系模式。若此部分未得到妥善处理或修复，想要改变或改善我们的人际关系、人格特征和行为模式将极为艰难。

焦虑

焦虑与恐惧

　　焦虑和恐惧是两种不同的情绪体验，因此在讨论焦虑之前，有必要将二者区分开来。

　　当我们在森林中行走时，如果遇到一只老虎，我们会感到害怕。这种害怕源于我们通过视觉感知到老虎，使其成为我们的知觉对象。进化赋予了我们对老虎的恐惧本能，这种恐惧对保护我们的生存至关重要。当我们对所知觉到的老虎产生恐惧时，我们会决定逃跑，如果成功，我们的生命便得到了保障。因此，恐惧使我们避免了死亡。

　　逃离老虎后，我们离开了恐惧的情境。按常理，远离危险后恐惧应随之消散。然而，实际情况并非如此。一项发表在《自然·神经科学》杂志上的研究表明，大脑中的前额叶记忆回路在恐惧学习后会逐渐增强，有助于永久存储远期恐惧记忆。因此，即使我们离开了那个令人恐惧的情境，大脑中形成的恐惧记忆仍会持续影响我们，导致那些惊恐的画面不断在我们的意识中浮现。在心理学中，这种大脑中的画面被称为"表象"。

　　无论行走、坐卧还是睡眠，那只老虎的画面表象总在脑海中挥之不去。此时，尽管老虎已经不在我们身边或眼前，但我们仍然会害怕头脑中的老虎表象。我们可能会想，如果明天再出门，会不会再次遭遇老虎。

从心理学的角度来看，上述两种害怕可以区分为两种情形：一种是当我们看到老虎时的害怕，这种情形是对知觉对象的害怕，即恐惧；另一种是离开老虎后仍然对老虎的害怕，这种情形是对大脑中老虎表象的害怕，即焦虑。恐惧通常是对当前面临的明确威胁或危险的强烈反应，而焦虑则是对未来可能发生的事情的过度担忧和不安，没有明确的触发因素。

通常而言，恐惧是指向此时此地的害怕，是针对外在对象的知觉对象的害怕，例如怕黑暗、怕登高、怕老鼠、怕社交、怕空旷、怕拥挤、怕密闭空间等。我们所害怕的对象在外在空间，通过回避所恐惧的外在客体，恐惧便可以消除。

而焦虑则是对知觉对象所形成的表象的害怕，例如害怕尚未到来的考试、害怕要去见某个人、害怕自己会患上某种严重的疾病、害怕失败、担心亲人的安全或健康等。这种害怕或担心通常是指向未来可能发生的情境，害怕的对象在我们的主观空间，我们通常无法回避这个主观对象。只要这个主观对象被内在或外在的刺激唤醒，害怕就会发生。

恐惧有具体的对象，通常的行为反应是回避。而焦虑有时有具体的对象，有时没有具体的对象，我们对焦虑的反应则是被所害怕的对象持续吸引。我们想回避，但似乎不太能成功。恐惧被回避之后就会被消除，而焦虑则不同，会持续下去。

在存在主义心理学中，恐惧被视为对生存威胁的直接反应，而焦虑则是对未来不确定性的担忧。弗洛伊德进一步指出，恐惧和焦虑是无意识心理过程的体现，是对潜在威胁或危险的反应。此外，应激状态下的身体和大脑反应，如杏仁核的活动，也会影响我们对恐惧和焦虑的体验。恐惧是被当下的知觉所引起的，而焦虑则是被表象或图式所引起的。

恐惧来临时，人们通常会采取逃跑、战斗或僵住三种适应性应对方式。因此，恐惧是在进化过程中建立起来的应对环境的一种正常基本情绪，这种情绪有利于生命个体在面对威胁时更好地保存自己的生命。

当焦虑来临时，我们也会有应对它的方式，这种方式通常被称为心理防御。精神分析的自我心理学描述了多重心理防御机制，包括压抑、隔离、否认、合理化、投射、替代、退行、反向形成、幽默及升华等。

许多教科书没有清晰地区分恐惧与焦虑，也没有对二者进行明确的阐述。然而，将二者区分开来非常重要，因为有了这种区分，才能恰当地处理这两种害怕的状态。例如，在考试焦虑和社交焦虑中，既有焦虑，也有恐惧，需要分别用不同的方法来处理这两种状态，才能更加有效地解决这两种障碍。

与焦虑相关的原因

焦虑是一种指向未来的情绪反应，通常源于个体对自身无法达到预期目标或克服障碍的自我认知评估。以下是焦虑产生的若干原因。

威胁与能力的失衡。焦虑通常与具有威胁的情境以及个体的应对能力密切相关。焦虑的产生往往需要满足两个条件：一是主观表象具有威胁性；二是个体的能力不足以应对或处理这种威胁。即使表象具有威胁性，只要个体具备足够的应对能力，焦虑便不会发生。

对死亡的认知。随着人类语言和意识的出现，对死亡的认知也随之产生，进而引发了死亡焦虑。对生命个体而言，死亡是最具威胁的存在。因此，人类的所有焦虑均可追溯至对死亡的害怕，换言之，所有焦虑均为死亡焦虑的变体。

生物本能需求的未满足。从生物本能的角度来看，人类的两大基本需求是生存和繁衍。生存需求包括营养和安全，而繁衍需求则涉及物种的延续。当这些基本需求得不到满足时，个体便会产生焦虑。

需求系统的失衡。人类作为社会性动物，需求可划分为生理需求（如饮食、睡眠、性）、心理需求（如安全感、归属感、尊重与被爱、自我实现）以及社会需求（如自由、自主、平等、公平、正义）三大系统，当这些需求未得到满足时，焦虑便成为一种信号，提示个体需求的缺失。

道德与良知的约束。随着人类文明的发展，规则体系逐渐形成，其中最重要的是关于对错的规则。人类发展出道德与法律规则的同时，也形成了良心或良知的品质。当个体做错事时，会面临道德或良知的谴责以及相应的惩罚，这些谴责和惩罚部分转化为对违反道德或良心的焦虑。

对重要感的追求。人类渴望被他人重视、尊重，并在他人心目中占据一定分量。当个体被他人轻视、否定、拒绝或远离时，会感受到一种威胁，产生被排挤的感觉，进而失去归属感。在远古的生存环境中，个体落单意味着成为其他凶猛动物的猎物，面临死亡的威胁。这种被抛弃的恐惧同样会引发焦虑。

对意义和价值的追求。人们渴望过上有意义和有价值的生活，追求完美和理想的人生。如果无法达到这些理想状态，个体便会产生焦虑。从小，父母可能对子女提出诸多要求，如完美、阳光、积极、有价值等。若子女无法满足这些期望，父母可能会表现出否定、指责或嫌弃的态度，这种被抛弃的感觉会与死亡的恐惧联系在一起，从而不可避免地引发焦虑。

由此可见，焦虑的产生是多种因素综合作用的结果。这些因素相互交织，共同影响着个体的情绪状态。

焦虑的对象

焦虑的对象多种多样，几乎涵盖了所有与自身或所爱之人生存相关的威胁性表象，其中以死亡焦虑及其变形最为常见。

疾病焦虑。健康是生命的基石，疾病对其的破坏往往引发人们对死亡的深切焦虑。当疾病来袭时，人们常常会不自觉地将其与死亡联系起来，从而产生强烈的焦虑情绪。有时，对疾病的过度焦虑甚至可能成为疾病本身的催化剂，进一步加剧身体和心理的不适。

意外焦虑。人生充满了不确定性，意外事件随时可能发生。为了追求一种确定性，人们往往会通过强迫行为来平息对不确定性和意外的焦虑。这种焦虑源于对未知的恐惧，以及对无法掌控未来的无力感。

分离焦虑。分离意味着被抛弃，而在人类早期的生存环境中，被抛弃往往意味着死亡。这种原始的恐惧被保留在我们的潜意识中，使我们对分离始终保持着一种原始的恐惧。当自我意识出现后，这种恐惧转化为焦虑。我们一生中会经历多次分离，如出生、断奶、上学、失恋、亲人去世、失业、离婚等。如果这些分离事件在相应的阶段没有得到妥善处理，分离就会成为我们心中的一个情结，持续影响我们与自己、他人和世界的关系。

被害焦虑。人们对周围可能对自己不利的因素非常敏感，尤其是针对自己的负面评价、在他人眼中的形象以及在同辈、同行、同事间的竞争地位。当身处不利环境或预感到不利因素时，人们会产生被迫害的恐惧。这种焦虑源于对自身安全和地位的担忧，以及对他人潜在威胁的过度关注。

归属焦虑。当个体遭受团体成员的拒绝、排斥、否定、贬低、蔑视和打压时，内心会感到不被接纳，仿佛被团体遗弃。在动物界中，被群体抛弃的成员往往面临生存危机。归属焦虑源于人类作为社会性动物对群体接纳的需求，以及对被孤立的恐惧。

完美焦虑。当个体觉得自己不完美，不够好、不够优秀、不够可爱时，可能会担心无法获得所爱之人的爱和认可，甚至担心被抛弃。在人类早期的生存环境中，被抛弃意味着无法存活。这种焦虑源于对自身价值的怀疑，以及对他人认可的过度依赖。

存在性焦虑。存在主义哲学认为，人的存在本身就充满了存在性焦虑。当个体未能充分发挥生命潜能时，可能会感到一种模糊的紧张和烦恼，甚至是"安静的绝望"。这种焦虑源于个体对生命意义和目的的深刻不安，以及对自由选择和决定行为的责任感。在现代社会中，传统宗教信仰的衰落和对物质欲望的追求使得存在性焦虑更为普遍。然而，通过培养精神追求和积极心态，个体可以重新获得生活的意义，对抗这种焦虑。选择意味着承担责任，而承担责任意味着面对各种后果，其中一些后果可能是不利的，这些不利后果便成为焦虑的对象。存在主义假设"存在先于本质"，我们的本质是我们选择的结果。当我们对自己的本质、人生的意义和价值有所期待时，选择本身就会成为一种焦虑的来源。

综上所述，焦虑的对象广泛且复杂，涵盖了从具体的身体健康到抽象的存在意义的多个层面。这些焦虑对象相互交织，共同影响着个体的情绪和行为。

焦虑产生的影响

焦虑来临时，会对个体产生多方面的影响。深入理解焦虑的表现和机制，有助于我们更好地应对焦虑，并理解其内在动力。

当焦虑出现时，主观上会表现为过分地担心和紧张害怕。身体则会进入一种过度兴奋的状态，具体表现为头晕、胸闷、心慌、呼吸急促、口干、尿频、尿急、出汗、震颤等症状。生理指标方面，血糖和血压会升高，瞳孔会放大，心率和呼吸会加快。在这种高度兴奋的状态下，个体可能会坐立不安、烦躁，难以安静下来。换言之，焦虑时，身体的各个部分都被动员起来，准备应对所感知到的威胁情境。

产生焦虑的条件

焦虑并非无端产生，而是需要满足特定条件。首先，个体的主观世界会构建一个可能引发焦虑的威胁情境，并相信这种情境确实会发生。例如，我们可能会焦虑孩子的健康、学习或性发展，焦虑自己的能力、地位或人际关系。这些焦虑背后都有一种信念，即相信孩子的健康会出问题、学习会变差，或者自己的能力不足、地位不保、关系恶化。有了这种信念之后，个体还会进一步相信自己没有足够的能力去应对这种潜在的威胁情境。于是，焦虑便被唤醒、诱发并启动。

因此，焦虑的产生背后存在两个关键的信念：一是深信具有威胁性的情境必然会出现；二是相信自己缺乏有效应对该情境的能力。当这两个信念同时存在时，焦虑便会随之产生。

焦虑分类

传统精神分析的分类

弗洛伊德把焦虑分为以下三种类型。

现实焦虑。当个体能够明确识别焦虑的对象时，这种焦虑被称为现实焦虑。例如，对孩子的健康、即将到来的考试或面试感到焦虑。以考试焦虑为例，表面上看，这种焦虑源于个体对考试成绩的过度期望以及对失败的恐惧。这种恐惧源自个体主观世界中对考试失败的信念，进而导致意识中的害怕和担心。当个体处于这种焦虑状态时，会在考试中处于不利情境，影响考试发挥，甚至导致考试失败。这种潜意识中的信念与意识中的担忧相互作用，最终使焦虑成为现实。

神经症性焦虑。当个体无法明确识别焦虑的对象，不知道为何而焦虑时，这种焦虑被称为神经症性焦虑。表现为惶惶不可终日、坐卧不安、担惊受怕、食欲不振、失眠等症状。这种焦虑的根源在于潜意识中的冲突或恐惧，但个体无法明确这些冲突的具体内容。

道德焦虑。当焦虑的对象与违反道德或良心有关时，这种焦虑被称为道德焦虑，如乱伦焦虑。这种焦虑源于个体对道德规范的内化，当行为可能违反这些规范时，个体会产生强烈的内心冲突和焦虑感。

精神医学的分类

后来，精神医学在精神分析的基础上，又把焦虑主要分为以下三类。

强迫焦虑。强迫焦虑是神经症性焦虑的一种表现形式，其特点是存在两股相反的力量：一方面个体强烈渴望做某事，另一方面又极力抗拒去做这件事。例如，强迫性洗手的患者，他们主观上认为自己的手很脏，希望通过反复洗手来消除这种"脏"的感觉。然而，这种"脏"并非真实存在，而是源于内心的恐惧和焦虑。这种焦虑可能与原生家庭中父母的矛盾要求有关，例如父母对孩子的行为标准不一致，或者对孩子过度要求完美和卓越。这种矛盾的要求会在孩子内心形成冲突，最终导致强迫行为的形成。

疑病焦虑。疑病焦虑是另一种常见的焦虑障碍。患者坚信自己患上了某种严重的疾病，如艾滋病、癌症等，尽管医学检查结果正常，医生也未发现任何问题，患者仍会反复就医和检查。这种焦虑源于潜意识中对患病的需要，这种需要可能与早年的心理创伤或未被满足的需求有关。患者通过怀疑自己患病来表达这种潜意识的需要，但由于意识层面无法接受患病的现实，因此会反复寻求医疗帮助以消除这种怀疑。解决疑病焦虑的关键在于帮助患者认识到潜意识中患病的需要，并处理这种需要背后的心理问题。

惊恐障碍。惊恐障碍，也称为急性焦虑发作，是一种以反复出现的显著自主神经症状为特征的焦虑症。患者会突然出现心悸、出汗、震颤等症状，伴有强烈的濒死感或失控感。发作通常持续数分钟至几十分钟，具有自限性。惊恐障碍的发作既无法预测，也没有明显的征兆，这使得患者在缓解期也会持续处于对下一次发作的恐惧中。

惊恐发作时，身体的多个系统会极度兴奋，包括循环系统（心跳加快、心悸、出汗）、呼吸系统（胸部压迫感、气短、窒息感）、消化系统（恶心、呕吐、腹痛）和神经系统（眩晕、麻木、刺痛感）。更为严重的是，患者可能会经历人格解体或现实解体的恐怖体验。

惊恐障碍的发作可能与潜意识中对死亡的恐惧有关。例如，一位 45 岁的中年男子出现惊恐发作，其父亲恰好在 45 岁时因心脏病去世。这种年龄上的巧合可能使患者的潜意识产生对死亡的恐惧，进而引发身体的强烈反应。这种恐惧并非源于外在的威胁，而是源于潜意识中对死亡的感知。因此，惊恐障碍的治疗需要深入探索患者的潜意识，找到引发恐惧的根源，并帮助患者处理这些潜在的心理冲突。

成瘾背后的家庭动力

要深入理解"瘾"，关键在于明确区分它与爱好、喜欢和嗜好的不同。爱好、喜欢和嗜好与"瘾"的共同点在于它们都能带来愉悦、快乐或欢乐，但不同之处在于，爱好、喜欢和嗜好不会对个体造成伤害，而"瘾"在带来愉悦的同时，还会带来伤害。

此外，"瘾"与爱好、喜欢和嗜好的另一个区别在于其不可控制性。爱好、喜欢和嗜好的行为是可有可无的，根据需要，个体可以选择从事或放弃这些行为。它们对生活、学习和工作具有促进作用，能够提升生活品质。而"瘾"则是不可控制的，不是个体选择"瘾"，而是被"瘾"所选择。成瘾行为是反复发生的、不可控的，只要条件合适，"瘾"就会发作。因此，如果要给"瘾"下定义，那么"瘾"是一种反复发生、不可控制且具有伤害性质的愉悦行为。

成瘾通常被分为两大类：一类是物质成瘾，如烟瘾、酒瘾、毒瘾等；另一类是行为成瘾，如赌瘾、性瘾、购物瘾或游戏成瘾。

成瘾的特征

为了更深入地理解成瘾，我们需要明确其主要特征。

伤害性。成瘾行为具有伤害性，这是其与爱好、喜欢和嗜好的本质区别。成瘾行为不仅无法为个体带来积极影响，反而会对身心健康、生活品质、学业或职业发展等方面造成严重损害。

重复性。成瘾行为具有显著的重复性。正是由于这种行为的反复发作，才使其被称为"成瘾"。成瘾行为的重复性是其核心特征之一，表现为个体在特定情境下难以自控地重复进行某种行为。

不可控制性。成瘾行为的不可控制性表现为个体在面对成瘾物质或行为时，尽管有意识地想要控制，却往往屡试屡败。这种不可控性可能与戒断反应及内在心理需求有关。当个体突然中断成瘾物质或行为时，往往会经历极为痛苦的身体和心理反应，如全身疼痛、抽搐、胃肠痉挛、恶心、呕吐、腹泻、反复战栗、心动过速、极度焦虑不安、恐惧紧张、抑郁、失眠、精神恍惚等。然而，一旦重新接触成瘾物质或恢复成瘾行为，这些戒断症状便会迅速消退。例如，吸毒者几乎所有的内在和外在需求都依赖毒品来满足，一旦失去毒品，他们便失去了满足需求的途径，因此难以离开毒品。

耐受性和戒断性。成瘾行为具有耐受性和戒断性。耐受性是指随着时间推移，个体需要不断增加成瘾物质或行为的量，才能获得与最初相同的愉悦或快乐效果。这种耐受性的增加，使得成瘾者逐渐陷入更深的成瘾状态。戒断性则是指当个体中断成瘾物质的使用或成瘾行为时，身体或心理会出现难以忍受的痛苦反应。这些反应通常不是个体的意志所能克服的，因此导致他们重新使用成瘾物质或从事成瘾行为。

强烈渴望。成瘾者对成瘾物质或行为存在强烈的渴望。成瘾物质或行为能够带来愉悦感和需求的满足，使成瘾者产生依赖。对他们而言，只有通过成瘾的行为，才能感受到生活的充实，获得存在感、价值感和意义感。一旦失去成瘾物质或远离成瘾行为，成瘾者会感到空虚、寂寞、烦躁、焦虑、抑郁，甚至失去对生活的兴趣和意义。因此，成瘾行为成为他们不可或缺的生活内容，他们往往忽视其对健康的危害和对生活品质的负面影响。

心理依赖。成瘾行为能够为成瘾者带来多种心理上的满足，如自信、性能力、精力、活力等，同时也能缓解空虚感、无用感、无力感、寂寞感、孤独感、无意义感、无价值感和痛苦感。成瘾行为甚至成为成瘾者解决所有问题的万能钥匙，帮助他们应对压力、找到自我。正是由于这些心理上的"好处"，使得成瘾者难以摆脱成瘾行为。

我们常说成瘾者难以戒断成瘾行为，是因为存在"心瘾"。所谓"心瘾"，是指成瘾者对成瘾行为的心理依赖，这种依赖源于成瘾行为所带来的心理满足，以及戒断成瘾行为后所面临的痛苦。

如果个体能够通过其他途径或方法替代成瘾行为所带来的心理满足，并有效应对戒断后的痛苦，那么"心瘾"就可以得到有效的处理，戒断成瘾行为也将变得更加容易。

成瘾的家庭动力

从家庭动力学的角度来看，成瘾行为并非仅仅是个人问题，而是与家庭系统紧密相关。成瘾行为的形成和发展往往受到家庭内部动力机制的影响，这些机制可能在无意中推动了成瘾行为的产生和持续。

亲密关系的补偿

成瘾行为的本质在于其带来的短暂愉悦，这种愉悦在某种程度上象征着亲密关系。成瘾者通过成瘾物质或行为来补偿现实生活中亲密关系的缺乏或不足。例如，当个体在家庭中未能获得足够的关注和支持时，可能会通过成瘾行为来寻求心理上的慰藉。

自我伤害的多重象征

自我伤害是成瘾行为的一个重要特征，它可能象征着惩罚、陪伴和追随。当个体觉得自己有罪过或罪恶感时，可能会通过自我伤害来惩罚自己，以此抵消或补偿自己的过失或不道德行为。此外，当个体对父母过于忠诚，看到父母的人生悲惨或不幸时，可能会通过成瘾行为将自己的人生也变得悲惨或不幸，以此来陪伴父母。

死亡动力

在一些严重的成瘾行为中，如吸毒，成瘾者可能会面临死亡的后果。这种行为背后可能隐藏着对亲人死亡的追随。例如，在一些家庭中，可能存在非正常死亡的亲人，成瘾者通过吸毒等方式，让自己的死亡来追随亲人的非正常死亡。

缓解家庭紧张

在部分家庭中，父母的婚姻关系可能面临危机。成瘾者通过成瘾行为来转移父母的注意力，从而缓解父母婚姻关系的紧张或破裂。这种行为在一定程度上可以被视为一种家庭保护机制，尽管它对成瘾者自身造成了伤害。

代偿父母功能缺失

在一些家庭中，父亲或母亲可能在功能上或事实上缺失，导致孩子处于事实或心理上的单亲状态。这种情况下，一方父母可能会面临情感危机或情感需求无法满足的问题，从而依赖孩子的陪伴。成瘾者通过成瘾行为退行到孩童时代，以此来陪伴父母，满足父母的情感需求。

防御机制的影响

成瘾者的行为还可能受到以下多种防御机制的影响。

- 补偿作用：通过成瘾行为补偿现实生活中未能从父母那里获得的亲密关系。
- 否认：通过成瘾行为改变感知状态，否认现实中的痛苦、失败和挫折。
- 替代：用成瘾行为替代其他满足需求的方式。
- 幻想：通过成瘾行为维持一种无所不能的幻觉状态。
- 孤立：通过成瘾行为将自己与现实世界隔离，避免受到外界伤害。
- 合理化：为成瘾行为寻找合理性依据。
- 退行：退回到早期发展阶段，逃避责任，满足父母的依赖需求。
- 抵消作用：通过自我伤害来赎罪或弥补愧疚行为。

家庭系统的失衡

成瘾问题是一个复杂的系统问题，而非仅仅由成瘾者个人承担。从动力学角度看，家庭中存在一个成瘾者，说明家庭系统出现了失衡。成瘾者的出现是为了恢复家庭系统的平衡，这表明家庭需要一个成瘾者来维持某种动态平衡。因此，成瘾者的出现是一个家庭动力的结果，而不是成瘾者本身出了问题。

解决成瘾问题的途径

要从根本上解决成瘾者的成瘾问题，必须从家庭系统和家庭动力入手。仅仅从成瘾者个人着手是难以取得长期效果的。通过调整家庭系统，改善家庭动力，才能为成瘾者提供一个更加健康和支持性的环境，从而帮助他们摆脱成瘾行为。

家庭动力对孩子婚姻观的影响

人类的繁殖本能受到婚姻制度和性道德的约束，使得性与繁殖受到严格管理。这种严格的管制虽然有助于维持社会秩序，但也可能导致一些心理问题的出现。婚姻作为一种法律制度，具有强制性，旨在确保婚姻关系的稳定性和非轻易解除性。然而，这种强制性对追求自由、难以建立稳定关系、无法经营亲密关系、拒绝生育以及存在性功能障碍的人群构成了挑战。

人类的婚姻形式多种多样，以下是比较常见的形式。

- 不愿意结婚：坚持一生独身。

- 做大龄青年：愿意结婚，但迟迟难以走进婚姻。

- 结婚：与一个人建立婚姻关系。

- 同居不婚：与一个人同居但不结婚。

- 丁克家庭：结婚但不要孩子。

- 外遇：在婚姻中寻求婚外情感或性关系。

- 离婚：先结婚后离婚，部分人可能进入不断再婚和离婚的循环。

- 单亲：离婚后不再结婚，保持单亲状态。

- 再婚：经历离婚后选择再次结婚。

一个人的婚姻状态受到家庭动力的显著影响。父母的婚姻状态及子女的性别，可能对子女的婚姻稳定性产生重要影响。研究表明，父母婚姻的冲突、外遇、离婚或再婚等不稳定因素，会显著增加子女在自己的婚姻中复制这些模式的风险。例如，有儿子的家庭离婚率相对较低，这可能与儿子在家庭中的角色和责任有关。

当一个人的童年经历了许多苦难或不幸时，他们可能会对婚姻持谨慎态度。深知童年艰辛与痛苦的人，若自觉无法为未来的孩子创造幸福生活，可能会倾向于选择单身或成为丁克家庭，以避免孩子重蹈覆辙。

根据依恋理论，个体在成长过程中形成的依恋关系对其建立和维护亲密关系的能力有深远影响。未能形成安全型依恋关系的个体，尤其是那些具有矛盾型、回避型或混乱型依恋模式的人，在亲密关系中可能会遇到更多困难。研究表明，这些非安全型依恋风格的个体在婚姻中可能面临更多矛盾和冲突，从而增加外遇和离婚的风险。如果一个人在早年与异性父母未能建立安全型依恋关系，或者关系是冲突的、紧张的、对抗的或敌对的，那么他们在婚姻中与配偶的关系可能会重复这种模式，导致婚姻的不稳定或解体。

频繁的分离经历，如不断搬家、更换学校、更换抚养人、父母离婚再婚等，也会对个体的亲密关系能力产生负面影响。这种经历可能导致个体在恋爱和婚姻中频繁更换伴侣，甚至出现外遇不断或不断离婚再婚的情况。为了避免分离带来的痛苦，个体可能会在关系中保持一定的情感距离，甚至主动结束关系，以获得一种掌控感。

婚姻的本质在于繁衍后代，这一功能的存在取决于婚姻双方与父母的联结度或接受度。如果一个人的内在与父母没有建立良好的联结，或者与父母的关系是基于恨而非爱，那么他们可能会拒绝父母，进而拒绝为父母传宗接代。这种拒绝可能表现为保持单身、成为丁克家庭或不孕不育等。在家庭动力中，拒绝父母的极端方式之一是不为他们传宗接代；另一种则是自杀，将父母给予的生命还给父母，拒绝继续延续这种生命。

对于那些渴望婚姻却难以走进婚姻的大龄青年，其背后可能有复杂的家庭动力。尽管他们在意识中渴望恋爱伴侣，父母也不断催促，但他们往往会为潜在伴侣设定极高的标准，导致现实中无人能满足这些标准。他们可能会说服自己：不是不想找，而是找不到符合要求的人。这种高标准的追求最终使他们成为孤独的追寻者。

父母的焦虑和期待，以及子女自身的焦虑，共同推动着他们不断寻找伴侣。然而，随着年龄增长，理想的伴侣并未如期出现。他们表面上显得无奈，内心却对单身状态感到心安理得。这种现象背后的家庭动力可能包括：父母一方（尤其是异性父母）因情感需求未得到满足而希望子女陪伴，或者子女对父母不满意，内心拒绝为父母传宗接代，从而迟迟不愿走进婚姻。

孩子的行为表现是其适应父母或家庭环境的结果

家庭动力学和家庭治疗倾向于从系统视角审视问题，将个人问题视为系统动力作用的结果，从而避免将心理问题、行为问题乃至躯体问题简单疾病化或病理化。心理学通常从需求、功能和因果关系的角度去分析问题，而不是单纯从对错的角度去评判。

因此，可以说家庭问题的根源在于家庭系统本身，而个体所呈现的问题往往是家庭系统问题的一种表现形式，旨在寻求系统的平衡。系统派的家庭治疗通常认为，家庭成员出现的任何问题都是有功能的，是契合这个家庭的，这个问题在这个家庭里是"刚刚好"的。因此，当我们从这种立场来看待孩子的问题时，就有可能减少对孩子的责备，转而思考家庭系统和家庭动力。

我们经常听到"每个问题孩子的背后都站着一对问题父母"这样的说法。如果持有这种观点，那么父母就会被放在被责备的位置，仿佛他们是孩子问题的制造者，甚至被视为加害者。然而，从系统观的角度来看，父母也有他们的原生家庭系统，他们自身也是家庭系统动力的结果。因此，将全部责任归咎于父母显然是不公平的。

从动力角度或因果关系来看，可能会更容易看清这个现象。我们应避免将孩子的行为或父母的行为视为问题，而应将其视为一种现象，即看作他们家庭系统的一种表现或呈现方式，而非问题、障碍或疾病。如果将家庭系统视为因，将孩子的表现、呈现或行为视为果，或者将家庭系统与成员的表现、呈现或行为视为相互作用的因果关系，那么我们就能更轻松地理解孩子或父母的行为与表现。因此，要了解或理解孩子的行为或表现，就需要把孩子放在家庭系统中去观察，放在历史的、动态的、他们所在的家庭系统中去分析。

从进化论的角度来看，达尔文提出了"物竞天择，适者生存"的核心理念。这一理念强调，生物进化的基本原则是生物必须不断适应其生存环境，以确保其生存和繁衍。对于所有生命体来说，只有通过调整自身来适应环境，才能更好地进化和生存下去。进化的目标就是适应环境。从系统的角度来看，环境对于一个生物体来说就是它的生存系统。因此，环境是成员的系统，而系统是成员的环境。"物竞天择"所讲的就是，那些不能很好地适应环境的生命体会被大自然所淘汰，而那些能够很好地适应环境的生命体才能被留下来。

因此，所有生命体若想在大自然中存续，必须遵循这一法则，否则将面临淘汰。从生命的实现倾向来看，每一个生命体都具有实现倾向，它们会将自身的生命潜能最大化，而这种实现倾向和潜能最大化倾向也是指向适应环境的。也就是说，每个生命体在其潜能中已经实现了对环境的最大适应与自我实现。由于每个生命体所获得的遗传物质不同，它们的生命成长经历也不同，因此它们自身的潜能也会有所不同。但对所有生命体来说，有一点是相同的：它们都在自身潜能的极限内，最大限度地适应了环境并实现了自我价值。不幸的是，仍然会有一些生命体因为不能适应环境而最终被自然所淘汰。被淘汰的原因不是因为它们不尽力，而是它们的遗传和成长经历限制了它们的潜能，同时也限制了它们适应环境的能力。然而，在遗传与成长经历所限定的能力范围内，它们已竭尽所能地适应了环境。

我一直秉持着对生命的信念：它们积极向上，具有实现自我的倾向，并且在自身潜能的极限内，已最大限度地适应了环境并实现了自我价值。我对人的信念、对孩子的信念、对父母的信念也是如此。

从适应环境的角度来看，孩子的行为或表现是孩子适应父母或家庭环境的结果。研究表明，家庭环境中的教育态度、管教方式、父母关系、亲子关系、期望等因素，对孩子的行为习惯养成有深远的影响。例如，多动、拖延、不爱学习、迷恋游戏、逆反等行为，都可能与家庭环境中的某些特定因素有关。

从动力学角度来看，孩子的动力可能与父母的动力有关。在系统中，一个成员的表现会受到其他成员的影响，同时也会反过来影响其他成员。对于孩子来说，影响最大的就是他们的父母。也就是说，亲子关系会成为影响孩子最为重要的动力之一。

亲子关系的单向性强调，父母在付出爱的同时，不应向孩子索取爱，更不应将自己的未满足需求转嫁给孩子。然而，当亲子关系变成双向关系时，亲子关系就会受到影响，孩子的正常发展也会受阻，于是孩子可能会出现各种问题。亲子关系的双向性体现在，父母给予孩子爱的同时，往往期望孩子能以感恩、优秀表现等形式作为回报。

还有一类父母，当他们的夫妻关系出现问题时，他们在配偶那里得不到想要的感情，那么与两性有关的情感便无法在婚姻里得到满足。此时，可能的情形之一就是父母会向孩子索取这种情感的满足，于是孩子就会被推向父母配偶的位置上，成为满足父母情感的工具。这对孩子来说是一种乱伦，这种乱伦可能发生在情感层面，甚至也可能发生在身体层面。无论在哪一层面上发生，都会对孩子带来负面后果。孩子可能会通过自我伤害的行为，如抽烟、喝酒、打架斗殴、吸毒等，来应对家庭内部的压力和紧张关系，这些行为可能与家庭因素如父母的忽视、亲子关系疏远等有关。

孩子对父母的忠诚，在孩子成长过程中，扮演着至关重要的家庭动力角色。人类的个体有一个非常漫长的成长期。根据研究，人类的成长周期可以分为多个阶段：0~8 岁是幼年期，8~16 岁是成长期，而 16 岁之后进入成年期。通常情况下，人的生长发育期可持续 20 年左右。在生命的头三年，如果没有父母的照顾，孩子的生存将面临极大挑战，尽管现代医学技术的进步使得早产儿和低体重新生儿的存活率有所提高，但父母的照顾对于孩子的健康成长仍然是至关重要的。因此，孩子在生命的头三年与父母的关系是完全的依赖关系。他们需要父母的照顾和关爱，竭尽全力赢得父母的喜爱与接纳，避免被遗弃，因为这是他们生存的关键。

在这种情况下，孩子能使用的"武器"就是对父母的忠诚。这种忠诚表现为无条件地满足父母的需要，尤其是潜意识里的需要。这种需要通常是配合父母完成他们自己的家庭动力。这种动力有时可能源于父母的痛苦、折磨与不幸，而孩子则会无条件地顺应以满足父母。

对父母忠诚的另一种表现是把自己变得和父母一样或相似。例如，如果父母是痛苦的、不幸的、自我折磨的，那么孩子也会将自己变成痛苦的、不幸的和自我折磨的。如果父母不幸早逝，孩子出于忠诚，或许会暗自决定："我要追随你的脚步。"于是，出于忠诚，孩子可能表现得体弱多病、郁郁寡欢或自伤自残，严重的可能会出现自杀行为。孩子对父母的忠诚体现在诸多方面，健康状况、性格特征、能力水平、人际交往模式乃至婚姻质量等，都可能成为孩子模仿父母、表达忠诚的载体。

在面对父母的困境、苦难或不幸时，孩子可能会产生一种替代性的心理反应，幻想自己承担这些痛苦，以减轻父母的负担。这种行为反映了孩子对父母的忠诚和保护欲。于是，孩子可能会认为，如果自己得病，父母就可以免于得病；如果自己痛苦和不幸，父母就可以免于痛苦和不幸；如果自己死掉，父母就可以免于一死。这种替代忠诚经常会导致悲剧的发生。

在孩子那里发生作用的动力还有自我概念。正如前面所讨论的，自我概念对我们成长的影响是深远的。我们通常会按照童年在父母那里所形成的自我概念来表现和发展自己。研究表明，如家庭暴力、情感冷漠、忽视或创伤等的童年阴影，可能会在潜意识中留下深刻的印记，导致个体形成负面的自我概念。例如，一个孩子可能会发展出"我是不可爱的""我是没有用的""我是没有价值的"等负面信念。这些信念不仅影响他们的自我价值感，还可能导致成年后出现各种心理问题。当他朝着这些负面的自我概念或信念去发展自己时，他就可能成为问题孩子或儿童。

第 14 章

中国传统文化对家庭的影响

每个家庭都有其独特的家庭文化，这些文化在个人成长过程中会产生深远的影响，原生家庭的文化尤其如此。我们可以通过一个人的原生家庭去探寻家庭文化的线索，这些线索主要源自个人的原生家庭及其父母的独特属性。这些线索包括原生家庭或父母的所属种族与地域、宗教信仰、社会阶层、职业身份、生活方式、时间观念、社交礼仪、卫生习惯、家庭成员的关系模式、家庭对外界的开放度以及家庭对自然、社会、人生、种族、性别、性行为等重要主题的态度等。

中国传统家庭文化的三大核心支柱

中国传统家庭文化是基于中国传统文化建立起来的，而中国传统文化则是基于封闭的地理环境、农业文明和宗法制度发展而来的。

从整体地理环境来看，中国位于亚欧大陆的东端，北面是常年冰封的西伯利亚荒原，西面深入亚洲内陆，涵盖广袤的沙漠与戈壁。南面与中南半岛山水相连，地势复杂多样，横断山脉南北纵贯，高山深谷相间分布。东面则是浩瀚无垠的太平洋。这种相对封闭的地理状态，既限制了中国的对外联系，也避免了其他文明对中国的冲击。在古代中国史上，入侵中原的主要是北方的游牧民族，而这些游牧民族在征服中原后，往往会被农耕文明同化；南亚文明、西亚文明、欧洲文明等对中国文明难以形成实质性威胁，因此，中华文明在历史长河中得以连绵不断。然而，缺乏外来威胁也使中华文明缺乏社会变革的外部刺激，整个文明呈现出稳定而缓慢的发展状态。这种封闭性使得中国文化具有自给自足、连续稳定、自我中心的特点。

农耕自然经济不仅是中国古代社会经济的主体，而且其持续性和稳定性对中国传统文化的形成和发展起到了决定性作用。农耕民族的生活方式深深植根于不可移动的土地，这种稳定安居的生活方式为农耕社会经济的持续发展提供了坚实基础。以农耕经济为主体的文化是一种主张和平自守的内向型文化。农耕经济以其固有的黏性，将世世代代的居民牢牢吸附在土地上，难以自由迁徙。

这种文化的特点是追求稳定，人的角色比较单一，人际结构比较恒定，生活范围比较狭小，与外界的沟通比较有限，宗族、家族和家庭的作用比较突出，血缘关系成为一个人最重要的关系。于是，以家长制为核心的专制体系逐步建立起来，这些制度包括宗法制度。

宗法制度形成了宗法文化。宗法文化是一种以血缘关系为基础、以男性地位为重心、以长子为优先权的文化，这种文化为建立等级制度奠定了基础。儒家在此基础上，进一步深化了以男权主义为特色的等级制度文化。

儒家提出了"君为臣纲，父为子纲，夫为妻纲"的"三纲"以及"仁、义、礼、智、信"的"五常"。"三纲"奠定了整个社会关系的准则，确定了社会的等级制度，并在此基础上建立了相应的秩序；"五常"则是所有人都要遵守的伦理规范。

宗法文化后来演变成祖先至上、男性优先的法则。这种文化首先在家庭中建立相应的制度，然后扩展到全社会。家庭关系涉及父子、夫妻、兄弟；社会关系涉及君臣和臣民。孔子最先提出了对这些关系的规范，他对家庭与社会中的一些角色提出了要求，这些角色包括君、臣、父、子。孔子对这些角色的要求是"君君、臣臣、父父、子子"，即君主应尽显王者风范，臣子需恪守为臣之道，父亲当树立慈父形象，儿子则应效仿孝子之行。

孔子在这里强调的是"角色规范"，用"像"来进行标定，但对每个角色的具体要求却没有提出明确标准。后来，孟子在孔子对人的角色研究基础上，增加了兄弟和朋友的角色，并称之为"五伦"。"五伦"包括君臣、父子、夫妻、兄弟和朋友。

在这些关系中，我们可以看到，只有"父子"关系，而没有"母子"关系，男权至上、男尊女卑的局面已经形成。孟子针对这些关系，提出了深刻的伦理要求："父子有亲，君臣有义，夫妇有别，长幼有序，朋友有信。"（《孟子·滕文公上》）随后，孟子进一步阐释道："君臣之间，因有礼义之道，故臣子当尽忠；父子之间，因有尊卑之序，故子女应行孝；兄弟之间，因乃骨肉至亲，故手足当互悌；夫妻之间，因挚爱且内外有别，故双方需互忍；朋友之间，因有诚信之德，故彼此应行善。"

从这些关系中的角色要求可以看出，它们主要针对下一层级的角色，而对上一层级则没有明确提及。这方面的不足在《礼记·礼运》中得到了完善。在这部儒学文献中，对每个角色都规定了相应的规范："父慈、子孝、兄良、弟悌、夫义、妇听、长惠、幼顺、君仁、臣忠。"在儒家启蒙教育名著《三字经》中，对"三纲"的关系也有了进一步的阐述："三纲者，君臣义，父子亲，夫妇顺。"

从这些文献中可以看到，始于夏朝、发展于商朝、完备于周朝的宗法制度被儒家不断地系统化、实践化、完善化，并被后来历代统治者所采纳和遵循。周朝的嫡长子继承制和儒家的"三纲五常"均体现了封建社会中对等级、主从、高低、贵贱和尊卑关系的划分和界定，以及对这些关系所提出的人伦要求。三纲五常作为儒家伦理文化中的重要思想，起源于先秦时期，强调了君臣、父子、夫妇之间的道德关系，而嫡长子继承制则确保了宗族制与政权机构、经济结构的结合，维护了亲亲、尊尊的统治地位。它们都是宗法制度的一部分。在宗法制度中，我们可以看到关系上的尊卑脉络，即上尊下卑、男尊女卑、父尊子卑、兄尊弟卑、夫尊妻卑、君尊臣卑、臣尊民卑和父母尊子女卑，这些尊卑关系为中国传统家庭定下了文化基调。

根深蒂固的家庭观念

人类社会经历了从游牧狩猎到种植养殖、从母系到父系的变迁，这些变迁为家庭的出现奠定了基础。中国作为一个以农业为主体的文明古国，其家庭、家族和宗族的形成与发展与这一特点紧密相连。

中国人重视认祖归宗、落叶归根，喜欢寻根求源。若要追溯祖先的源头，我们需从家庭开始，进而扩展到家族、宗族。家庭，这一温馨的小团体，通常由共同居住的亲属构成，规模较小，涵盖两至四个世代，包括祖父母、父母、子女乃至孙辈，共同编织着亲情的纽带。家族则是由一个共同的男性祖先的男系后裔组成的社会群体，这些成员属于同一宗族团体，称为族人，其亲属范围包括自高祖而下的男系后裔。同一姓氏且有共同祖先的不同家族构成一个宗族。因此，若干有血缘关系的家庭构成家族，若干出自同一男性祖先的家族构成宗族。

中国传统文化深深植根于农业文明和宗法文化之中。农业是中国文明的重要基石，也是社会经济的重要组成部分。宗法制度作为古代社会血缘关系的体现，对社会结构和文化发展产生了深远影响。在这种文化背景下，个人通常依附于家庭，家庭依附于家族，家族依附于宗族，宗族依附于国家。

在宗法制度中，个人的位置由祖先的位置决定，个人在决定自己的命运和位置上几乎没有自主空间。在科举制度出现之前，每个人的人生和社会命运都掌握在家族手中。科举制度的出现才部分改变了这一局面。

儒家认为，个人在家庭中首先隶属于父母，其次与兄弟姐妹相关联；在社会上，尤其在官场，则效忠于君主。在家庭中，个人的义务是孝敬父母，照顾好父母，报答他们的养育之恩。报答父母之恩体现在顺从父母意愿、体贴关怀、努力上进、成家立业、繁衍后代、赡养天年上，个人通常不属于自身，而是属于整个家族。作为同一祖先的后代，我们彼此代表，相互影响。因此，我们的行为直接影响祖先的荣耀，每个后代都有义务通过自己的努力光宗耀祖，为家庭争光。在家庭中，我们要孝敬父母，积极上进，传宗接代，养老送终。

不仅如此，我们还要肩负起儒家赋予每个男性社会成员的共同理想——修身、齐家、治国、平天下。除了追求优秀、成为圣贤，我们似乎没有其他选择。

从儒学的观点来看，一个人无论在家庭还是社会中，都要接受"家文化"的影响。"家文化"是所有人的人生起点，需要精心经营，并服从宗法制度和儒家文化的影响。只有这样，个人才能在社会中立足，才有成功的机会和可能。

人生伦理的起点：孝文化

中国传统文化以"孝""忠"为主导，而"忠"则是建立在"孝"的基础之上。因此，"孝"文化是人类伦理的起点。若缺失了"孝"的基石，其他道德品质便如同无根之萍，难以立足，更无法谈及发展。不孝之人，纵有诸多优点，也难以掩盖其德行的缺陷；而孝者，即便在其他方面有所不足，其人格魅力也足以令人瞩目。因此，可以说"一孝遮百丑"，"孝"成为评判一个人是否具有良好品德的关键标准。

"孝"的本质在于子女侍奉双亲，满足他们的需求，成全他们的愿望。然而，这种行为在一定程度上也可能限制子女自我实现的道路，使其难以充分展现自我。在这种情况下，"孝"可能成为父母依赖子女的工具，只要父母健在，子女便难以完全独立，难以充分发展自己的人生。

亲子关系本质上是单向的。在这种关系中，父母应无条件地爱孩子，为他们提供物质和安全保障，给予走向社会所必需的指导与教育，并培养他们独立生活的能力。在这个过程中，父母不应要求孩子给予任何回报。

当孩子长大成人，独立成家时，父母应适时放手，自给自足，依靠自身力量生活，不向子女索取生活所需。如果父母能够这样对待自己和孩子，那么孩子便有机会展开自己的人生，实现自我价值。在这种情况下，子女对父母的敬重和孝顺可能更为深厚，他们会主动侍奉父母，但这并非父母所求，而是子女内心的自发行为。

由此可见，一个真正"孝"的孩子，不是父母要求来的，也不是父母强迫或"绑架"来的。如果父母能够无条件地深爱子女，保持自主独立，自强不息，不向子女索爱，那么他们的子女更有可能成为孝子，也更有能力回馈父母的爱。

养儿防老的悖论

在中国文化中，"孝"文化占据重要地位，其中儿子赡养父母被视为"孝"的核心内容之一。养儿防老不仅是一种道德要求，也是一种法律义务。当父母年老需要赡养而子女拒绝时，法律会强制要求子女履行赡养义务。

然而，当养儿防老成为道德或法律要求时，这种要求背后会带来一系列复杂的社会和心理动力。首先，孩子常被父母或家族视为一种财产或投资，父母将自己的晚年托付给孩子，其未来保障完全取决于孩子的态度。如何确保这种保障或降低被子女抛弃的风险？关键在于法律制度与道德要求的双重支撑。尽管法律制度易于实施，但难以确保每个孩子都能守法，因此道德要求应运而生，其中"孝"成为这一制度下的核心要求。

"孝"是对孩子的道德要求，强调孩子要服从父母、侍奉父母、无条件地满足父母的需求。如果每个孩子都能孝顺父母，那么孩子就能成为父母晚年的保障。然而，即使有了法律和道德的双重保障，我们仍无法保证每个孩子能在父母晚年赡养他们。因此，为了获得更可靠的结果，降低父母晚年得不到赡养的风险，父母在生育和养育孩子时会采取以下的策略。

- 多生孩子，尤其是多生儿子。孩子越多，即使个别孩子不孝，仍有其他孝顺的孩子可以赡养父母，这是一种风险分散效应。
- 培养孩子的优秀品质。只有优秀的孩子才具备赡养父母的能力，因此父母会在孩子的成长和教育上进行大量投资，希望在晚年获得回报。
- 感恩教育。从孩提时代起，父母会将感恩之心深植于孩子心田，让孩子铭记感恩父母、回馈双亲的重要性，将其视为立身处世的基石。例如，通过学习《弟子规》《三字经》《二十四孝》等经典，让孩子明白孝顺父母是人生最重要的使命。
- 过度溺爱。一些父母过度地满足孩子的需求，剥夺孩子独立的机会，以爱之名绑架孩子，令其陷入内疚自责之境，企图换取孩子的感恩与回报。

此外，父母还会采取其他策略，如灌输"百善孝为先"的观念、对孩子过度经济投入、多代同住、干涉子女生活、"忆苦思甜"述说养育孩子的艰辛、对孩子不孝行为进行惩罚等。

在养儿防老的文化体系中，孩子作为父母一生尤其是晚年的投资目标，父母容易对孩子过度投资。他们希望孩子优秀发展，从而保障自己的晚年。然而，这种观念容易将孩子工具化。过度投资孩子，可能导致父母过度承担孩子责任，如不做家务、不整理房间、不洗衣洗碗等。而到了父母晚年，孩子又要承担本属于父母自己的责任，如父母的饮食起居、生活习惯、健康、娱乐、社交、婚姻等。

养儿防老观念容易导致父母与孩子责任错位，双方都可能忽视自我责任，转而依赖对方。当父母为孩子负责时，孩子容易放弃自我责任，如学习、家务等，从而阻碍其个人发展。当父母的晚年要孩子为他们负责时，父母的晚年也很难活出自己。这种以自我不承担责任的相互依赖、彼此成全的共生活法，最终会使父母和孩子彼此都难以活出自己。

如果父母没有养儿防老的心态，不苛求孩子孝顺，那么孩子将更有可能承担自我责任，包括家务、洗衣、学习及过错承担。孩子会成为一个自我负责的人，其未来可能会发展得更加优秀和顺利。父母如果不抱有养儿防老的心态，不再指望孩子为自己养老，就不会将自己的晚年交给孩子。他们可能会早早为自己的晚年做准备，发奋图强，自强不息，发掘自己的生命潜能，创造和丰富自己的生命与人生。

当父母不再依靠子女时，他们将依靠自己度过晚年。他们会想方设法让自己生存下去，不依赖子女和他人的信念会激发他们的生命潜能，让他们不断创造和开发生命能量。即使到了晚年，他们仍能让自己的生命发出光辉。他们可能会有自己的收入，广泛的朋友和社交圈，丰富的兴趣爱好，每天坚持锻炼身体，将日常生活安排得有条不紊。他们可以按照自己的想法生活，活出自己想活的样子。

这样，孩子和父母都可以在自己的人生中活出自我，实现自我价值。他们的人生关系是分享关系、共享关系，而不是隶属关系、包含关系或成全、奉献与牺牲关系。当父母决定不让孩子养老时，孩子在人生进程中就不会背负父母的责任，能够全身心地发展自己的人生。孩子的人生在各个方面都会发展得更加完满，包括身心、人格与灵魂。他们会更加有爱，更加深爱自己的父母，更加懂得孝敬父母。他们会常伴父母左右，共度聚会、娱乐时光，甚至一同出游；在父母需要时，他们总能及时伸出援手，给予关爱与照顾。当子女的人生之路顺畅且成功时，父母对此备感欣慰，孩子的成就也成为他们心中的喜悦之源。父母因子女的成就而喜悦，子女也因父母给予的独立与自由空间而感到心满意足。

因此，如果父母想要一个养儿防老的孩子，那么他们需要做的一件事就是：下定决心不要让孩子为自己养老。

重男轻女的影响

性别是人类个体的重要特征，也是自我概念的核心组成部分。性别歧视是男权主义的产物，而男权主义又是人类社会发展的结果。人类社会从母系社会向父系社会的转变，奠定了男性在社会中的主导地位，同时也降低了女性的地位。

"重男轻女"这一观念认为男孩比女孩更重要，这种重要性主要体现在两个方面：一是男孩被视为家族的传宗接代者；二是男孩被认为是父母养老送终的支持者和照顾者。相比之下，女孩被视为将来要嫁入他族的人，负责为另一家族延续血脉，因此在父系家族观念中，女孩往往被排除在家族传承之外。

重男轻女的观念不仅影响女孩，也会对男孩产生深远影响。

对男孩子的影响

在重男轻女的家庭环境中成长的男孩，会受到家族的重视和优待，但同时也会承担家族的使命和责任。尤其是当这些期待和责任集中在一个人身上时，可能会超出其能力范围。例如，在传宗接代方面，男孩被期望生下男孩；在功名利禄方面，被期望显达富贵；在孝敬父母方面，被期望养老送终。这些无形的压力可能导致男孩缺乏价值感，尽管他们被父母和家族喜爱，但不一定能满足父母的期望。当压力过大时，男孩可能会放弃努力，甚至产生消极乃至厌世的念头。

当这样的男孩成为父亲后，如果他的后代是儿子，他可能会将自己的未完成任务转嫁给儿子，希望儿子继续完成自己未竟的使命。如果他只有女儿，可能会对女儿感到失望，忽视她，使女儿在父亲面前成为"透明人"，既得不到期望和鼓励，也感受不到温暖和关爱。

随着社会的发展，重男轻女的观念逐渐淡化。即使成为爷爷，他可能也不会对子女抱有太高的要求和期待，意识到现代社会倡导性别平等，不希望子女受到传统观念的束缚。因此，重男轻女的观念在爷爷辈中有所减轻。然而，在奶奶那里，情况可能正好相反。

对女孩子的影响

当女孩被家族轻视时，她的性别和存在本身就不被家族接纳，导致她的存在感出现问题。在这种情况下，女孩的注意力往往会集中在确认自己的存在上，过分关注自身的缺陷和外界的负面评价，担心这些会加剧家族的反感，甚至导致被遗弃。因此，她们会努力通过优秀表现来补偿自己因性别不被家族认同的不足，例如追求学业卓越。有些女孩可能会模仿男孩的性格和装扮，以符合家族的期望。

这些女孩与权威的关系充满张力，既惧怕权威的否定，又渴望权威的承认，对权威既有敬畏又有期待和怨恨。她们在权威面前可能会表现得毕恭毕敬，唯唯诺诺，努力展现好的一面，生怕给对方留下不好的印象。

她们对男性也充满矛盾。男性既是家族的期望所在，也是导致她们被歧视的根源，这使得她们对男性抱有复杂的情感。一方面，她们羡慕男性的地位；另一方面，她们不满男性夺走了她们应有的地位。因此，她们与男性之间的关系充满紧张和竞争，这种关系不仅体现在与同学、老师、情人、丈夫、同事和领导的互动中，也可能体现在与儿子的关系中。在婚姻选择时，他们倾向于避开过于优秀或强大的伴侣，选择稍逊于自己的男性作为配偶，以避免被压迫的风险。如果在男性那里失败，还会威胁到她们作为女性的价值感。

当这些女孩自己有了孩子后，在选择后代性别时会面临矛盾。如果她希望生男孩，就等于认同了重男轻女的观念，成为家族歧视的同谋。如果她的孩子是女孩，且丈夫家族持有重男轻女的观念，孩子可能会重蹈她的覆辙。因此，无论孩子的性别如何，对她来说都是一个悖论。

如果她的孩子是女孩，且家族重男轻女，她可能会因女儿而受到责备，就像她母亲当年因她是女孩而受到牵连和责备一样。她可能会将这种因女儿而起的责备转嫁到对女儿的埋怨上，试图通过让女儿变得优秀来弥补没有生男孩的不足。她可能会给孩子报各种早教班和兴趣班，开发孩子的智能，储备各种能力，以提高孩子未来的竞争力。她可能会在女儿身上寻找男孩特质，如留短发、着男装等，鼓励其展现男孩性格。

如果她的孩子是男孩，她对这个男孩的情感会很复杂。男孩曾是她备受歧视的原因，也是她苦痛的根源，她对男孩会有怨恨或敌视，也会有羡慕与嫉妒。然而，男孩也让她在丈夫和家族中获得了地位和价值，因此她又需要感激这个男孩。为了维护女性的价值，她潜意识中不愿让男孩过于优秀，但又需要给他回报和爱。因此，她可能会选择溺爱的方式养育儿子，既能维护自己的能力优势，又能延续对儿子的感激之情。这种溺爱可能会导致男孩失去独立和生活能力，从而让母亲在儿子这里获得优越感和价值感。

当她成为婆婆后，她会期望儿子和儿媳生下男孩，因为只有男丁才能为儿子带来更多价值，为自己增添光彩，为家族带来荣耀。如果儿子未能如愿生下男孩，而是有了女孩，她可能会将不满和歧视倾泻在这个女孩身上，重现自己当年遭受的冷遇。她甚至会将未能拥有孙子的遗憾归咎于儿媳，视其为无能，正如她昔日被婆婆斥为无用一样。这种不满会恶化婆媳关系，她可能会利用儿子来表达这种不满，导致婆媳不和。

等级观念下的家庭关系

在封建社会中，等级观念不仅是儒家文化的重要特征，也是中国传统文化的核心之一。这种观念后来演变为等级制度，成为政治、道德、经济、文化、宗教和日常生活的重要组成部分，从君主、官僚到黎民百姓，无不受其深远影响。

中国的等级制度形成于周朝，完成于秦朝，完善于汉朝，并被后世各朝代不断发扬光大。在文化层面，等级观念最初体现为"天地为大，人次之"，随后演变为"祖先的等级为大，后代次之"，最终形成"父母为大，孩子次之"的观念。因此，形成了一个明确的等级序列：天地大于人，逝去的祖先大于活着的后生，父母大于孩子。在不同的体系中，存在着不同的级别。例如，在政治体系中，君主凌驾于大臣之上，大臣高于百姓；在性别体系中，男性地位通常高于女性；在家庭代际中，父母位居孩子之上；在婚姻关系中，丈夫往往被视为主导。

等级划分主要依据地位、性别和年龄。在社会层面，地位是决定性因素；在家庭层面，性别与年龄则成为主导因素。从地位角度看，职位越高，级别越高；职位越低，级别越低。在中国封建社会的等级体系中，皇帝的地位最高，其次是各级臣子，等级依次降低，平民百姓处于最低级别。在性别方面，男性普遍地位高于女性，尤其在同辈中，男性级别通常超越女性。例如，兄弟地位高于姐妹，丈夫高于妻子。然而，在不同辈分之间，地位较高的父母，不论男女，都会高于孩子。对于年龄而言，通常年龄长者等级较高。例如，爷爷比父亲等级高，父亲比孩子等级高。在同一辈分中，哥哥通常高于弟弟和妹妹。但对于姐姐来说，情况可能有所不同，因为姐姐和弟弟之间还涉及性别的因素。当性别和年龄两个因素重叠时，性别因素通常优于年龄因素。也就是说，在家庭中，即使女孩年长于弟弟，但在家庭的重要性和优先权排序上，往往仍不及弟弟，处于相对较低的等级。在夫妻关系中也是如此，即使妻子的年龄大于丈夫，丈夫的地位和级别也通常高于妻子。

当丈夫的地位高于妻子时，妻子的权利和需求往往被忽视，妻子因此处于从属地位。由于妻子在原生家庭中的地位较低，步入婚姻后，她在丈夫家庭中的地位也较低。长期处于低等级和低地位的状态，会削弱她的存在感和价值感。然而，当她组建了自己的新家庭后，可能会迎来一些提升自我地位和等级的机会。在男权主义的环境中，她可以通过为丈夫生一个男孩来改变自己的地位。此时，她作为丈夫的妻子和儿子的母亲的地位会得到显著提升。此外，她还可以通过"孝"道来增加自己在孩子心中的存在感和价值感。如果母亲能够让孩子孝敬自己、顺从自己，那么她的存在感和价值感就会得到满足。然而，过度牺牲的母亲可能无法培养出感恩的孩子。在现代社会中，许多母亲愿意为孩子付出一切，甚至不惜牺牲自己的利益和需求，这种做法反而可能会对孩子的成长和发展产生负面影响。过度牺牲的母亲可能会让孩子变得自私和无情，缺乏感恩之心。此外，过度牺牲的母亲可能会让孩子失去独立和自主的能力，影响孩子的自信心和自尊心，从而影响他们的成长和发展。因此，作为家长，我们应该适当地为孩子付出，并给予他们足够的自由和支持，让他们学会独立思考和解决问题。

母亲提升自我价值感的另一途径是让孩子依赖她，无法离开她，从而在孩子心中确立自己的重要性。母亲可能会采用以下方式达到这个目标。

- 溺爱孩子。无条件地满足孩子的需求，过度承担属于孩子的责任，让孩子对自己的事务失去承担责任的能力。孩子若无法自理，便无法离开母亲，这让母亲感受到自己在孩子生活中的不可或缺和价值所在。

- 否定孩子。频繁遭遇父母否定的孩子可能会逐渐失去尝试新事物的勇气，形成"我不行""我不值得"的固定思维模式。他们可能会变得敏感多疑，害怕被拒绝或批评，在社交场合中显得退缩和不合群。由于害怕被否定或拒绝，他们可能会避免主动与人交流，甚至在面对冲突时选择逃避或妥协。这种社交障碍不仅限制了他们的人际网络，也影响了他们的情感表达和情绪管理能力。

- 保持父母的角色。因为父母的身份是孩子给的，父母的价值感也是孩子给的。当自己的孩子不再需要自己的时候，有些父母就会觉得自己在孩子那里失去了存在的价值。为了重新找回身为父母的尊严与价值，他们不惜一切代价，甚至刻意营造机会，让孩子陷入困境或成为问题之源，以此来延续他们作为父母的使命与角色。如此，她便能以此为由，理所应当地介入孩子的生活，每当她伸出援手，便仿佛重新披上了母爱的光辉，继续在孩子的人生舞台上扮演指导者的角色，以此满足她作为母亲的成就感与价值感。

在等级制度影响下的家庭中，家庭成员之间的关系往往呈现出明显的权力层级。例如，父亲在家庭中占据主导地位；丈夫对妻子拥有一定的控制权；父母对子女施加影响；而男孩在性别角色中可能对女孩拥有一定的支配地位。在这种等级制度下，处于父母阶层的母亲没有地位，处于孩子阶层的女孩没有地位。母亲通常会通过控制儿子（有时是女儿）来获得地位，女孩通常会通过表现优异和完美来获得地位。在这种制度下，母亲极其容易和孩子结盟，来对抗来自丈夫或父亲的控制。

等级制度下的家庭关系，不可能把夫妻关系放在第一位，也不会鼓励夫妻之间的亲密关系。因为如果鼓励夫妻关系的重要性和亲密性，那么无疑会破坏"父母比孩子重要"这一等级秩序，会影响已经成年子女与他们的父母的亲密关系。为了维系这种等级秩序，需将成年子女与其父母的亲密度提升至超越夫妻间的亲密程度。在"父为子纲"和"孝"文化的等级制度里，夫妻之间的亲密关系是对成年子女与他们父母之间的亲子关系的一种威胁。因此，在此等级制度下，成年子女与父母的关系往往凌驾于夫妻关系之上，显得更为重要且亲密。

另一方面，在夫妻关系中，如果夫妻关系过于亲密和平等，也会破坏"夫为妻纲"的等级秩序原则。若夫妻关系过于亲密，丈夫势必要在妻子面前放低姿态，如此一来，"夫为妻纲"的原则便难以维系。因为如果夫妻关系要想融洽或亲密，那么夫妻关系就要保持在一个平等的关系里，而平等的夫妻关系是违反等级制度的原则的。

等级制度源于宗法制度，宗法制度的根基是血缘关系。而夫妻关系是没有血缘关系的，亲子关系才有血缘关系。因此，在等级制度下的宗法体系中，亲子关系注定凌驾于夫妻关系之上。当孩子还没有成年之前，父母和孩子的关系要比夫妻关系亲密；而当他们的孩子长大成人之后，他们和成年后的孩子的亲子关系要比孩子成年后和他的配偶的夫妻关系亲密。

在这样的等级制度里，男人的地位在做孩子时是低于父母的，却是高于姐姐或妹妹的。因为"父为子纲"的存在，父亲可能要牢牢控制住儿子才能获得这个等级或秩序。在"三纲五常"的等级制度中，父亲往往不允许儿子超越自己的地位。因此，当男孩进入俄狄浦斯期时，男孩是注定要被父亲打败的。这增加了男孩出现俄狄浦斯情结的可能性。

女性在自己作为孩子时会受到双重压迫：一是她的位置要低于父母，二是她的位置也要低于她的兄弟。当她有了再生家庭之时，在没有孩子之前，她的地位也低于她的丈夫。只有当她有了孩子后，地位才有所提升，因为此时她在孩子面前拥有了更高的地位。那么，当她的地位出现改变的时候，如果她有了儿子，她第一个需要的就是在儿子那里获得掌控感，因为她要在儿子这里把过去从兄弟和丈夫那里失去的地位补偿回来。因此，她通常不会放弃任何可以让她获得地位和权力的机会。

就像前面所看到的那样，她一方面会无条件地满足儿子的需求，溺爱儿子；另一方面又会利用自己的权威来控制儿子。因此，男孩在自己的原生家庭里，会受到来自父亲和母亲的双重压力。这种双重压力往往会使男孩失去男性的本色与活力。

在等级制度里，子女的婚姻也要为父母服务，因此即使子女结婚，也不能和父母分离。因此，传统中国人的原生家庭和再生家庭通常很难分离，也很难有明确的界限。在中华传统文化中，孝被视为子女对父母尊敬、关心、照顾和孝顺的美德。孝道强调子女应当优先考虑父母的利益和需要，这是孝对子女的基本要求。也就是说，即使孩子成家立业，有了自己的家庭，也不可以和父母分离，也要把父母的位置放在最前面。

对于一个从夫居的再生家庭来说，如果父母在世，就要和父母住在一起。在一个核心家庭中，对于家庭中的父亲而言，家庭的关系序位是：和自己父母的关系第一位，和孩子的关系第二位，和自己配偶的关系则是第三位。当丈夫把自己的父母放在第一位时，最容易出现的就是婆媳不和。当夫妻关系无法在婚姻中占据第一位时，那么母亲往往会和孩子结盟在一起，以共同抵御来自父亲的疏离。

由此可见，中国传统文化对中国家庭文化的影响是非常深远的。我们需要了解这个部分对我们成长所带来的影响，从而能够更好地促进我们的成长。当然，中国传统文化仍然有许多优秀、积极和美好的一面。中国古代文化之所以能够延绵几千年而没有中断，就说明了它具有非常强大的生命力。中国传统文化强调亲情、和谐、稳定、进取、平衡等，这些都是非常宝贵的部分，我们可以借助这些品质来汲取滋养，并使我们获得更好的成长。

第 15 章

原生家庭的创伤与疗愈

在个体的原生家庭成长过程中，难免会遭受各种创伤。若这些创伤未能得到有效疗愈，个体的成长将受到不同程度的影响。这种影响的程度取决于创伤的类型、创伤严重程度以及个体自身的复原力。

从家庭系统动力学的视角来看，当个体在原生家庭中遭受创伤，尤其是来自父母的伤害时，他往往会对父母产生恐惧、憎恨或愤怒等负面情绪，进而引发对父母的拒绝和敌意，甚至产生报复的想法或行为。然而，这种报复行为往往会反噬自身，造成进一步的伤害。因此，如果原生家庭的创伤得不到妥善处理，个体的健康成长将受到显著阻碍。

我们探讨原生家庭创伤的目的，并非是为了指责原生家庭或为其带来的问题推诿责任，更非为了渲染原生家庭的"罪恶"，而是通过深入了解原生家庭创伤对个体的具体影响，帮助个体正确认识并妥善处理这些创伤，从而实现从创伤中疗愈并健康成长。

为了更清晰地阐述原生家庭创伤，本章将从创伤的种类、创伤的动力学影响以及疗愈策略三个方面展开讨论。

原生家庭创伤的种类

原生家庭创伤主要指个体在成长过程中遭受的来自父母的伤害，常见的创伤类型包括以下六种。

- 虐待：包括身体虐待、情感虐待和性虐待。

- 忽视：包括身体忽视和情感忽视。

- 父母意外事故或早逝：此类事件会导致父母角色的缺失，给个体带来悲伤或悲痛，但也可能激发其向上发展的动力。

- 父母分居或离婚：在此过程中，父母可能会将彼此的怨恨和怒气转移至孩子身上，导致对孩子的情感忽视、暴力或虐待，从而对孩子的心理造成严重影响。

- 父母的失范行为：如酗酒、吸毒、赌博、犯罪等，这些行为不仅会误导孩子的行为，还可能导致对孩子的情感忽视或暴力虐待。

- 父母患有严重疾病：无论是身体疾病还是精神疾病，都会影响父母在家庭中的角色和功能，进而对个体产生心理压力。

需要注意的是，父母对个体造成的创伤远不止上述六种。在现实生活中，原生家庭创伤的表现形式更为复杂多样，具体创伤类型因个体和家庭的不同而有所差异。

在所有创伤类型中，虐待（包括暴力）是最为常见的一种。虐待既可能针对身体（如殴打），也可能针对精神（如辱骂）。此外，还有一种较为隐蔽的伤害，即父母对孩子的忽视，表现为无视孩子的存在、需求，拒绝抚养或关爱孩子等。这种忽视同样会对个体造成创伤。

父母的虐待或忽视是导致个体对父母产生怨恨或憎恨的常见原因之一。父母意外事故、早逝或身患重病，会导致父母角色的缺失，给个体带来悲伤或悲痛，但有时也会激发其向上的动力。父母婚姻出现问题，如分居或离婚，往往会将彼此的负面情绪转移至孩子身上，导致对孩子的情感忽视、暴力或虐待，从而引发孩子的不满、愤怒甚至憎恨。

当父母存在酗酒、赌博、吸毒等成瘾行为或犯罪等失范行为时，不仅会误导孩子的行为，还会导致对孩子的情感忽视，甚至可能对孩子实施暴力或虐待。此时，孩子可能会对父母产生厌恶、鄙视、失望、拒绝等负面情绪。

在原生家庭中，父亲和母亲的行为都可能对子女造成创伤。父亲角色可能带来以下的创伤。

- 缺席的父亲：离开家庭或过早去世，导致父亲角色缺失。
- 离婚后断绝联系的父亲：拒绝继续承担养育责任，对孩子的情感需求置之不理。
- 成瘾的父亲：因成瘾行为与家人疏远，不再履行对家庭和孩子的责任。
- 情感疏远的父亲：虽然在身体上存在，但在情感上与孩子保持距离。
- 挑剔的父亲：对孩子要求过高，经常批评指责，导致孩子内心产生自卑感。
- 拒绝或忽视孩子的父亲：公开拒绝或忽视孩子的存在，使孩子感受到被遗弃的痛苦。
- 不忠的父亲：发展婚外情或婚外性行为，破坏家庭的稳定性和安全感。
- 因职业或外力与孩子分离的父亲：如因工作、住院或监禁等原因与孩子长期分离。
- 自恋的父亲：缺乏爱他人的能力，无法给予孩子应有的关爱。

母亲角色可能带来的创伤包括以下几种。

- 控制欲过强的母亲：过度掌控孩子的生活，剥夺孩子自主成长的机会。
- 言语伤害的母亲：经常对孩子说"不要你了""你怎么不去死"等伤害性话语，严重刺伤孩子的情感。
- 情感依赖孩子的母亲：将孩子作为情感寄托，向孩子倾诉自己的苦楚，要求孩子站在自己一边对抗父亲，使孩子承担超出其年龄的情感负担。
- 羞辱和责备的母亲：过度关注孩子的缺点，频繁批评和否定孩子，导致孩子内心充满内疚感和自卑感。
- 过度比较的母亲：经常拿自己的孩子与其他孩子比较，使孩子产生自卑心理，认为自己永远不如他人。

这些创伤类型及其表现形式对个体的心理和行为产生了深远的影响，需要通过科学的方法进行分析和疗愈。

原生家庭的创伤的动力学影响

原生家庭的创伤对个体的影响是深远且复杂的。父母是人一生中最早接触且最为重要的关系对象，这种关系的稳定性与和谐性对个体的心理发展至关重要。一旦这种关系受到伤害或破坏，个体可能会对父母、他人、社会乃至整个世界失去信任，进而失去安全感和意义感，对自己的价值产生深度怀疑，甚至陷入无价值感的困境。

个体可能会对父母产生憎恨或怨恨，选择远离父母，甚至切断与父母的关系。这种憎恨情绪还可能进一步泛化，影响个体的性别认同和亲密关系。例如，对父亲的憎恨可能影响男性对自身的性别认同，以及女性在婚姻和恋爱中的选择；对母亲的憎恨则可能影响女性的性别认同，以及男性在婚姻和恋爱中的行为。父亲通常象征着社会力量，对父亲的憎恨可能导致个体无论男女都难以摆脱对母亲的依赖，进而影响其独立进入学校、职场及建立新家庭的能力。母亲则代表着爱与亲密关系，对母亲的憎恨可能使个体在情感上产生障碍，难以爱他人、社会乃至自己，最终导致自我伤害。

创伤还可能对个体的身体和心理健康产生负面影响。身体方面，个体可能更容易罹患心血管疾病、消化道溃疡、哮喘、糖尿病、自身免疫性疾病、皮肤病、癌症等；心理方面，焦虑、抑郁、强迫、分裂等心理问题的发生概率也会显著增加。

当个体在父母那里遭受创伤时，父母被置于加害者的角色，而个体则成为受害者。这种角色定位会使个体对父母产生核心情感的转变，如憎恨、敌意和排斥等。这种情绪不仅局限于父母，还可能泛化至与父母相关的人和事物，例如父母的原生家庭成员、职业、生活习惯、爱好以及对个体的期望等。个体甚至可能因不满父母的角色，而拒绝成为父母，通过拒绝生育或婚姻来表达对父母的反抗。

此外，对父母的憎恨还可能延伸至其性别角色。如果个体憎恨父亲，可能会将这种憎恨泛化到所有男性，如男老师、男同学、男同事、兄弟、丈夫或儿子；同理，如果个体憎恨母亲，可能会将这种情绪泛化到所有女性。这种对性别角色的憎恨可能导致个体对自己性别的厌恶，甚至扩展为自我憎恨，最终引发自我伤害行为。

恨是一种带有敌意的情感联结，它将个体置于受害者的角色，而将施害者置于加害者的角色。为了消解这种恨意和受害感，个体往往会寻求心理上的平衡，通过将自己转变为加害者的角色，将原本的加害者置于受害者的位置，以此释放内心的恨意，实现复仇的快感，从而在心理上达到相对的公平。

从心理学角度看，报复的本质是让对方经历与自己曾经所受伤害同等甚至更严重的痛苦。个体可能会通过拒绝做让父母高兴的事情，或者做让父母痛苦的事情来实现报复。例如，父母期望个体取得学业成功，个体却故意放弃学业；父母希望个体建立稳定的家庭，个体却选择拒绝婚姻。这种行为模式不仅加深了父母的痛苦，也进一步伤害了作为父母孩子的自己，因为这两者在本质上是同一的。因此，当个体试图报复父母时，实际上也在伤害自己，这也是恨父母导致自我伤害的重要原因。

如果个体对父母心怀怨恨，意图报复而拒绝和解，最终的结果往往是自我伤害。报复父母的行为不仅无法真正解决问题，反而会带来新的创伤，进一步加剧对父母的恨意，形成恶性循环。这种循环可能导致个体陷入持续的自我伤害之中，无法自拔。

当个体以受害者自居时，往往会拒绝承担属于自己的人生责任，将自身的困境、挫折、失败和苦难全部归咎于父母。这种行为不仅无助于问题的解决，反而会进一步强化个体的受害者心态，导致其在心理和行为上陷入更加消极的状态。

综上所述，对父母的恨意及其带来的报复行为，不仅无法真正解决问题，反而会导致个体在心理和行为上遭受双重伤害。这种伤害不仅源自父母的原生家庭创伤，更源于个体自身的报复行为。因此，只有通过正视创伤、理解其影响，并寻求科学合理的疗愈方法，个体才能真正摆脱这种恶性循环，实现心理的健康与成长。

如何疗愈原生家庭创伤

若无法妥善处理来自父母的创伤，无法解决对父母的恨意与报复心理，一旦陷入自我伤害的行为模式，个体将难以自拔，这将对其成长产生深远的负面影响。因此，处理来自父母的创伤，对个体的成长至关重要。具体而言，可从以下几个方面着手。

- 正视自身作为受害者的身份。承认自己在原生家庭中所遭受的伤害，正视内心的痛苦与创伤，这是疗愈的起点。
- 转变对父母加害者身份的认知。尝试理解父母的行为背后可能存在的原因，如他们自身的成长经历和创伤，从而将其从"加害者"的角色中解脱出来。
- 与作为加害者的父母和解。通过理解与沟通，逐步化解对父母的怨恨，实现内心的和解。
- 与父母分化。明确自身与父母的界限，建立独立的自我认知，不再将父母的错误归咎于自身，也不再为父母的行为承担责任。
- 承担起属于自己的人生责任。将注意力从父母转移到自身，对自己的幸福和成长负责，努力实现自我价值。

无论父母出于何种理由、原因、愿望或动机，他们都无权伤害子女，而有义务和责任给予子女爱与养育，以促进其健康快乐地成长。父母伤害子女是父母的过错，子女无需为此承担责任。子女对来自父母伤害的所有应对方式都是合理的，因为这是在特定情境下的自我保护。父母在子女身上的所思、所想、所愿和所为，是他们自己的事情，子女无需为其承担责任。

　　子女有权按照自己的意愿生活，追求自己想要的人生，成为自己并实现自我价值。如果父母无法给予子女爱，子女可以学会自我关爱。如果在父母那里受了伤，子女可以从现在开始尝试保护自己、避免再次受伤。通过与父母分离、保持界限，子女可以承担起属于自己的人生责任，对自己的幸福和快乐负责。

　　此外，子女可以尝试了解父母的成长经历和人生创伤，探索他们可能也是曾经的创伤者和受害者。通过和解技术，与来自父母的创伤达成和解。当能够做到这些时，内心来自父母的创伤可能会逐渐愈合，自我伤害的行为也会停止，个体的健康成长将得以保障。

　　然而，实现这些目标并非易事，可能需要一个漫长的过程。仅靠自身的力量可能难以完成，此时可以借助心理咨询的专业帮助，或通过心理学的力量，走出原生家庭创伤的阴影，实现心理的健康与成长。

第 16 章

原生家庭的资源与能量

重新审视原生家庭父母的责任

　　每个人的生命始于一个受精卵，父亲提供精子，母亲提供卵子。无论我们是否愿意承认，生命的物质基础一半来自父亲，另一半来自母亲。这是父母给予我们的最初生命资源，也是我们成长的基础。

　　作为生命的一部分，人类具有繁殖的本能。然而，繁殖的过程带有偶然性，父母无需为后代的偶然性负责。尽管如此，许多人常因未经许可被赋予生命而责备父母，认为这是父母的过错。然而，繁殖是生命的本能，与个体无关，就像呼吸和饮食一样，是生命体的本能需求。

　　有人认为，若父母缺乏养育能力，则不应生育，否则便是对孩子不负责任。然而，这种观点忽略了父母自身成长环境的限制。许多父母可能因成长环境的资源匮乏而无法成为有能力的父母，这本身是他们的悲哀。如果他们遇到更好的养育环境，或许也能成为优秀的父母。因此，剥夺父母生育的权利，对这些父母来说是极大的不公。

　　每个生命个体都拥有生命权、繁殖权和发展权。父母有权生育后代，也有权让后代活得更好。动物的亲代本能是爱子代，只需提供安全和营养即可。然而，人类的亲代不仅要让后代生存，还要让其活得优秀、出彩。这种高标准和高要求本身可能给孩子带来压力，甚至在孩子无法达到要求时导致伤害。

　　因此，我们应当重新审视原生家庭的意义，理解父母的责任与局限，同时认识到生命的本能与个体成长的复杂性。

从困境中寻找力量

我们的生命是通过父母和原生家庭传递而来的，这一过程本身就蕴含着巨大的能量与资源。原生家庭中的每个成员都拥有强大的生命能量，这些能量是我们与生俱来的宝贵资源。

在许多原生家庭中，尤其是我们的祖先或父母，可能拥有显赫的身份或地位，在不同领域取得过显著成就。他们可能具备德高望重、坚韧不拔、意志顽强、勇敢智慧、开拓进取等优秀品质，拥有强壮的体格、体面的职业以及稳定而丰厚的收入。他们也可能拥有稳定和谐的婚姻、广泛积极的人际关系，情绪稳定，心中充满爱，能够做到平等尊重、民主温暖、和蔼可亲，并且讲原则、有界限。尤其是当父母具备这些核心品质时，就构成了原生家庭给予我们的宝贵资源与能量。他们本身已经很优秀，充满能量，而我们则渴望拥有这样充满能量与资源的家庭，以及如此优秀的父母。

然而，现实并非总是如此。并非每个人的原生家庭都如此优秀与出色，有些家庭则充满了创伤、痛苦或不幸。在这种情况下，我们该如何在这些家庭中发现资源与能量呢？

常态和发展顺利的家庭比问题和创伤家庭更容易将生命传承下去。这意味着，问题和创伤家庭需要付出更多的资源与能量，才能达到常态家庭的水平。因此，问题和创伤家庭往往蕴含着更多的资源与能量，越是苦难和不幸的家庭，其潜在的能量可能越大。

在原生家庭中，当一个成员过早去世时，其他成员可能会承担起逝者的功能。例如，爷爷去世后，奶奶会承担家庭责任；爸爸去世后，妈妈会承担起爸爸的角色。当家庭中存在暴力时，其他家庭成员会团结起来对抗暴力，保护受害者。例如，妈妈遭受爸爸的家庭暴力时，外公、外婆、舅舅或姨妈可能会过来保护妈妈，增强她的力量，抗衡施暴者；如果孩子遭受爸爸的暴力，妈妈会保护孩子，给予孩子爱和力量。当父母一方溺爱孩子时，另一方可能会表现出原则性和规则性，减少溺爱对孩子的影响。

从系统论的视角来看，家庭是一个相互影响、相互补充的系统，成员共同维系着整个系统的平衡。在家庭系统中，如果某些成员缺失或功能弱化，其他成员会替代或补充其功能。这种替代或补充可能导致部分成员在某些方面功能过强，例如过度担当、强大、牺牲、优秀、顽强、慈祥、孝顺等，这些特质都是家庭中的资源与力量所在。

一些家庭成员可能兼具消极负面与积极正向的力量。例如，有暴力倾向的父亲在职场上可能充满能量，能够升至高位或取得巨大成就，同时也可能对父母极为孝顺，尽心照顾原生家庭成员。有些父母在处理婚姻关系方面能力不足，常发生冲突、敌对、回避等问题，甚至分居、外遇、离婚，但他们与自己的原生家庭却能相处融洽，提供大量物质与情绪支持。

由此可见，即使在存在问题或创伤的原生家庭成员身上，我们仍然可以发现正向积极的力量和资源，这些资源对家族生命的延续至关重要。

原生家庭创伤后的资源转化与成长动力

在探讨原生家庭问题成员的资源与力量之后，让我们进一步关注个体在经历原生家庭创伤后所蕴含的生命能量与资源。尽管原生家庭的创伤带来了诸多负面或不利影响，但这些经历也可能成为个体成长与发展的潜在动力。

在充满创伤的原生家庭中成长的个体，往往需要不断应对各种困难和挑战。这种经历可能使他们在心理上变得更加坚韧，具备更强的适应能力。心理学研究表明，原生家庭对个体的影响是多方面的，包括性格形成、情绪稳定性、人际关系和价值观等。例如，个体在原生家庭中经历的批评和否定可能导致其长大后变得敏感、忧虑或胆小，但这种逆境也可能促使个体发展出较高的心理韧性。他们在面对逆境、压力或创伤时，能够迅速恢复和适应，展现出更强的承受能力与克服能力。例如，父母频繁争吵或离异的孩子，往往更早学会独立，面对困境时表现出更强的适应力。

经历原生家庭创伤的个体往往更具同理心，能够感同身受他人的痛苦，因此更容易培养出强烈的同情心。例如，曾遭受家庭暴力的人，会对其他受暴力侵害的人感同身受，更愿意伸出援手，给予关心和支持。

原生家庭的创伤还促使个体不断反思，探究家庭与个人问题的根源，进而激发强烈的自我成长动力。他们渴望打破家庭的不良模式，努力让自己变得更好，避免将创伤延续到下一代。例如，许多人通过学习心理学知识、接受心理咨询或心理治疗等方式，不断探索自我，实现自我提升。

此外，经历过家庭创伤的个体对健康关系更加渴望与珍惜。原生家庭情感关系的缺失使他们更渴望建立温暖和谐的人际关系，并倍加珍惜。这种对健康关系的追求，推动他们努力学习与他人相处的技巧，提升自己在亲密关系和社交关系中的能力。

值得注意的是，原生家庭的创伤有时也能意外地激发个体的创造力，成为推动其投身艺术创作的强大动力。许多作家、画家、音乐家等，会将自己在原生家庭中的痛苦经历转化为创作的灵感，通过文字、绘画、音乐等形式表达内心的情感，从而在艺术领域取得非凡成就。

尽管原生家庭的创伤带来了诸多挑战，但个体本身蕴藏着巨大的潜能，包括能量、创造力和韧性等。即使在充满创伤的原生家庭中成长，个体仍能凭借顽强的生命力，勇敢面对困难，逐一克服挑战。这种生命力是与生俱来的，不会因为原生家庭的创伤而消失。个体可以凭借这些生命能量突破创伤带来的限制，重建生命通道，寻找新的可能性。

原生家庭的创伤虽然痛苦，但也为个体提供了成长和学习的机会。通过理解原生家庭的创伤根源，个体可以更好地认识自己，从而打破创伤的传递。无论原生家庭是否存在创伤，它都是个体成长的起点。个体仍可以从家庭中汲取正能量，维持乐观向上的心态。

在疗愈原生家庭创伤的过程中，个体可以借助广泛的社会支持系统，如社区社工、学校或社会机构的心理咨询师、精神科医师、朋友或公益组织等。这些外部资源可以帮助个体更好地面对创伤，找到解决问题的方法。

通过重构原生家庭创伤的方式重新解读原生家庭和父母，看到原生家庭和父母的另一面——具有正向、积极、能量、资源和生命力的一面。当我们能够经常看到这些积极方面时，我们生命中的正向能量也会被激发出来，从而更有力量走出原生家庭的创伤，实现生命的健康成长。

第 17 章

如何与父母和解

　　与原生家庭和解通常是个体成长的重要环节。原生家庭中的创伤往往是影响个体成长的关键因素。对于那些未曾经历此类创伤的人而言，其成长之路可能相对更为顺畅和健康，因而无需特别寻求与原生家庭的和解。

　　然而，对于在原生家庭中遭遇创伤的个体来说，与原生家庭和解成为其健康成长的必要条件。能否实现和解，直接关系到其成长之路的顺畅与否。

　　本章所讨论的原生家庭创伤，涵盖了所有原生家庭成员对个体造成的伤害，包括父母、兄弟姐妹、祖父母、外祖父母以及父母的兄弟姐妹等。然而，我们通常所说的原生家庭创伤，主要指的是来自父母的创伤，因此我们所讨论的和解，也主要是指与父母的和解。

与父母的创伤和解：理解与接纳的力量

　　为什么要与父母的创伤和解呢？从基因学的角度来看，我们生命的一半来自母亲，另一半来自父亲。当我们拒绝母亲或父亲时，实际上是在拒绝自己生命中属于他们的那一部分。如果同时拒绝父母，我们就是在拒绝自己生命的全部。从家庭系统动力学的角度来看，拒绝父母往往会导致自我拒绝，进而伤害自己。这种自我伤害会阻碍我们的人生和成长。因此，与父母的创伤达成和解，是消除自我拒绝、停止自我伤害、使成长之路更加顺畅的重要途径。

　　那么，如何实现与父母的和解呢？和解的前提是了解父母。我们需要了解他们在自己的原生家庭中是如何成长的，他们经历了哪些创伤。通过这些了解，我们可以尝试用他们的成长经历来解释他们在我们身上所做的一些事情，尤其是那些给我们带来创伤的行为。如果能够在父母给予我们的创伤与他们的成长经历之间建立联系，我们就能更好地理解父母，而理解是和解的关键一步。

然而，和解的困难往往在于我们觉得父母不够好，认为他们做得不合格，无法满足我们的期望。我们心中都有一个"理想父母"的形象，我们幻想他们能够满足我们的一切需求，给予我们无条件的爱、自由、尊重、欣赏、信任和包容。但现实中的父母并非完人，他们无法达到我们心中的"满分"标准。事实上，我们的祖父母和外祖父母也并非完美，他们的能力有限，这也在一定程度上限制了父母的能力。因此，父母无法给予我们的那部分，并非他们故意不给，而是因为他们本身也没有。

换一个角度思考，如果父母的能力上限是 80 分，他们是否在这 80 分的范围内倾尽全力来爱我们？这是我们与父母和解的关键。如果答案是否定的，那么和解将难以完成。不妨以己度人，想想自己作为父母时的表现。如果你已经结婚并有了孩子，你是否在自己的能力范围内尽力爱自己的孩子？如果你的回答是肯定的，那么同样可以推断，我们的父母也在他们的能力范围内尽力爱我们。

如果认为父母有所保留，那么保留的程度便是关键。假设他们保留了 20%，这意味着他们又被扣除 16%，实际投入了 64%。那么，我们是否可以认为他们在 60% 的能力范围内已经尽了最大的努力来爱我们？而被扣除的 16% 部分，也是因为他们自身能力不足，无法给予我们想要的。对于他们本身拥有的部分，他们是否也在自己的能力范围内尽力爱我们了呢？

尝试换位思考，如果我们将自己置于父母的位置，面对同样的挑战，是否能够做得比他们更好？这种换位思考有助于我们理解父母的局限性，从而更好地接纳他们，实现与父母的和解。

从情感到事实：与父母和解的多维路径

如果我们在情感层面难以与父母达成和解，那么可以从事实层面入手。以下是从事实角度与父母和解的思考。

我们无法选择自己的父母，正如父母也无法选择我们成为他们的孩子。这种关系是基于生命的起源而非个体的选择。我们的生命源于父母精子和卵子的结合，身体里的遗传物质一半来自父亲，一半来自母亲。我们是父母的孩子，他们也是我们的双亲。母亲用子宫孕育了我们，我们在母亲的子宫里待了大约 280 天，然后出生。出生后，父母喂养、照料、陪伴我们，教会我们基本的生活技能，直到我们成年。这些事实构成了我们与父母之间不可分割的联系。

有人可能会质疑：我没有选择出生的权利，为什么父母未经我的同意就生下了我？这又回到了一个问题的核心：父母没有选择拥有什么样的孩子的权利，孩子也没有选择是否出生以及拥有什么样的父母的权利。我们需要明确的是，孩子没有选择出生的权利，父母也没有选择孩子的权利。

如果我们对父母不满意，认为他们作为父母不合格，那么不妨从另一个角度思考：如果我们的父母曾遇到足够好的父母，他们是否还会是我们现在所看到的样子？他们没有成为我们心中理想的好父母，而是成了一个不够好的父母，这是否是因为他们自身也遇到了不好的父母，从而失去了成为好父母的机会？这是不是他们人生的悲哀？他们是否也是不良养育环境的受害者？

如果我们自己在父母眼中也是一个"问题孩子"或"有问题的人"，这是否也是他们的不幸？因为他们没有成为好父母，也失去了拥有理想孩子的机会。

如果你无法与父母和解，接受这种不和解的状态也是一种选择。我们可以选择和父母和解，也可以选择不和解。和解与否，取决于个体的选择。然而，如果你仍然希望和父母和解，也可以做到。重要的是，要明白和解是可以选择的，不和解也是可以接受的。与父母的不和解达成和解，可以视为和解的开始。

　　我们需要明白，与父母和解是为了自身的成长，而非为了满足父母。和解是与我们内心中的父母形象和解，而非与外在的父母和解。因此，即使父母不在了，我们仍然可以与他们和解。和解与否与父母是否愿意和解无关，也与他们是什么样的父母无关。实际上，当我们内心与父母达成和解时，我们与外在父母的关系也会因此而有所改变。

　　和解可能不是一次能够完成的，可能需要多次尝试，甚至需要一生的时间。当然，你仍然有权利选择不和解，但不和解也会带来相应的结果。或许，你选择的不和解，正是你家庭系统动力的一部分，也是在实现父母潜意识中的某些愿望。

第 18 章

原生家庭与自我成长

研究原生家庭的意义：促进个体独立与成长

研究原生家庭的目的在于促进个体成长，尤其是对于那些在原生家庭中经历过心理创伤的个体而言，这一研究具有尤为重要的意义。每个人都有自己的原生家庭，而再生家庭并非人人都有。人类具有记忆、表象、是非判断以及时间观念，能够穿梭于过去、现在和未来三种时态之中。因此，原生家庭对每个人的成长都具有深远的影响。

研究原生家庭的核心目标是帮助个体从原生家庭中汲取积极的、促进性的影响，使其成为成长的动力，而非阻碍或消耗力量。每个人的生命都始于一个受精卵，父亲提供精子，母亲提供卵子，因此我们的生命中包含父母双方的遗传信息。如果我们在父母那里受到伤害，且无法与这种创伤达成和解，我们可能会拒绝父母，进而拒绝自己，最终伤害自己，影响成长。因此，妥善处理来自父母的创伤对孩子健康成长至关重要。

此外，个体能否从父母那里分离，顺利地离开原生家庭，成为一个独立的个体，实现自我价值，也是成长过程中的一个重要因素。人类是具有文明、是非观念、制度和社会属性的存在，需要离开原生家庭，以独立人格进入有规则的社会环境中，才能顺利成长。因此，能否顺利地从父母那里分离，找到自己、成为自己并实现自己，成为个体成长的关键。

在宇宙中，万事万物都能以自己的方式存在，如氢原子、氧气、水、石头、小草、花朵、树木、蜜蜂、鲸鱼、老虎、大象等。然而，人类作为高级生命体，在实现自我这一过程中却面临诸多困难。人类具有文明、是非观念、文化和教育，父母会教育和塑造后代，使其具备文明性、是非观念和文化性。在这个过程中，父母很容易让子女失去自我，将他们塑造成父母或社会期望的样子。当这种情况发生时，孩子在父母的影响下失去了找到自我、成为自我和实现自我的机会，其健康成长也难以得到保障。

个体成长的两次机遇：原生家庭的影响与自我和解

个体在一生中有两次重要的成长机遇：一次是在 18 岁之前，另一次是在 18 岁之后。18 岁之前的成长主要取决于父母的素质与教育方式；而 18 岁之后的成长则取决于个体是否能够与 18 岁之前的成长经历达成和解。

18 岁之前：父母对个体成长的影响

18 岁之前，个体的成长主要在父母的监护下完成。因此，个体的成长质量在很大程度上取决于父母是否具备良好的成长背景和教育能力。父母自身的成长状态是孩子成长的重要保障。如果父母未能与自己的原生家庭完成分离，他们往往难以与自己的孩子建立健康的亲子关系，孩子在这种环境下顺利成长的难度将显著增加。

此外，如果父母未能完成与自己父母的分离，他们在学业、职业和家庭生活中通常也会遇到诸多困难，无法满足自身的人生需求，难以实现自我价值。当他们有了自己的孩子后，可能会将孩子视为实现自身未竟愿望的工具，试图通过孩子来满足自己的人生需求，实现自己未曾实现的愿望，甚至成为自己渴望成为的那个人。在这种情况下，孩子往往会失去自我，无法实现自身的成长与发展，其存在的目的似乎只是为了成全父母的人生与自我。

父母自身也渴望成为父母眼中的好孩子，因此在学业、职业甚至再生家庭中努力满足父母的期望。然而，这种行为模式使他们在父母的影响下失去了成为自我的机会，无法实现自我价值。作为人类，我们来到这个世界上的最重要的任务和使命就是成为自己，实现自我价值。只有当我们能够成为自己时，才能找到人生的意义和价值，感受到成功与幸福。反之，如果无法成为自己，找不到自我，我们将无法感受到人生的幸福、快乐和成功，甚至可能陷入痛苦和绝望之中。

因此，能否在18岁之前成为自己，取决于父母是否能够成长得足够好，是否能够与自己的父母分离，是否能够在父母的影响下实现自我价值。在这方面，孩子往往无法掌控自己的命运。我们遇到什么样的父母，很大程度上取决于命运的安排。有些人的父母成长得足够好，孩子因此能够顺利成为自己；而有些人的父母成长得不够好，孩子则可能难以实现自我价值。

对于所有父母而言，必须牢记的是，他们是孩子成长的起点。父母自身的成长质量决定了孩子的成长质量。孩子的未来在很大程度上掌握在父母手中，他们是孩子未来发展的关键。孩子的未来能够走多远，取决于父母能够成长得有多好。如果父母自身成长得不够好，他们不仅难以实现自我价值，还会在孩子的成长过程中制造创伤，使孩子未来的成长之路充满困难。

我们知道，孩子最早接触的是母亲，随后父亲才加入。因此，个体的顺利成长需要父亲的参与和影响，而这一过程需要母亲的理解与支持。父亲是带领孩子离开母亲和原生家庭的力量，如果孩子在成长过程中缺乏父亲的参与，他们将无法顺利进入社会并完成社会化。因此，父亲的参与对个体的成长至关重要。没有父亲的参与，孩子将无法完成与母亲及原生家庭的分离。

在个体的成长过程中，需要与父亲建立良好的联结，同时与母亲保持适当的分离。进入青春期后，个体还需要与同性别的父母保持良好的关系，与异性别的父母保持一定的界限，以顺利完成性别认同，安全度过恋父恋母阶段。

在孩子的成长过程中，父母需要经营好夫妻关系。当夫妻关系良好时，双方的情感需求能够得到满足，不会将孩子作为满足情感需求的工具，孩子因此能够自由地发展。反之，当夫妻关系出现问题时，双方的情感需求无法得到满足，可能会利用孩子来弥补情感缺失。在这种情况下，孩子将无法实现自我价值，甚至会放弃自我，试图拯救父母的婚姻。

父母的养育方式也是孩子健康成长的关键。当父母采用专制、溺爱或忽视的养育方式时，孩子很难实现自我价值。因此，18 岁之前，个体能否健康顺利地成长，取决于父母是否能够完成自身的成长任务。

18 岁之后：个体的自我和解与成长

18 岁之后，个体的成长取决于是否能够与 18 岁之前的经历达成和解。18 岁之前，个体的成长主要取决于父母；而 18 岁之后，个体的成长则取决于自己的选择。

如果个体在 18 岁之后仍然依赖原生家庭承担成长责任，实际上是在让家庭为自己的不成熟买单，进而忽视自身的成长。这样，个体将深陷原生家庭和过往创伤的束缚，难以实现真正的成长。个体将无法与原生家庭和父母分离，无法消除过去创伤对成长的影响。个体可能会被憎恨和创伤经历所困扰，陷入自我伤害或折磨之中，从而影响身体、学业、职业和再生家庭，使人生充满困难。个体可能会被疾病、问题和伤害所困扰，不幸和痛苦可能会无休止地跟随，无法找到人生的意义和价值，实现成功与幸福。

进入 18 岁之后，个体的内在生命力将支持自我成长。个体可以主动与父母分离，同时保持爱的联结。个体不再将父母视为监护人，也不再将自己视为孩子，而是与父母建立一种成人与成人之间的关系。这种关系应该是平等的、尊重的、自由的、信任的、合作的、共享的和共赢的。个体可以在父母面前做自己，父母也可以在个体面前做自己。个体对自己的人生事务承担责任，尊重父母的事务，不介入或卷入属于他们的事务和责任。这样，个体可以实现自我价值，父母也可以实现自我价值。

这需要个体能够完成与原生家庭创伤的和解，看到原生家庭的资源与爱，完成与原生家庭的分离和联结。只有这样，个体的自我成长才能得到保障。

阿德勒.自卑与超越［M］.曹晚红,译.北京:中国友谊出版公司,2018.

艾琳·戈登堡,马克·斯坦顿,赫伯特·戈登堡.家庭治疗概论.王雨吟,译.中国轻工业出版社,2022.

艾瑞克·伯恩.人生脚本:改写命运、走向治愈的人际沟通分析.周司丽,译.中国轻工业出版社,2021.

贝蒂·卡特,莫妮卡·麦戈德里克.成长中的家庭:家庭治疗师眼中的个人、家庭与社会.高隽,汪智艳,张轶文,译.世界图书出版公司,2007.

博斯克,等.主体间性心理治疗:当代精神分析的新成就.尹肖雯,译.中国轻工业出版社,2014.

戴夫·默恩斯,布赖恩·索恩.以人为中心心理咨询实践.刘毅,译.重庆大学出版社,2010.

丹尼·韦丁,雷蒙德·科尔西尼.当代心理治疗(第10版).伍新春,臧伟伟,付芳,译.中国人民大学出版社,2021.

国家统计局.中华人民共和国2023年国民经济和社会发展统计公报.北京:国家统计局,2024.

贺琳·安德森.合作取向治疗:对话·语言·可能性.周和君,译.希望出版社,2010.

海灵格,B.谁在我家:海灵格家庭系统排列.张虹桥,译.世界图书出版公司,2003.

约翰·鲍尔比.依恋.汪智艳,王婷婷,译.世界图书出版公司,2018.

约翰·鲍尔比.分离.余萍,刘若楠,译.世界图书出版公司,2017.

约翰·鲍尔比.丧失.付琳,译.世界图书出版公司,2020.

约翰·麦克劳德.心理咨询导论(第4版).夏颖,刘凤至,译.上海社会科学院出版社,2019.

JoEllen Patterson, Lee Williams, Todd M. Edwards, Larry Chamow, Claudia Grauf-Grounds. 家庭治疗技术.王雨吟,译.中国轻工业出版社,2020.

勒弗朗索瓦,G.孩子们:儿童心理发展.王振宏,译.北京大学出版社,2004.

卢格,J.O.人生发展心理学.陈德民,周国强,译.学林出版社,1996.

迈克尔·尼克尔斯,西恩·戴维斯.家庭治疗:概念与方法.方晓义婚姻家庭治疗课题组,译.北京师范大学出版社,2018.

Marjorie Taggart White 等.自体心理学的理论与实践.吉莉,译.中国轻工业出版社,2013.

米尔顿,等.精神分析导论(第二版).余萍,等译.中国轻工业出版社,2014.

莫妮卡·麦戈德里克,兰迪·格尔森,苏艾丽·佩特里.家谱图:评估与干预.霍莉钦,吴朝霞,等译.当代中国出版社,2018.

珀尔·S.伯曼.个案概念化与治疗方案:咨询理论与临床实务整合的案例示范.游琳玉,等译.北京理工大学出版社,2019.

彼得·莱文.心理创伤疗愈之道.庄晓丹,常邵辰,译.机械工业出版社,2024.

Rita Sommers-Flanagan, John Sommers-Flanagan. 心理咨询面谈技术 . 陈祉妍 , 江兰 , 黄峥 , 译 . 中国轻工业出版社 , 2019.

S. Cormier, B. Cormier. 心理咨询师的问诊策略 . 张建新等 , 译 . 中国轻工业出版社 , 2019.

萨尔瓦多·米纽庆 , 李维榕 , 乔治·西蒙 . 掌握家庭治疗：家庭的成长与转变之路 . 高隽 , 译 . 世界图书出版公司 , 2019.

桑特洛克 , J. W. 毕生发展 . 桑标 , 译 . 上海人民出版社 , 2009.

沈家宏 . 原生家庭：影响人一生的心理动力 . 中国人民大学出版社 , 2018.

美国精神医学学会 . 精神障碍诊断与统计手册（第五版）（案头参考书）. 张道龙 , 等译 . 北京大学出版社 , 2014.

大卫·萨夫 , 吉儿·萨夫 . 客体关系家庭治疗 . 童俊 , 丁瑞佳 , 译 . 世界图书出版公司 , 2012.

阿里斯特·冯·施利佩 , 约亨·施魏策 . 系统治疗与咨询教科书：基础理论 . 史靖宇 , 赵旭东 , 盛晓春 , 译 . 商务印书馆 , 2018.

约亨·施魏策 , 阿里斯特·冯·施利佩 . 系统治疗与咨询教科书：具体心理障碍知识 . 史靖宇 , 译 . 商务印书馆 , 2018.

第四期中德系统式家庭治疗连续培训班教材（2010–2011：北京）.

第一期中德高级家庭治疗督导班培训教材（2014–2016：北京）.

沈家宏心理系统动力式家庭治疗连续培训班教材（2020–2025：广州）.

American Psychiatric Association. (2013). Diagnostic and statistical manual of mental disorders (5th ed.). American Psychiatric Association.

Buss, D. M. (1989). Sex differences in human mate preferences: Evolutionary hypotheses tested in 37 cultures. Behavioral and Brain Sciences, 12(1), 1-49.

Brody, G. H., Stoneman, Z., & McCoy, J. K. (1994). Sibling Relationships: Their Causes and Consequences. Annual Review of Psychology, 45, 1–24.

Bretherton, I. (1992). The origins of attachment theory: John Bowlby and Mary Ainsworth. Developmental Psychology, 28(5), 759–775.

Baumrind, D. (1966). Effects of authoritative parental control on child behavior. Child Development, 37(4), 887–907.

Baumrind, D. (1971). Current patterns of parental authority. Developmental Psychology Monographs, 4(1), 1–103.

Clark, C. M., & Mills, J. (2003). Parenting Styles and Child Development: A Cross-Cultural Perspective. Journal of Family Psychology, 17(3), 443–453.

Davies, P. T., & Cummings, E. M. (1994). Marital conflict and child adjustment: An emotional security hypothesis. Psychological Bulletin, 116(3), 387–411.

Erikson, E. H. (1963). Childhood and Society. New York: Norton.

Fink, P., et al. (2004). The mechanisms of medically unexplained symptoms: An integrative conceptual model. Psychosomatic Medicine, 66(5), 867–871.

Guldin, M. B., Munk-Olsen, T., Mortensen, P. B., & Pedersen, C. B. (2015). Parental death in childhood and risk of suicide in offspring: A nationwide register-based study. JAMA Psychiatry, 72(11), 1124-1130.

Grolnick, W. S., & Ryan, R. M. (1989). Parent Styles Associated with Children's Self-Regulation and Competence in School. Journal of Educational Psychology, 81(2), 143–154.

Gilligan, M., Suitor, J. J., Kim, S., & Pillemer, K. (2013). Differential Effects of Perceptions of Mothers' and Fathers' Favoritism on Sibling Tension in Adulthood. The Journals of Gerontology: Series B, 68(4), 593–598.

Harlow, H. F. (1958). The Nature of Love. American Psychologist, 13(12), 673–685.

Klavir, O., et al. (2017). Manipulating fear associations via optogenetic modulation of amygdala inputs to prefrontal cortex. Nature Neuroscience, 20(6), 836–844.

Lansford, J. E., et al. (2010). Parental divorce, marital conflict, and offspring well-being. Journal of Marriage and Family, 72(3), 725–746.

Melhem, N. M., Moritz, G., Walker, M. L., Shear, M. K., & Brent, D. A. (2007). Bereavement in children and adolescents: Phenomenology, predictors, and treatment. Journal of Child Psychology and Psychiatry, 48(2), 113-132.

McHale, S. M., Updegraff, K. A., Jackson-Newsom, J., Tucker, C. J., & Crouter, A. C. (2000). Parental Differentiation in Middle Childhood and Adolescence: A Longitudinal Study. Child Development, 71(4), 1028–1041.

Main, M., & Solomon, J. (1990). Procedures for Identifying Dissorganized/Disoriented Infants during the Ainsworth Strange Situation.

Maccoby, E. E., & Martin, J. A. (1983). Socialization in the context of the family: Parent-child interaction. In P. H. Mussen (Ed.), & E. M. Hetherington (Vol. Ed.), Handbook of Child Psychology (Vol. 4, pp. 1–101). New York, NY: Wiley.

Pomerantz, E. M., & Dong, Q. (2015). Parental Pressure to Achieve: A Cross-Cultural Examination of Its Effects on Children's Academic Functioning. Child Development, 86(2), 488–504.

Smith, J., & Lee, S. (2021). Foster Care Transitions and Mental Health: A Cross-Cultural Comparison. Journal of Child and Family Studies, 30(11), 2792-2807.

Spera, C. (2005). A Review of the Relationship Among Parenting Practices, Parenting Styles, and Adolescent School Achievement. Educational Psychology Review, 17(2), 125–146.

Salmon, C. A., Shackelford, T. K., & Michalski, R. L. (2012). Birth Order, Sex of Child, and Perceptions of Parental Favoritism. Personality and Individual Differences, 52(3), 357–362.

Sulloway, F. J. (1996). Born to Rebel: Birth Order, Family Dynamics, and Creative Lives. Pantheon Books.

Toman, Walter. Family Constellation: Its Effects on Personality and Social Behavior (4th ed). Springer Publishing Company, 1992.

World Health Organization. WHO Laboratory Manual for the Examination and Processing of Human Semen (5th ed). World Health Organization Press, 2010.

Wilcox, H. C., Kuramoto, S. J., Lichtenstein, P., Långström, N., Brent, D. A., & Runeson, B. (2010). Psychiatric morbidity, violent crime, and suicide among children and adolescents exposed to parental death. Journal of the American Academy of Child and Adolescent Psychiatry, 49(5), 514–523.

北京阅想时代文化发展有限责任公司为中国人民大学出版社有限公司下属的商业新知事业部，致力于经管类优秀出版物（外版书为主）的策划及出版，主要涉及经济管理、金融、投资理财、心理学、成功励志、生活等出版领域，下设"阅想·商业""阅想·财富""阅想·新知""阅想·心理""阅想·生活"以及"阅想·人文"等多条产品线，致力于为国内商业人士提供涵盖先进、前沿的管理理念和思想的专业类图书和趋势类图书，同时也为满足商业人士的内心诉求，打造一系列提倡心理和生活健康的心理学图书和生活管理类图书。

《爸爸向左，妈妈向右：离婚了，如何共同养育孩子》

- 美国 APA 第 29 分会主席（2017）、"APA 第 42 分会独立执业指导奖"获得者倾心之作。
- 实操性强。为离婚父母提供了 61 个练习和 48 条可活学活用的技巧，以帮助他们学会识别和处理离婚情绪，从而真正从"憎恨对方"的情绪中走出来，和共同养育者一起完成自孩子出生就布置给他们的这项艰巨任务。
- 钟思嘉、江光荣、孟馥、刘丹等 10 多位心理学专家联袂推荐。

《非暴力亲子沟通》

- 一本教你如何与孩子好好说话、和谐共处的自助书。
- 随书附赠《非暴力亲子沟通八周训练手册》。